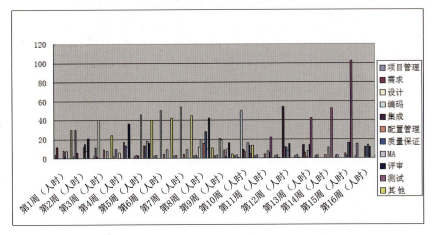

图3-19　各类活动的工作量在各周的分布情况

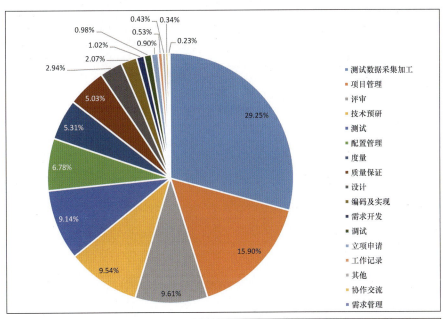

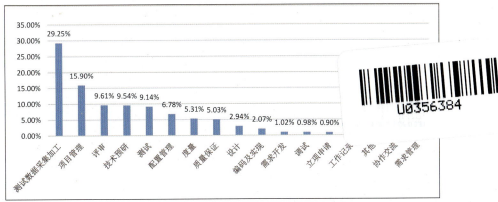

图3-20　各类活动工作量分布情况

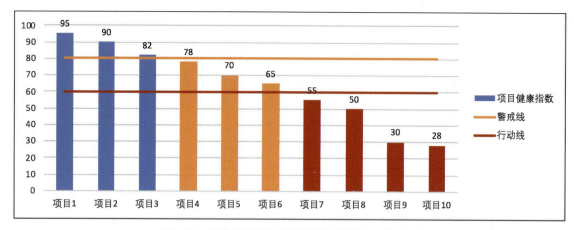

图3-32 某公司某月份各项目健康指数的对比分析

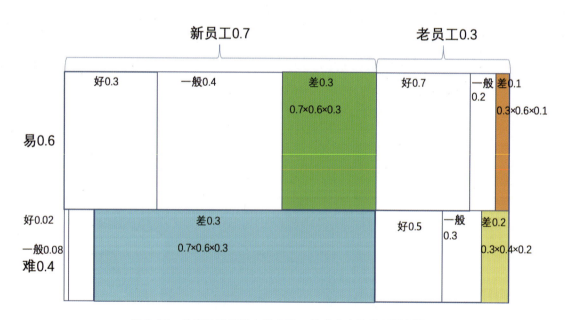

图5-76 从产品质量到人员水平、技术难度的推理面积图

图 6-33　项目总体生产率模型（Excel）

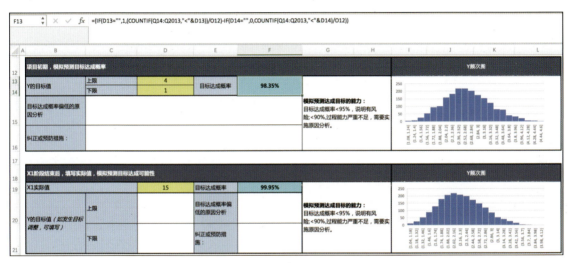

图 6-35　项目初期预测与需求分析结束后的预测

图 6-36　编码阶段与测试阶段结束后的预测

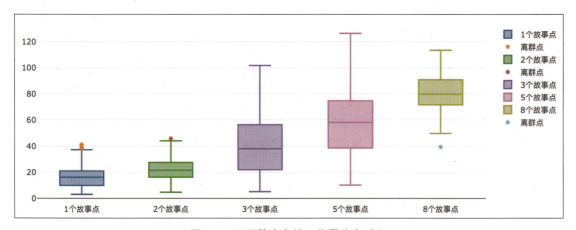

图9-4 不同故事点的工作量分布对比

任甲林 著

数以达理
——量化研发管理指南

人民邮电出版社

北京

图书在版编目（CIP）数据

数以达理：量化研发管理指南 / 任甲林著. -- 北京：人民邮电出版社，2023.7
ISBN 978-7-115-60740-9

Ⅰ. ①数… Ⅱ. ①任… Ⅲ. ①企业－技术开发－指南 Ⅳ. ①F273.1-62

中国国家版本馆CIP数据核字(2023)第095060号

内 容 提 要

本书是作者从业多年来软件工程经验与软件过程改进咨询经验的结晶，书中对量化研发管理给出了系统论述，并通过大量的实际案例针对每种场景下的量化研发管理问题给出了解决方案。

本书先介绍了量化管理的基本概念，然后以软件研发活动顺序为主线讲述了如何识别与定义量化管理的对象、如何设计数据指示器、如何分析历史数据的分布规律、如何量化地分析因果规律、如何量化地预测未来、如何量化地控制过程、如何量化地管理过程改进，最后介绍了统计学的基本概念与假设检验在量化研发管理中的应用。

本书论述简明清晰、实例丰富，可以帮助读者快速、准确地掌握如何采用统计方法管理软件研发团队，适合公司高管、质量总监、质量管理人员、过程改进人员、敏捷教练、咨询顾问、项目经理及研发人员阅读参考。

◆ 著　　　　任甲林
　责任编辑　李　瑾
　责任印制　王　郁　焦志炜
◆ 人民邮电出版社出版发行　北京市丰台区成寿寺路 11 号
　邮编 100164　电子邮件 315@ptpress.com.cn
　网址　https://www.ptpress.com.cn
　三河市君旺印务有限公司印刷
◆ 开本：800×1000　1/16　　彩插：2
　印张：20.75　　　　　　　2023 年 7 月第 1 版
　字数：399 千字　　　　　　2023 年 7 月河北第 1 次印刷

定价：99.80 元

读者服务热线：(010)81055410　印装质量热线：(010)81055316
反盗版热线：(010)81055315
广告经营许可证：京东市监广登字 20170147 号

推荐序一

降本增效是每一位公司负责人都在关注的大事情。大家都想通过查看数据就能洞察公司的研发现状并得出正确的结论和预测。这是我们每位管理者的美好愿望，但具体如何来操作呢？

很多公司会出台对研发团队的各种考核措施，如考核项目延期率、工期偏差、工时消耗等。但实际执行情况往往事与愿违：一方面，收集数据会增加大家的工作量，让大家苦不堪言；另外一方面，这些考核指标往往是片面和主观的，缺乏对研发管理的系统思考和逻辑思考。

业内迫切需要一本专业的图书来指导从业人员开展量化管理。任甲林老师把他多年来的咨询经验做了详尽的梳理，汇聚成《数以达理》一书。书中系统讲述了量化管理的概念、原理和方法，抽丝剥茧，由浅入深，把量化管理这件复杂的事情阐述得清清楚楚、明明白白。即使您是第一次接触统计分析和量化管理，也可以轻松上手。这本书还提供了大量的案例，实操性非常强，是每一位从业人员的宝典。

师者，传道授业解惑也。任老师出版《数以达理》，实乃业内幸事、盛事。能为任老师的这本书作序推荐，荣幸之至。

王春生
禅道软件（青岛）有限公司创始人
2023 年 3 月 11 日于乐山

推荐序二

无论你是在一个刚刚开始使用 CMMI 高成熟度的组织中工作,还是在之前就已经达到成熟度等级 4 级或 5 级的组织中工作,对于大多数人来说,都面临着共同的问题和挑战:

- 我们应该从哪里开始?
- 我们的最低要求是什么?
- 达到性能目标后,我们该怎么办?
- 当试图达到高成熟度时,怎样才是"足够的"?

这些都是 CMMI 高成熟度组织(或渴望达到 CMMI 高成熟度的组织)想要得到答案的有效问题。同样重要的是,你希望得到一个清晰、实用、经济有效的改进计划,并能带来明显的商业利益。毕竟,组织追逐 CMMI 高成熟度的风险总是存在的,很多公司可能花费了大量的金钱和资源,却并没有改善性能。

CMMI 高成熟度能够帮助公司提高组织预测性能的能力,这基于对定量数据以及组织面对的实际偏差的理解。一旦"定量"和"偏差"这两个词结合在一起使用,我们就进入了统计学方法的领域。当然,这是 CMMI 高成熟度的核心概念。与统计方法相关的参考文献、资料、课程、方法和工具有很多,它们对你有多大用处取决于你有效使用它们的能力。

任甲林老师是认证的高成熟度评估师和麦哲思科技的创始人,麦哲思科技是国际信息系统审计协会(ISACA)的精英合作伙伴。由任甲林老师撰写的《数以达理》易于阅读和循序渐进地理解。其囊括的统计分析内容包括:

- 量化管理基础知识;
- 识别目标的技术,这些目标可以很容易地被量化管理;
- 设计指示器的方法,以有效分析和解释统计数据;
- 分析和识别历史数据分布的技术;
- 原因和结果,以及如何使用它们来进行有效的根因分析;
- 运用量化技术预测未来;
- 量化控制性能的方法;
- 运用量化技术有效地管理与改进项目;

- 统计技术的核心概念；
- 假设检验的基本概念；
- 常用量化管理工具的说明。

本书包含关于统计分析主题的各个层次的内容，可以有效帮助使用统计数据的用户（如高级管理人员）以及相关从业者（如过程改进小组成员）理解和实践。

Pascal Rabbath（澳大利亚）
资深 CMMI 高成熟度主任评估师

推荐序三

"深入浅出",这是我在拜读了任老师这部新作之后脑海里马上浮现出来的词语!

一直以来,"量化管理"(Quantitative Management)都是软件工程上的一个难题。简单的对比分析、类比分析、时间序列分析(我们不妨称之为"Raw Data Presentation",原始数据展示),只能用来在事件/事务已经结束的时候进行总结。控制图、箱线图、置信区间法(我们不妨称之为"Raw Data Analysis",原始数据分析),已经可以对事件/事务的发展进程进行抽象,探求其中的规律,然而这里包含的纷繁复杂而又佶屈聱牙的统计学原理、方法又让许多人心生畏惧。回归方程、蒙特卡洛仿真分析、冈珀茨曲线(我们不妨称之为"Data Trend Prediction",数据趋势预测)可以通过过去预知未来,已入化境,在很多情境下几乎可以归于"天方夜谭"之类。

然而,《数以达理》一书通过通俗易通的案例、缜密细致的数据表格和切实可行的操作步骤,用"手把手"的方式教给我们如何做对量化管理、如何做好量化管理以及如何做精量化管理。我愿意将本书推荐给广大项目经理、质量保证人员以及一切笃信"产品太庞大、过程太复杂,无论如何我们也不能模模糊糊凭直觉了"(引自卡内基梅隆大学软件工程研究所创始人瓦茨·汉弗莱教授)的软件行业同人!

王小刚
独立咨询师
华为云 MVP

推荐序四

无论对于哪个时代、何种文明或任何技术，人们始终都在试图总结已知、探索未知并希冀获得对未来的预知。软件工程领域也不例外。

几十年前，瓦茨·汉弗莱在《软件过程管理》一书中正式提出了应用统计和量化技术管理软件过程。但由于软件行业的特殊性和统计技术的专业性，对于软件项目的量化管理究竟如何开展才能化繁为简、去粗存精、行之有效，企业甚至咨询师往往莫衷一是，很多人开始怀疑量化管理是否只是质量从业者的自娱自乐。

作为咨询师，一直以来，我没有找到一本真正阐述从统计理论到项目实操再结合工具使用的参考书，而《数以达理》正是这样的一部著作。任甲林老师凭借多年的软件开发、过程管理经验，全面、扎实的统计知识，以及为大量企业深层次咨询的经历，结合丰富的案例，系统全面地讲解了如何运用统计和量化技术刻画软件过程的特点、剖析相关关系和因果规律，从而真正做到了解、描述、洞察、预测并提升软件交付质量和能力。

《数以达理》这本书深入浅出，鞭辟入里，实操性很强，无论是用于系统性学习、寻找实施的抓手，还是临时性解惑，都不失为一本可令人豁然开朗的佳作。

秦芳
资深咨询顾问

序

现代管理学大师彼得·德鲁克说过：没有度量，就没有管理。

很多软件研发企业在实施量化管理时遇到过各种问题：

- 没有度量数据；
- 想度量，但是不知道该度量什么；
- 有数据，但不知如何展示这些数据；
- 不知道如何挖掘这些数据的价值；
- 错用了量化方法，甚至出现常识性错误。

因此，我想结合自己15年的实践与咨询经验为大家奉献一本量化研发管理指南，系统地梳理度量需求定义、度量体系设计、度量数据采集、度量数据分析等量化管理的方方面面，希望能帮助大家在量化管理的道路上少走弯路。

度量数据的作用是了解历史、控制当下、预测未来、持续改进，本书也是按照此思路进行结构布局的。本书的前9章覆盖了量化管理的所有活动，并介绍了使用的相关技术。本书并不系统地讲解统计分析技术的原理与理论，而是讲述如何应用这一技术发现问题、分析问题、解决问题。我试图在每节都提供实例，并结合图表展示进行讲解，以方便读者阅读、加深理解。

本书中的案例均源自实际客户数据，每个案例的结论未必在全行业都适用，但希望能够引起大家的思考，从而有所启发。

本书系统地梳理了量化管理技术的具体应用方法，从"what to do"到"how to do"，可以帮助读者快速、准确地掌握如何采用统计方法管理软件研发团队。另外，读者朋友们还可配合我的前两本书《术以载道——软件过程改进实践指南》和《以道御术——CMMI 2.0实践指南》一起阅读，学习效果会更理想。

2022年5月18日

前言

本书定位

本书旨在解决如何将量化管理技术运用到软件研发管理过程的问题,帮助管理人员在每个场景选择恰当的量化技术进行过程管理,以持续提高达成目标的概率。

本书的目标读者

本书适合研发管理人员、质量管理人员、项目管理人员进行研读,也适合作为MBA及项目管理、软件工程、应用统计学等专业的研究生教材。

本书结构和建议的阅读顺序

本书的主要内容可以分为五部分。

第一部分	第二部分	第三部分	第四部分	第五部分
基本概念	不同场景的量化管理方法	量化分析案例	本书内容总结	附录:应用统计学的基本概念及工具
第1章	第2章~第8章	第9章	第10章	附录A、附录B

第1章讲述了量化管理与经验管理的区别、度量数据分析的层次、业务目标的分类、过程性能、性能基线与性能模型的基本概念,这是学习后续章节的基础。

第2章讲述了如何识别量化管理的对象、如何定义目标与度量元。

第3章讲述了如何采用图形化的手段展示度量数据、常用的图形有哪些、制作每种图形时的注意事项及如何设计图形展示的总体框架。

第4章讲述了如何分析历史数据的分布规律,以及采用控制图法、百分位法、箱线图法、置信区间法建立性能基线的方法与注意事项。

第 5 章讲述了如何分析历史数据的因果规律，以及采用相关性分析、回归分析、贝叶斯可信网络等方法建立性能模型的步骤与注意事项。

第 6 章讲述了基于性能基线、回归方程、蒙特卡洛模拟等预测目标达成概率的方法。

第 7 章讲述了采用控制图识别过程稳定性与过程能力的方法与注意事项。

第 8 章讲述了采用量化的方式识别改进点与改进原因、评价改进效果的方法。

第 9 章给出了在实践中综合运用第 2 章到第 8 章讲述的相关技术的 10 个案例。

第 10 章对本书的内容进行了归纳总结，列出了量化管理的常见问题、对策、过程与应用场景。

附录 A 解释了本书中使用到的一些统计学的基本概念，可以帮助缺少统计学基础知识的读者快速了解统计学的基本术语；附录 B 中列举了在量化管理时可能用到的工具。

对不同类型的读者建议的阅读内容及顺序如下：

读者类型	建议阅读内容及顺序
无统计学基础知识的读者	先读附录A，然后再从第1章开始读
项目经理	从第1章到第7章，以及第10章
质量管理人员与度量分析人员	从第1章到第10章
咨询顾问与其他相关岗位	通读全书

致谢

本书在编写过程中得到了麦哲思科技咨询顾问团队的大力协助。田丽娃老师在七年前就帮我将培训讲义与录音整理成了图书的初稿并进行了文字校对；鲁新老师帮我进行了排版；徐丹霞老师曾对我的培训讲义进行了重构并对书中的技术性错误进行了斧正；郭玲老师、赵中胜老师、刘咏亭老师、罗振宇老师、张平平老师、潘烨君老师、刘文静老师、秦芳老师、张昱老师都细心地帮我修正了很多处文字表达；周伟老师、徐斌老师、葛梅老师、王敬华老师、姜红梅老师、陈正思老师、王琦老师等在公司的 Wiki 中分享了大量的实际案例，我有所选择地放在了书中。更要感谢我的客户们，是他们贡献了书中的所有实际案例并激发了我的一些新想法，在给他们提供咨询服务的过程中，我们碰撞出了很多思想火花。在此向各位表示感谢。

意见反馈

因作者视野水平的局限，本书难免会有疏漏之处，请大家不吝赐教。如果您对本书有任何疑问，可以加入"过程改进之道"的 QQ 群（133986886）与作者进行讨论，也可以直接发邮件到 renjialin@measures.net.cn。

服务与支持

本书由异步社区出品,社区(https://www.epubit.com)为您提供相关资源和后续服务。

提交勘误

作者和编辑尽最大努力来确保书中内容的准确性,但难免会存在疏漏。欢迎您将发现的问题反馈给我们,帮助我们提升图书的质量。

当您发现错误时,请登录异步社区,按书名搜索,进入本书页面,单击"发表勘误",输入错误信息,单击"提交勘误"按钮即可,如下图所示。本书的作者和编辑会对您提交的错误信息进行审核,确认并接受后,您将获赠异步社区的 100 积分。积分可用于在异步社区兑换优惠券、样书或奖品。

扫码关注本书

扫描下方二维码,您将会在异步社区微信服务号中看到本书信息及相关的服务提示。

与我们联系

我们的联系邮箱是 contact@epubit.com.cn。

如果您对本书有任何疑问或建议,请您发邮件给我们,并请在邮件标题中注明本书书名,以便我们更高效地做出反馈。

如果您有兴趣出版图书、录制教学视频,或者参与图书翻译、技术审校等工作,可以发邮件给我们;有意出版图书的作者也可以到异步社区在线投稿(直接访问 www.epubit.com/contribute 即可)。

如果您是学校、培训机构或企业用户,想批量购买本书或异步社区出版的其他图书,也可以发邮件给我们。

如果您在网上发现有针对异步社区出品图书的各种形式的盗版行为,包括对图书全部或部分内容的非授权传播,请您将怀疑有侵权行为的链接发邮件给我们。您的这一举动是对作者权益的保护,也是我们持续为您提供有价值的内容的动力之源。

关于异步社区和异步图书

"异步社区"是人民邮电出版社旗下 IT 专业图书社区,致力于出版精品 IT 图书和相关学习产品,为作译者提供优质出版服务。异步社区创办于 2015 年 8 月,提供大量精品 IT 图书和电子书,以及高品质技术文章和视频课程。更多详情请访问异步社区官网 https://www.epubit.com。

"异步图书"是由异步社区编辑团队策划出版的精品 IT 专业图书的品牌,依托于人民邮电出版社的计算机图书出版积累和专业编辑团队,相关图书在封面上印有异步图书的 LOGO。异步图书的出版领域包括软件开发、大数据、人工智能、软件测试、前端、网络技术等。

异步社区

微信服务号

目 录

第一部分 基本概念

第1章 量化管理的基本概念 2
- 1.1 经验管理与量化管理 2
- 1.2 度量数据分析的三个层次 3
  - 1.2.1 简单对比分析 3
  - 1.2.2 过程稳定性分析 4
  - 1.2.3 相关性与回归分析 5
- 1.3 业务目标 6
- 1.4 质量与性能目标 7
- 1.5 过程性能 8
- 1.6 性能基线 8
  - 1.6.1 性能基线的概念 8
  - 1.6.2 性能基线的描述 9
  - 1.6.3 性能基线的作用 10
- 1.7 性能模型 11
  - 1.7.1 性能模型的概念 11
  - 1.7.2 性能模型的分类 12
  - 1.7.3 性能模型的用途 13

第二部分 不同场景的量化管理方法

第2章 心中有数——识别与定义度量元 16
- 2.1 基于目标识别度量元 16
- 2.2 定义目标时的注意事项 19
- 2.3 选择度量元 22
- 2.4 度量元的分类 24
- 2.5 定义度量方法 26
- 2.6 定义校验方法 31
- 2.7 详细定义度量元 32

第3章 眼中有图——设计数据指示器 ... 35
- 3.1 指示器的基本概念 35
- 3.2 数据分析的七种对比关系 36
  - 3.2.1 成分对比关系 36
  - 3.2.2 类别对比关系 37
  - 3.2.3 时间序列对比关系 38
  - 3.2.4 频率对比关系 39
  - 3.2.5 相关性分析 40
  - 3.2.6 多系列的集合数据对比关系 .. 40
  - 3.2.7 多指标的数据对比关系 42
- 3.3 设计指示器的十个要点 43
  - 3.3.1 说明信息要完备 43
  - 3.3.2 数据标示要清晰 43
  - 3.3.3 根据分析目的选择合适的图形 44
  - 3.3.4 根据数据项的多少选择合适的图形 46
  - 3.3.5 先排序再分析 47
  - 3.3.6 选择合适的数据分组 47
  - 3.3.7 设置合适的时间刻度 48
  - 3.3.8 设置固定的控制限 49
  - 3.3.9 减少网格线 50
  - 3.3.10 处理过长的数据标签 50
- 3.4 指示器设计的宏观主线 51
  - 3.4.1 项目状态综合指标：项目

健康指数 PHI 51
　　3.4.2 管理监控的主副图 53
　　3.4.3 二维多级度量体系架构 54

第 4 章 上下求索——分析历史数据的分布规律 57

4.1 控制图法 57
4.2 百分位法 58
4.3 箱线图法 59
4.4 置信区间法 65
4.5 建立性能基线的步骤 67
4.6 建立性能基线时的常见问题 75
　　4.6.1 一定要尝试分类建立性能基线 75
　　4.6.2 判断过程稳定的原则 81
　　4.6.3 何时重新计算性能基线 81
　　4.6.4 可以建立项目级或个人级性能基线 82

第 5 章 寻果溯因——量化地分析因果规律 84

5.1 定性地画出因果图 84
5.2 量化分析因果规律的方法 85
5.3 相关性分析 85
　　5.3.1 散点图 86
　　5.3.2 Pearson 相关系数 92
　　5.3.3 Spearman 秩相关 93
　　5.3.4 方差分析 94
　　5.3.5 卡方检验 96
　　5.3.6 即使不相关，分析结论也有价值！ 98
　　5.3.7 有相关性未必有因果关系 101
5.4 线性回归分析 102
　　5.4.1 一元线性回归分析 102
　　5.4.2 多元线性回归分析 105
　　5.4.3 检查回归方程的有效性 108
　　5.4.4 异常值的识别与处理 111
　　5.4.5 多重共线性的处理 114

5.5 非线性回归分析 120
5.6 一般线性方程 125
5.7 逻辑回归分析 128
　　5.7.1 二元逻辑回归 128
　　5.7.2 多元逻辑回归 129
　　5.7.3 顺序逻辑回归 129
5.8 采用贝叶斯可信网络建模 133
　　5.8.1 贝叶斯可信网络的基本原理 133
　　5.8.2 贝叶斯可信网络的案例 135
5.9 建立性能模型时的常见问题 139
　　5.9.1 为什么无法建立模型 139
　　5.9.2 为什么建立了性能基线还需要建立性能模型 142
　　5.9.3 为什么不能"大海捞针"式建立模型 144
　　5.9.4 何时需要重建模型 147
　　5.9.5 分类建立性能模型 149
　　5.9.6 回归方程的常量系数符号有异常时如何处理 151
　　5.9.7 项目组也可以建立自己的性能模型 153
　　5.9.8 常见的七种不合理模型 156

第 6 章 数往知来——量化地预测未来 157

6.1 采用性能基线预测目标的达成 ... 157
　　6.1.1 历史的性能数据近似服从正态分布 157
　　6.1.2 历史的性能数据左偏或右偏分布 158
　　6.1.3 基线规格下限为负数没有意义的场景 161
　　6.1.4 各种场景的计算公式归纳整理 162
　　6.1.5 历史数据采用百分位法建立的性能基线 164
6.2 采用回归方程预测目标的达成 ... 165

6.2.1 通过 x 预测 y 的取值 165
6.2.2 通过 y 预测 x 的取值 166
6.3 采用蒙特卡洛模拟预测目标的达成 167
 6.3.1 蒙特卡洛模拟的基本原理 167
 6.3.2 蒙特卡洛模拟的执行步骤 168
 6.3.3 不同场景下的蒙特卡洛模拟 173
 6.3.4 在 Excel 中进行蒙特卡洛模拟的方法 181
6.4 进行趋势预测 185
6.5 使用 Gompertz 曲线预测缺陷 187

第 7 章 操之有度——量化地控制过程 191

7.1 控制图的基本原理 191
7.2 控制图的基本结构 191
7.3 控制图的偏差源分类 192
7.4 控制图的判读 193
 7.4.1 判异的原则 193
 7.4.2 判稳的原则 194
 7.4.3 控制图解读时的两种误判 194
7.5 控制图的用途 195
7.6 控制图的种类 196
7.7 计量型控制图 197
 7.7.1 均值 – 极差控制图 197
 7.7.2 均值 – 标准差控制图 199
 7.7.3 单值 – 移动极差控制图 201
7.8 计数型控制图 202
 7.8.1 c 图 202
 7.8.2 u 图 204
 7.8.3 离散数据的单值 – 移动极差图 207
7.9 控制图的注意事项 208
 7.9.1 控制图的数据一定要按时间排序 208
 7.9.2 不要对聚合数据或大过程使用控制图 209
 7.9.3 不要混淆规格限与控制限 210
 7.9.4 不要对非独立样本画控制图 212
7.10 过程能力指数的应用 214
 7.10.1 C_{pk} 的含义与计算方法 214
 7.10.2 不同 C_{pk} 值的处理原则 ... 215
 7.10.3 C_{pk} 与合格率的关系 216

第 8 章 精益求精——量化地管理过程改进 218

8.1 量化识别改进点 219
8.2 量化识别改进原因 223
8.3 量化评价改进效果 231
8.4 量化地确定推广范围 239

第三部分 量化分析案例

第 9 章 融会贯通——量化分析案例 ... 242

案例一 项目总体进展指示器的设计 242
案例二 缺陷清除率的简单对比分析 ... 244
案例三 量化分析触发风险应急措施的阈值 244
案例四 量化评价故事点刻度的合理性 247
案例五 在敏捷开发中应用统计技术 248
案例六 需求个数与编码工作量之间的关系 250
案例七 客户满意度的统计分析 254
案例八 工时数据的统计分析 259
案例九 缺陷状态的统计分析 263
案例十 需求交付周期的分析 268

第四部分 本书内容总结

第 10 章 结语 274

10.1 量化管理失败常见原因 274

10.2 量化管理的基本原则 275
10.3 量化管理的流程 278
10.4 管理活动与可用量化技术的对应
     关系 280
10.5 量化管理技术在项目中的应用
     场景 281

第五部分 附录：应用统计学的基本概念及工具

附录 A 统计学基本概念 284
- A.1 总体与样本 284
- A.2 随机现象与随机变量 285
- A.3 数据分布特征 285
- A.4 集中趋势的度量 287
- A.5 离散程度的度量 290
- A.6 数据分布形状 294
- A.7 正态分布 295
- A.8 二项分布 296
- A.9 泊松分布 296
- A.10 概率质量函数 297
- A.11 概率密度函数 297
- A.12 概率分布函数 297
- A.13 正态分布的概率参数 298
- A.14 切比雪夫不等式 298
- A.15 小概率事件实际不可能原理 298
- A.16 假设检验 299

附录 B 量化管理工具简介 308
- B.1 ZenDAS 308
- B.2 Minitab 308
- B.3 Crystal Ball 308
- B.4 Netica 309
- B.5 1stOpt 309

参考资料 310

第一部分
基本概念

第 1 章

量化管理的基本概念

1.1 经验管理与量化管理

经验管理依赖于管理者的经验判断来选择和实施各种措施，以达成管理目标。管理者的经验有丰富与匮乏的区别，经验也有其适用的范围，有时正确，有时又可能错误。所以，当我们生病去看中医时，都喜欢找老大夫，因为我们认为老大夫经验丰富，很容易就能对症下药，见效很快。但有时老大夫也看不准，如果不对症，多次调整药方后，仍然不见效，说明经验失效了。大夫看病有一套推理规则，称为经验法则，从 A 推理出 B，并非百分之百成立。同一个病症，不同的大夫经验不同，得出的诊断结论可能差别较大。

量化管理是对现象用数字进行刻画，分析这些数字之间的关系，推导出隐藏在其背后的原因，采用适合的管理措施，从而推进目标的达成。这是一种具有更高确定性的推理方式，就如生病去看西医时，大夫往往先让你去做各种检查，然后对检查得到的数据进行分析，从而确定病因，再实施治疗方案。在诊断、治疗方案的确定方面虽然也有经验的差别，但是总体来讲，对同一个检查结果，不同的西医大夫诊断结论相差不大。

对于图 1-1 中所示的 a 与 b 两根线段，如果我们仅仅依赖经验判断，很容易就会得出 b 线段比 a 线段更长的结论，如果用尺子测量的话，我们会发现二者其实是等长的。这就像经验管理与量化管理的区别。

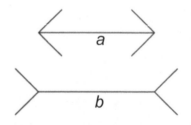

图1-1　等长的 a、b 线段

经验管理简单有效，适用于需要快速响应且管理者具有丰富经验的场景。量化管理分析成本较高，较为科学准确，适用于高水平、高质量管理需求的场景。企业及项目应该根据其当前的情况选择采用不同的管理模式，也可以将两者结合起来实施。

企业的各级管理者要从自身所管理的业务开始，根据当前常见的管理问题，确定需要量化管理的内容和方法。数据的采集与分析是目标驱动的，是由管理需求决定的。并非要对所有的过程都进行量化管理，而是有选择的，有些过程采用量化管理，有些过程也可采用经验管理。一般而言，投入越大、周期越长、复杂性越高的过程越应该倚重量化管理，反之则更适合采用经验管理，如骑单车出门购物，只需经验管理就足够了，而对于山地自行车赛的选手来说，量化配速又变成了不可缺失的技巧。

量化管理的对象有哪些呢？企业可以根据自己的业务目标，从直接影响目标实现的规模、成本、进度、质量和效率等几个方面考虑。哪些指标能帮助诊断异常，哪些数据能帮助定位原因，一层层、一步步地深入识别，并根据企业已经积累的历史数据情况，采用一些统计学的技术和工具来分析、发现规律，建立改进目标，定义度量元，从而明确量化管理的具体对象。

1.2 度量数据分析的三个层次

很多企业在项目中积累了大量的数据，但是不知道如何分析，没有充分发挥出这些数据的作用，也没有给决策者提供应有的帮助，很是可惜。究其根源，是不了解数据分析的方法。在实践中，我总结了进行量化分析的三个层次，如图 1-2 所示。

经验管理与量化分析的对比可以通过表 1-1 进行举例说明。

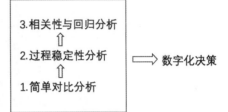

图 1-2 量化分析的三个层次

表 1-1 经验管理与量化分析的对比举例说明

管理层次		举例说明
经验管理		我觉得2021年产品A质量很好
量化分析	简单对比分析	2021年产品A 2.0版上线后的缺陷逃逸率为0.2%，比2020年产品A 1.0版上线后的缺陷逃逸率0.5%要低
	过程稳定性分析	根据公司历史项目的度量数据分析，缺陷逃逸率的上下限为0到1%，项目B的缺陷逃逸率达到1.1%，超过了上限，需要对项目B进行原因分析
	相关与回归分析	根据公司历史项目的度量数据分析，发现规律：缺陷逃逸率 = f(测试投入工作量比重，评审投入工作量比重，开发人员的技术经验)，如果要降低缺陷逃逸率，需要加大测试与评审投入的工作量

1.2.1 简单对比分析

简单对比分析一般不使用复杂的统计学技术，仅仅通过数据间的横向或纵向对比得到分析结论。横向对比分析是对同一时刻、不同对象的数据进行对比分析。例如，2021 年 9 月中国电子技术标准化研究院在《中国软件行业基准数据》报告中公布的各类工程活动的工作量分布基准数据，即为横向对比的典型案例，如图 1-3 所示。

纵向对比分析即对同一对象、不同时刻的数据进行对比分析。例如，某项目采集了每次迭代的缺陷清除率并绘制了折线图，如图 1-4 所示。

简单对比分析时，通常要对数据进行整理（如排序、分类等），然后绘制成各种图形，通过这些直观的图形得出结论。常用的图形有饼图、条形图、直方图、折线图、散点图、帕累托图、箱线图、雷达图等。不同类型的图形适用的场景不同，因此需要选择合适的图形帮助分析。在实践中最常见的错误就是选择的图形无法让读者直观地得出结论。本书的第 3 章对如何设计展示数据的指示器进行了详细的介绍。

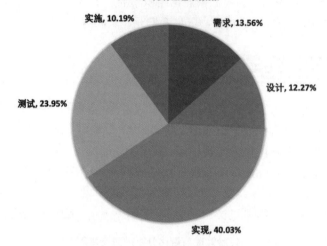

图1-3 工作量分布基准数据

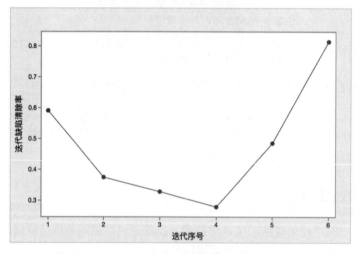

图1-4 某项目每次迭代缺陷清除率的时间序列图

简单对比分析很大程度上依赖于分析者的分析经验,分析者应该对数据比较敏感,善于从不同的视角发现问题。

1.2.2 过程稳定性分析

过程稳定性分析是基于小概率事件实际不可能原理,识别出过程执行结果的异常点或异常趋势,从而发现由特殊原因造成的过程偏差。最常见的过程稳定性分析手段就是控制图。例如,某公司收集了17次迭代的返工工作量占比数据,并绘制了单值控制图,如图1-5所示。从图中我们可以发现,第15次的返工工作量占比异常。

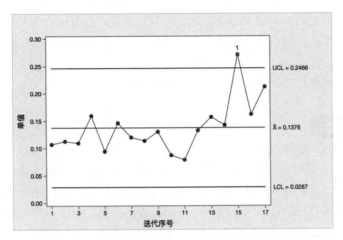

图1-5 某项目每次迭代返工工作量占比单值控制图

将控制图应用于软件领域时，常见的问题如下：
- 软件开发过程的数据采样点太少；
- 不同项目组的工作是否真正具有可比性，这一点并不好判断；
- 选择了错误的控制图可能会造成误判。

本书的第 7 章对统计过程控制进行了详细的介绍。

1.2.3 相关性与回归分析

相关性分析用于分析两个变量之间是否同步发生有规律的变化。例如，随着人的身高增加，体重也增加了，身高与体重之间就具有相关关系。回归分析是找到自变量对因变量的量化影响关系。例如，某公司积累了 10 个项目的功能点（CFP）个数与总工作量，对这两个变量做相关性分析和回归分析后，得到图 1-6 所示的回归方程：工作量 = −10.915+0.16923× 功能点个数。

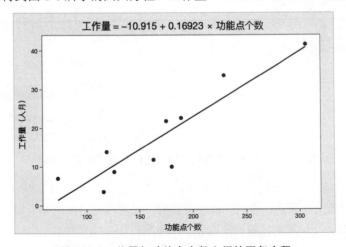

图1-6 工作量与功能点个数之间的回归方程

以上三种不同层次的分析代表了量化管理的不同成熟度。在量化管理的初级阶段，一般停留在简单对比分析的水平；而到了量化管理的高级阶段，则需要采用统计技术进行过程稳定性分析、相关性和回归分析。

本书的第 5 章对相关性与回归分析进行了详细的介绍。

1.3 业务目标

量化管理聚焦于组织与项目的目标。组织有宏观的业务目标，项目有微观的管理目标。何谓业务目标？业务目标是高层管理者基于组织的发展战略定义的整体目标，用于确保组织能够永续经营、持续成功。业务目标的达成需要组织中多个过程的协同。例如，产品交付速度、产品质量影响盈利，于是我们可以定义业务目标如下：

- 新产品开发周期不超过 6 个月；
- 交付后缺陷密度不超过 1 个缺陷/千行代码。

业务目标是分层级的，有公司级的业务目标，有研发部门的业务目标，对于开发团队而言，更应该关注研发部门的业务目标，这是通过研发部门的努力可以改变的目标。研发部门的业务目标派生自公司的业务目标，如图 1-7 所示。

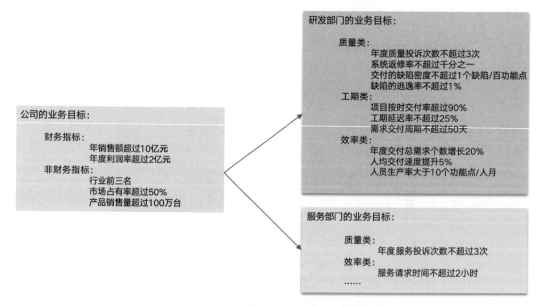

图 1-7　由公司的业务目标派生出研发部门的业务目标

在定义研发部门的业务目标时，关键要思考如何度量研发部门的业务价值。常见的研发部门的业务价值度量元如图 1-8 所示。度量元即度量指标，是对度量对象的某个属性进行的量化刻画，如项目工作量、规模、交付周期、缺陷密度、生产率等。

图 1-8 中，灰色的分支是必须满足的，黑色的分支是希望越来越好的。

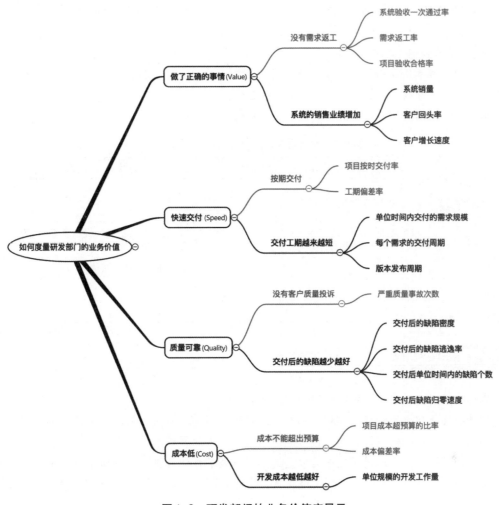

图 1-8 研发部门的业务价值度量元

1.4 质量与性能目标

前面所说的业务目标是企业的客户、高层经理所感知的，由外向内看开发和服务过程。业务目标是高层的宏观目标，反映的是外部需求，关注的是全过程，回答了哪些因素帮助或影响了盈利。

质量与性能目标是针对产品或服务质量和过程性能的量化目标，是站在组织内部对业务目标在实现层次的细化和分解，是基于生产和服务过程的解剖而定义的可量化目标。质量与性能目标反映的是业务目标的影响因子或内部分解，可以不覆盖产品或服务的全过程，只关注局部过程。产品或服务质量的度量元包括交付产品的缺陷密度、缺陷逃逸率等；过程性能的度量元包括开发效率、开发速度等。

例如，针对我们在1.3节举例的业务目标"新产品开发周期不超过6个月"，分析当前开发环节发现，影响新产品开发周期的有开发效率、返工工作量等因子，于是可以定义质量与性能目标如下：
- 开发效率要高于 2 个功能点 / 人天；
- 返工工作量低于 10%。

从以上描述和实例可以看出，要基于业务目标制定质量与性能目标。或者说，质量与性能目标是基于业务目标分解得到的，要有助于实现业务目标。

业务目标、质量与性能目标的对比如表 1-2 所示。

表 1-2 业务目标、质量与性能目标的对比

	业务目标	质量与性能目标
视角	组织外部	组织内部
范围	整体	局部
参与的过程	多个过程协同完成，可能包含市场、开发、服务等多领域的协同	有可能是单一过程，仅仅侧重于整个产品生命周期的某个领域
关注者	高层经理	中层经理，一线管理者
层次	要求层面	执行层面
代表的对象	业务性能	过程性能

1.5 过程性能

过程性能是对遵循某个过程所达到的实际结果的度量。

过程性能通常包含过程效率和过程质量。对评审过程而言，过程效率可以是每小时评审文档的页数、每小时评审的代码行数等；过程质量可以是每人时发现的缺陷个数、每页发现的缺陷个数等。对于开发过程而言，过程效率可以是每小时开发的代码行数；过程质量可以是交付后每功能点发现的缺陷个数、交付后每千行代码发现的缺陷个数等。有些度量元可能既能代表过程质量，也能代表产品质量，如交付后每千行代码发现的缺陷个数。

理解过程性能的概念要注意以下几点：
- 过程性能是量化的描述，不是定性的描述；
- 过程性能刻画的是某个过程的执行结果；
- 过程性能是实际发生的历史数据，而不是未来尚未发生的预测数据或估算值；
- 过程性能是本组织的度量数据，既不是业内的标杆数据，也不是其他组织的度量数据。

1.6 性能基线

1.6.1 性能基线的概念

性能基线是一组历史数据的分布规律，体现了历史数据的居中趋势与分散区间。性能基线并

非软件领域所独有。在医学领域里有参考值的说法,当我们去医院做各种化验时,每个指标都有其合理的区间,这个区间即为参考值。某个指标的化验结果在参考值范围内则视为正常值,表示得病的概率低;在参考值范围之外则视为异常值,表示得病的概率高。

参考值是如何得来的呢?首先,随机抽取一定量的样本,然后,将每个指标的测量数据按从大到小的顺序排序,排除最小的和最大的部分数据,剩下的数据的最大与最小值即为此项指标的参考值。

对于软件研发项目,可以根据本组织近年来的历史数据建立各类项目的组织级性能基线,先采用组织级性能基线管理项目,当本项目的数据积累到一定程度后,再建立更符合本项目实际情况的性能基线。

1.6.2 性能基线的描述

性能基线的描述建议包含如下信息。

- ▶ 度量元名称:如系统测试发现的缺陷密度。
- ▶ 计量单位:如个缺陷/千行代码。
- ▶ 数据分布的形状:分布的类型,如正态分布、二项分布、泊松分布等。
- ▶ 数据的集中趋势(位置):如中位数、均值、众数等。
- ▶ 数据的分散趋势:即离散程度,如标准差、极差、四分位差等。
- ▶ 样本点的个数:它决定了基线的可信程度,样本点越多,越值得信任,一般以25个样本点为临界值。
- ▶ 适用的范围:适合于什么类型的项目或什么类型的过程。
- ▶ 基线建立的方法:箱线图、控制图、百分位法、置信区间法及上下限的计算公式等。
- ▶ 样本的时间范围:从哪年哪月开始,到哪年哪月结束。

详细描述了上述信息,我们才可能正确地使用该基线。某公司2021年的性能基线列表如表1-3所示。

表1-3 某公司2021年的性能基线列表

序号	度量元		分布类型	性能基线建立方法		居中趋势	离散程度		适用性		
	性能基线名称	计量单位		建立方法	计算公式	均值或中位数	规格下限	规格上限	样本量	适用范围	时间区间
1	上线及时率	%	非正态分布	置信区间	95%置信区间	42.42	25.48	60.78	33	大项目	2020—2021年
2	系统测试缺陷逃逸率	%	正态分布	控制图	$\mu \pm 2\sigma$	22.84	0.50	45.20	30	大项目	2020—2021年
3	需求评审缺陷率	个缺陷/页	非正态分布	箱线图	规格上限:$Q3+2(Q3-Q2)$ 规格下限:$Q1-2(Q2-Q1)$	0.06	0.00	0.80	50	所有项目	2020—2021年

续表

序号	度量元		分布类型	性能基线建立方法		居中趋势	离散程度		适用性		
	性能基线名称	计量单位		建立方法	计算公式	均值或中位数	规格下限	规格上限	样本量	适用范围	时间区间
4	需求变更率	%	非正态分布	箱线图	规格上限：$Q3+2(Q3-Q2)$ 规格下限：$Q1-2(Q2-Q1)$	11.60	0.00	51.80	42	所有项目	2020—2021年
5	代码评审缺陷率	个缺陷/千行代码	正态分布	控制图	$\mu \pm 2\sigma$	3.10	0.00	6.58	80	所有项目	2020—2021年
6	……										

1.6.3 性能基线的作用

性能基线的作用是了解、预测、控制、评价和改进过程，如表1-4所示。

表1-4 性能基线的作用

	性能基线的作用	示例
了解	了解组织或项目的性能水平	了解整个公司的质量水平，基于历史数据统计分析发现99%的项目上线后缺陷逃逸率为（1%,2%）
预测	预测组织级或项目级目标的达成概率。将目标区间与性能基线的区间对比，可以计算出达成目标的概率	历史的性能基线为（0.5,2），某项目定义的目标为大于1，则有多大概率能实现这个目标？
控制	当存在异常点或异常趋势时，采取行动，消除造成异常的原因	历史的性能基线为（0.5,2），某次过程执行的结果为2.2，超出了性能基线的规格上限，为异常点，需要分析原因
评价	可以比较不同类型项目的性能基线或改进前后性能基线的变化	在采取质量改进措施之前，产品的缺陷逃逸率为（1%,4%），改进后产品的缺陷逃逸率为（0.5%,3%），则改进措施有效
改进	比较不同类型项目的过程性能基线的差别，识别改进点。 当过程性能基线的离散系数太大时，要识别根本原因，进行系统改进	A事业部的缺陷逃逸率为（1%,5%），B事业部的缺陷逃逸率为（0.1%,1%），为什么两个部门差别如此之大？

> **特别提醒**
>
> 在实践中，有些组织直接拿业内的标杆数据作为本组织的性能基线，这是不可取的。因为业内的标杆数据是其他组织相关数据的分布规律，而不是本组织的过程性能的体现，无法正确地指导本组织的改进。

1.7 性能模型

1.7.1 性能模型的概念

性能模型是对一个或多个过程的量化属性之间关系的描述，是基于历史数据建立的，用以预测将来的过程输出。我们可以理解为，性能模型是对历史过程性能的因果规律的量化描述，"因"是过程的输入或属性，"果"是过程的输出。即

$$Y=f(x_1, x_2, x_3, \cdots)$$

其中：Y 是过程的输出，是过程的结果；x 是过程的输入，是过程的属性，当然，也可能是其他上游过程的输出或本过程的其他输出。

例如，我们构建了一个性能模型：

$$项目最终的进度延期 = f(需求成熟度, 人员成熟度, 需求的变化率)$$

其中，"需求成熟度"是开发过程的输入；"人员成熟度"是过程的属性；"需求的变化率"在项目初期不是已知的，是过程的另一个输出。

性能模型通常具备以下五个基本特征。

（1）量化：性能模型是基于历史统计数据推导出的模型，用于量化的预测与控制，不是定性的模型。

（2）可预测性：性能模型中的自变量是先发生的或已知的，可以通过自变量预测或控制因变量。有的自变量是可控变量，即在 x 的取值范围内，可以人为地控制 x 的取值，从而控制 Y 的取值。由于可控变量的存在，项目可以在开发初期进行各种假定情况的分析，即假设可控变量的不同取值，通过性能模型来预测各种假设情况下项目会有怎样的结果，确定最为合理的可控变量取值，从而提高项目估算和计划的合理性。如果所有自变量都是不可控制的变量，我们把这类模型称为预测模型。

（3）不确定性：性能模型建立的关系不是确定的函数关系，而是一种不确定的统计关系或概率关系，即性能模型的输出不是一个单点值，而是一个区间或是一个概率分布。如果我们通过回归分析方法建立了回归方程：$Y=f(x_1, x_2, \cdots)$，当代入 x_i 的取值得到 Y 值时，Y 值只是代表了此时所有可能取值的平均值，我们还需要计算其预测区间。

（4）适用性：性能模型是基于本组织的历史数据分析得到的，适用于本组织内的项目，而不是业内的标杆组织或其他组织的模型。如果要使用业内标杆组织的性能模型，必须在本组织内进行验证与修订。

（5）目标相关性：性能模型中的 Y 是组织的业务目标、质量与性能目标。Y 可以是项目的整体目标或全生命周期目标，也可以是项目的局部目标或中间过程目标。

图 1-9 是麦哲思科技在咨询过程中经常遇到的性能模型。

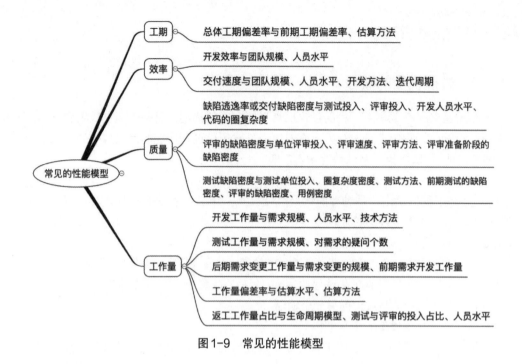

图 1-9 常见的性能模型

1.7.2 性能模型的分类

根据自变量 x 与因变量 Y 所在的过程可以将性能模型分类如下。

（1）投入 – 产出型：根据某个过程的输入与属性（x）预测本过程的输出（Y）。

例如：

测试发现缺陷个数 = f（测试用例的个数，系统规模，测试投入工作量，测试人员的水平）

在该模型中所有的 x 都是测试过程的输入或属性。

（2）产出 – 产出型：根据上游过程的输出与属性（x）预测下游过程的输出（Y），是对过程之间交互影响关系的预测。

例如：

测试发现缺陷数 = f（需求评审发现缺陷数，设计评审发现缺陷数，代码走查发现缺陷数，单元测试发现缺陷数，集成测试发现缺陷数）

在该模型中，所有的 x 都是测试过程的上游过程的输出。

（3）混合型：根据某个过程的输入、属性和上游过程的输出预测本过程的输出。

例如：

测试发现缺陷数 = f（代码走查发现缺陷数，单元测试发现缺陷数，集成测试发现缺陷数，测试投入工作量，测试人员的水平）

在该模型中，代码走查发现缺陷数、单元测试发现缺陷数、集成测试发现缺陷数都是测试过程的上游过程的输出；而测试投入工作量、测试人员的水平则是测试过程的输入与属性。

客观世界的实际系统是极其复杂的，建立模型绝不能试图将所有的因素和属性都包括进去，否则，模型不但不能解决实际问题，反而把问题复杂化了。

1.7.3 性能模型的用途

性能模型用于刻画历史与当前项目的过程性能，以帮助加深对历史的理解，估算、分析、预测组织标准过程的过程性能。其用途归纳整理如表 1-5 所示。

表 1-5 性能模型的用途

	性能模型的用途	示例
了解	了解组织级或某个项目组内部的因果规律	在本公司中，到底哪些因素影响了项目的交付质量？这些因素与交付质量的量化关系是什么？
预测	预测目标的达成概率。根据模型计算出目标的预测区间，将预测区间与目标区间对比，得到达成目标的概率	当测试投入的工作量占比达到30%以上时，项目交付的缺陷逃逸率在什么范围？能有多大的概率实现确定的质量目标？
控制	事先：通过模型进行what-if分析，通过设置x的值，来控制Y的值 事后：当实际值超出预测区间时，为异常点，要采取行动，消除异常因子	当测试投入的工作量占比为30%时，预测达成质量目标的概率比较低，若加大投入到35%，是否就可达成质量目标？当项目结束后，发现实际的缺陷逃逸率高出了预测区间的规格上限，则需要对本项目执行根因分析
评价	通过比较不同类型项目的模型可以评价各类项目性能的差异；也可以对比改进前后模型的变化，以评价改进的效果	采用 A 方法开发，根据历史数据得到回归方程：工作量=10+2×规模。采用B方法开发，根据历史数据得到回归方程：工作量=20+1.5×规模。则当规模不超过20时，采用A方法开发投入更少；当规模超过20时，采用B方法开发投入更少
改进	通过比较模型中各参数的大小，识别改进点	对于一元线性方程$Y=ax+b$，如果斜率a与截距b的差距很大，调整x对Y的影响就会非常有限，有可能就需要改进过程了。再如，当方程的预测效果不好，R-Sq(决定系数，值越接近1预测效果越好）比较小时，也要识别改进点或寻找其他影响因子

第二部分
不同场景的量化管理方法

第 2 章

心中有数——识别与定义度量元

2.1 基于目标识别度量元

组织或项目要进行量化管理,首先要识别需要量化管理的对象。

量化管理的对象基于组织的业务目标而派生。识别了业务目标后,我们可以对业务目标进行分解、细化,得到更细的内部管理目标,直至分解到具体实现这些目标的过程上,过程结果的量化目标称为质量与性能目标。目标的达成依赖于过程的执行,因此我们要识别出影响目标达成的过程,并对关键的过程进行量化管理。识别质量与性能目标和识别影响目标达成的过程是迭代的。识别出影响目标达成的过程后,就可以再识别出这些过程中影响目标的具体属性及其度量元。这个识别过程如图 2-1 所示。

图 2-1 描述的基于目标识别度量元的过程可以细化为如下步骤。

(1)确定客户和组织外部利益相关方的关注点。
- 确定客户对组织的要求,这些要求可能包括质量、工期等方面;
- 确定国家标准、行业标准、法律法规对组织的相关要求;
- 确定组织的上级部门对组织的要求;
- 确定其他外部利益相关方的要求;
- 确定外部认证机构对组织的要求。

(2)确定组织内部利益相关方的关注点。

确定组织内部中高层管理者及其他利益相关方的要求,这些要求可能包括质量、工期、成本、性能等方面。

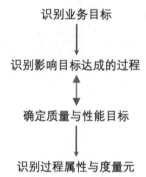

图2-1 基于目标识别度量元的过程

(3)文档化业务目标。

基于上述内外部利益相关方的关注点,识别定义宏观的整体目标,即业务目标。高层的业务目标可以定性描述,分解后细化的业务目标应该量化描述。

(4)基于整体部分关系派生子目标。

将总体目标进行整体部分关系的拆分。

例如:将 1 亿元的销售额分解到各个部门或各个产品线,将注入的总体缺陷数分解到各个工程阶段,每个阶段的注入缺陷数不能超过目标值上限等。

再如:如果目标为交付的缺陷密度不超过 1 个缺陷 / 千行代码,则可以进一步分解为

- 交付的需求缺陷密度不超过 0.1 个缺陷 / 千行代码；
- 交付的设计缺陷密度不超过 0.1 个缺陷 / 千行代码；
- 交付的编码缺陷密度不超过 0.5 个缺陷 / 千行代码；
- 交付的其他缺陷密度不超过 0.3 个缺陷 / 千行代码。

拆分后的数值累加起来与整体的目标值相等，这种分解即为整体部分的目标分解。

（5）基于因果关系派生子目标与影响因子。

识别影响目标达成的因子，这些因子如果是某个过程的输出，则将其识别为子目标，并对这些子目标进行整体部分关系拆分或影响因子分析，循环直至所有影响因子均为开发过程的外部输入或过程固有的属性为止。

例如：如果目标为交付的缺陷密度不超过 1 个缺陷 / 千行代码，则可以进一步分解为

- 需求评审发现的缺陷密度不少于 1 个缺陷 / 页；
- 设计评审发现的缺陷密度不少于 1.5 个缺陷 / 页；
- 代码评审发现的缺陷密度不少于 10 个缺陷 / 千行代码；
- 系统测试发现的缺陷密度不少于 4 个缺陷 / 千行代码。

这种分解即为影响因子的分解。分解后，这些子目标影响了总目标的达成，但不能通过目标的简单累加得到总目标。

在识别目标达成的影响因子时，可以凭经验进行头脑风暴，也可以采用分类穷举的方法。对于代码评审过程，假如目标为缺陷逃逸率，则可以从"人机料法环"五个方面考虑影响因子，对软件而言环境与工具可以合并为一类，原材料就是需求、代码、文档等制品；然后从规模、速度、质量、成本四类属性识别每类影响因子。这样可以有思考的主线，确保识别的候选影响因子比较完备。上述思考方式如图 2-2 所示。

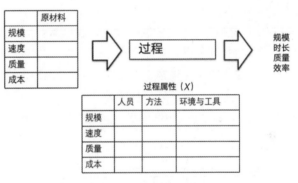

图 2-2 识别影响因子

采用上述方法识别的代码评审缺陷逃逸率的影响因子如表 2-1 所示。

表 2-1 代码评审缺陷逃逸率的影响因子

目标	原材料	人员	方法	环境与工具
规模	被评审代码的行数	专家人数	评审方法的数量	
速度		评审速度		
质量	静态检查的缺陷密度 函数的平均圈复杂度	专家能力水平高低	会议评审还是在线评审	有无采用静态检查工具
成本		评审投入工作量 个人预审工作量		

注意：表 2-1 中并非每个单元格都存在对缺陷逃逸率有影响的因子。

（6）将目标与影响因子定义为度量元。

目标与目标的影响因子都要定量刻画，需要选择合适的度量元表达目标与影响因子，定义其准确含义、计量单位与采集方法。本章后续章节将细化描述如何定义度量元。

下面举例说明上述识别过程。

（1）识别业务目标。

A 公司 2019 年遇到了较多的客户质量投诉，销售人员对产品研发部门表达了强烈不满。因此，研发部门确定 2020 年的业务目标为提升产品质量，降低交付的产品缺陷密度到 0.5 个缺陷/千行代码。这就是研发部门的业务目标，是站在研发部门以外对研发部门提出的总体要求。

（2）识别影响目标达成的过程。

对研发过程而言，需求开发、需求评审、设计、设计评审、编码、代码评审、单元测试、系统测试等过程影响了交付后的产品缺陷密度。

（3）确定质量与性能目标。

对于需求相关过程而言，我们希望减少需求的缺陷注入到 1 个缺陷/千行代码，提升需求评审的缺陷清除率到 99%，其他过程也可以进行类似的分析与定义。

（4）识别过程属性与度量元。

为了减少需求阶段的缺陷注入，我们需要加大需求人员投入的工作量，与开发人员多进行需求沟通，因此研发部门度量了产品经理投入的工作量占比与开发人员需求理解的工作量占比。对于设计、系统测试等过程，也可以用类似方法识别需要量化的过程属性与度量元。

图 2-3 展示了将业务目标"提升产品质量，降低交付的缺陷密度"分解到产品研发所涉及的过程，并识别了相关的度量元。

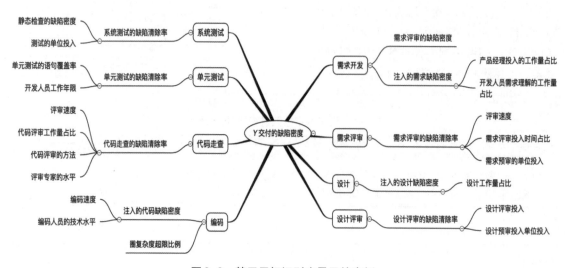

图 2-3　基于目标识别度量元的案例

2.2 定义目标时的注意事项

定义目标时要注意以下几点。

（1）目标针对的对象。

在定义目标时既可以针对整个组织，也可以针对所有项目或某类项目。

例如，2022 年公司整体目标：

- 项目按期完工率不低于 90%；
- 新产品上市速度比 2018 年提高 10%；
- 客户满意度不低于 99%；
- 开发效率比 2018 年提高 10%。

2022 年定制类项目的目标：

- 利润率不低于 20%。

2022 年每个项目的目标：

- 缺陷逃逸率不高于 10%；
- 工作量估算偏差率不高于 20%。

目标针对的对象不同，跟踪和监督方法、是否达成的判定方法也不同。如果目标针对公司整体，则要比较的是年度某个度量元的平均值或比例；如果目标针对项目，则进行单点值的比较即可。

（2）目标通常都是区间，而不是单点值。

目标的区间有可能是单边的，也有可能是双边的。

例如：双边的目标——缺陷密度在 0.5 个缺陷/千行代码至 2 个缺陷/千行代码之间；单边的目标——工期偏差率不超过 30%，单元测试用例密度不少于 100 个用例/千行代码。

对于某些目标，我们不会将其定义为单点值，例如，缺陷密度 =0.5 个缺陷/千行代码，从概率和统计的角度看，这种单点值的目标没有意义。

（3）判断目标的可实现性。

判断目标的可实现性实际上就是关注实现目标的概率有多大。如果概率很小，则认为实现目标的风险比较大，目标可以判定为难以实现或不可实现，此时需要做根因分析，并采取应对措施或者修改目标值；如果概率比较大，则认为实现目标的风险比较小，目标可以判定为易于实现或可以实现，此时可维持已有的做法，不必采取应对措施。

多大的概率目标是可以实现的，多大的概率目标是不可以实现的，可以根据组织的文化来确定，可以稳妥一点，也可以激进一些。

例如：实现目标的

- 概率大于 90%，则认为目标是可实现的；
- 概率大于 70%，则认为有低风险；
- 概率大于 50%，则认为有中风险，此时可以不修改目标，但是一定要进行根因分析，制定相应的措施；
- 概率小于 50%，则认为有高风险，此时能修改目标则修改目标，不能修改目标则一定要进行根因分析，制定多个措施；
- 概率小于10%，则认为目标不可实现，必须修改目标。

> **特别提醒**
>
> 　　基于历史数据计算目标的达成概率，从而判断目标是否可达成，而不是"拍脑袋"定义一个无法达成的目标。

（4）要识别目标之间的相关性。

在实际中，很少会只定义一个目标，往往会定义多个目标。例如，对于某个项目而言，我们不可能仅仅希望项目不延期，而忽略交付质量。多个目标之间可能存在相关性，彼此影响，如果有历史数据，可以通过散点图、相关性分析等方法识别目标之间的关系。如果两个目标是强相关的，则可以只保留其中一个，以简化目标的表达。

（5）要划分目标的优先级。

当存在多个目标时，可以对这些目标划分优先级。在划分目标的优先级时可以使用相对重要性矩阵的方式（见表2-2）对目标进行两两比较。横向的目标如果比纵向的目标重要，则对应的单元格取值1，如果同等重要则取值0，如果不如纵向的目标重要则取值-1。最后计算横向各单元格的合计值，即为该目标的优先级值。

表2-2　目标优先级相对重要性矩阵表举例

目标	每个产品的系统可用度	产品遗留缺陷密度	客户投诉次数	Bug修复率	关键过程符合率	软件项目按时交付率	客户满意度	优先级
每个产品的系统可用度		1	-1	1	1	-1	-1	0
产品遗留缺陷密度	-1		-1	0	1	-1	-1	-3
客户投诉次数	1	1		1	1	1	1	6
Bug修复率	-1	0	-1		1	-1	-1	-3
关键过程符合率	-1	-1	-1	-1		-1	-1	-6
软件项目按时交付率	1	1	-1	1	1		-1	2
客户满意度	1	1	-1	1	1	1		4

有些必须达成的目标可能会以项目约束的形式存在，如某项目的目标为"在确保1月1日之前完成上线的前提下，上线后3个月内没有重大质量事故"。

（6）高层经理要参与目标制定。

高层经理要参与目标的制定，并与相关人员（如客户、供应商、最终用户、中层经理等）一起对目标进行评审，达成一致。

（7）项目的目标要满足组织的目标。

组织级目标描述方式通常有以下三种。

- 方式1：每个项目都必须……
- 方式2：组织发生某件事情的次数或比例必须……
- 方式3：组织整体的平均值必须……

项目的目标要基于组织级目标的定义要求来确定。如果是方式1，则项目必须满足组织级目标；如果是方式2，由于其落实到项目级，通常会转化为每个项目必须要达到某种标准；如果是方式3，项目可以根据总体数据的分布情况来判断，有些项目高于组织级平均值，有些项目低于组织级平均值。

（8）目标会随着时间而改变。

随着时间的推移，外部的环境会发生变化，目标也会随之发生改变。可能发生变化的情况包括：

- 业务目标发生了改变；
- 组织的标准流程变化了；
- 过程执行的实际结果与目标差异显著；

……

修订目标时，也要评价目标的可实现性，并经过相关人员的评审。表2-3展示了一个目标描述案例。

【案例】

表2-3 目标描述案例

目标描述	投入/产出	颗粒度	焦点	区间
项目返工工作量不高于20%	产出	整体	工作量	单边
工作量偏差率不超过±30%	产出	整体	工作量	双边
项目的需求实现率高于95%	产出	整体	规模	单边
需求变更率不超过15%	产出	整体	规模	单边
全生命周期生产率不小于1千行代码/MM	产出	整体	效率	单边
人员变更率不超过20%	产出	整体	其他	单边
历史代码复用率不少于20%	产出	整体	规模	单边
各个小组的平均生产率维持在80行代码/人日到230行代码/人日之间	产出	整体	效率	双边
项目的最晚完成日期为2015年12月12日	产出	整体	进度	单边
项目的进度偏差率维持在-9%到25%之间	产出	整体	进度	双边
软件交付后的缺陷逃逸率不高于10%	产出	整体	质量	单边
项目交付的缺陷密度不高于1个缺陷/千行代码	产出	整体	质量	单边
需求文档的描述控制在不多于15功能点/页	产出	局部	规模	单边
需求阶段的进度偏差率维持在-5%到50%之间	产出	局部	进度	双边
需求评审的缺陷密度不少于0.2个缺陷/页	产出	局部	质量	单边
设计评审的缺陷密度不少于0.5个缺陷/页	产出	局部	质量	单边
系统测试的缺陷密度不少于2个缺陷/千行代码	产出	局部	质量	单边

续表

目标描述	投入/产出	颗粒度	焦点	区间
单元测试的缺陷密度不少于5个缺陷/千行代码	产出	局部	质量	单边
代码走查的缺陷密度不少于10个缺陷/千行代码	产出	局部	质量	单边
集成一次通过率不少于90%	产出	局部	质量	单边
静态检查的缺陷密度不高于10个缺陷/千行代码	产出	局部	质量	单边
测试缺陷重现率不高于10%	产出	局部	质量	单边
每人月实际投入项目的时间不少于正常工作时间的50%	投入	整体	工作量	单边
每月每人平均加班工时不超过2天	投入	整体	工作量	单边
文档中的图表数量平均每页不少于1张	投入	整体	质量	单边
系统测试投入的工作量不低于2人天/千行代码	投入	局部	工作量	单边
需求评审的工作量：需求开发的工作量 > 50%	投入	局部	工作量	单边
设计评审的工作量：设计的工作量 > 50%	投入	局部	工作量	单边
代码走查的投入工作量不少于1时/人天	投入	局部	工作量	单边
需求、设计评审的速度不高于10页/时	投入	局部	效率	单边
代码评审速度不高于250行代码/时	投入	局部	效率	单边
单元测试的用例密度不少于50个测试用例/千行代码	投入	局部	质量	单边
系统测试的用例密度不少于10个测试用例/千行代码	投入	局部	质量	单边
注释代码比例不少于10%	投入	局部	质量	单边

特别提醒

围绕管理目标识别度量元，从管理目标派生度量元，才能确保采集的数据有用，而非不加选择地采集所有数据。

2.3 选择度量元

在设计度量体系时，要基于度量目的选择合适的度量元，同一个度量目的可以对应多个度量元。例如，某组织要度量软件的质量，我们可以用多个度量元表征软件的质量。

选择1：缺陷逃逸率 = 上线6个月内客户发现的缺陷个数 / 上线前后累计发现的缺陷总数。

选择2：交付后的缺陷密度 = 上线6个月内客户发现的缺陷个数 / 交付的代码行数。

选择3：上线后6个月内严重质量事故数量。

选择4：交付前的缺陷密度 = 最后一次全面回归测试发现的缺陷个数 / 交付的代码行数。

选择5：系统测试的缺陷密度 = 系统测试发现的缺陷个数 / 交付的代码行数。

选择6：交付代码的内在问题密度 = 交付代码静态扫描的问题个数 / 交付的代码行数。

……

有这么多候选度量元，那么要如何选择合适的度量元呢？我们可以参考以下五个原则进行选择。

原则1：对度量目标的表达能力。即度量元是否准确刻画了度量目标，以及要解决的问题。

例如，想要监督项目的进展，我们有如下三个选择：

① 需求完成的百分比；

② 活动完成的百分比；

③ 已完成活动的计划工作量/所有活动的计划工作量。

哪一个可以更准确地体现项目的进展呢？在瀑布开发模型下，没有完成验收测试需求都不算完成，在前期阶段需求完成的百分比一直是0%，如果用①度量项目进展则并非一个好的选择；②与③相比，③考虑了活动大小的差异，比②可以更合理地表示项目的进展。在敏捷的开发模式下，①则比②与③更客观、真实地反映了项目进展。

因此，我们应该优先选择能够简单、直接表达度量目标的度量元。

原则2：度量元名称的易理解性。即定义的度量元名称应易于让大家理解其含义与计算方法。

例如：某公司定义了一个度量元"版本发布偏差"。这个名称就让人很难准确理解其含义，是需求完成个数的偏差？还是工期的偏差？还是工作量的偏差？

再如：某公司定义了一个度量元"产品成熟度"辅助进行产品能否发布的决策。什么是产品成熟度呢？产品成熟度是最后一轮全面回归测试发现的缺陷个数按其严重等级乘以不同权重后的汇总结果。这个度量元也很难被快速准确理解其含义。

因此，我们应该优先选择易于理解的度量元。

原则3：数据采集的难易程度。即数据是否易于采集。

例如：某公司定义了一个度量元"缺陷的平均驻留时间"，含义为一个缺陷从发现到解决花费的时长。如果借助系统日志记录缺陷的发现时间和解决时间，数据是易于采集的；但如果依靠手工填写，就会花费比较多的采集工作量。

因此，我们应该优先选择易于采集的度量元。

原则4：数据采集方法的客观性。即这个度量元是客观测量得到的，还是主观评价得到的。

例如：某公司定义了一个度量元"人员能力等级"，并把公司的人员能力分为高、中、低三个不同的等级，由部门经理打分得到，这就是一个主观评价的度量元。如果换为工作年限，就是一个客观测量得到的度量元。

客观手段采集的数据容易校验正确性，也容易自动化采集，因此我们应该优先选择客观测量的度量元。

原则5：数据分析结论的即时有效性。即这个数据在采集后，是可以用来发现当前活动的问题或预测未来活动的结果，以帮助我们立即采取控制或预防措施；还是只能用来回顾分析历史活动的问题。前者对当前的活动作用更大，后者只能事后分析原因后，对未来的其他活动发挥作用。

例如：缺陷逃逸率，由于注入缺陷的时间与发现缺陷的时间间隔可能比较长，我们采集缺陷逃逸率的数据只能用于事后分析，对未来的项目有价值，这个度量元的即时有效性就不强。但如果我们采集了当前测试发现的缺陷密度，就可以基于这个数据判断当前产品的质量好坏，做出决策、采取措施提升当前产品的质量。那么这个度量元的即时有效性就比缺陷逃逸率更强。

每个度量元不能同时在上述 5 个指标上都表现得很理想，我们可以综合评价，比较选择。

2.4 度量元的分类

分类维度 1：根据度量方法可以把度量元分为两类——基本度量元与派生度量元。

（1）基本度量元。

基本度量元是按照一定的数据采集方法，对一个被度量对象的单一属性测量得到的值。例如，计划的或实际的代码行数、到目前为止的累计成本、将五个子系统的功能点个数累加得到的产品总功能点数等。

（2）派生度量元。

派生度量元是由两个或多个基本度量元或派生度量元计算得到的度量值，是取自多个属性的信息。例如，生产率就是派生度量元，通过代码行除以工作量推导得到。

基本度量元与派生度量元的最大差别：前者是采集得到的，后者是计算得到的。但基本度量元的简单转化不会增加信息，如基本度量元取平方根，不会产生派生度量元。数据的规范化通常包括将基本度量元转化为派生度量元，以比较不同的实体。

派生度量元的取值范围和计量单位取决于它所组合的基本度量元的取值范围和计量单位，以及它们的计算方法。例如，生产的产品代码总行数除以总的投入工作量就可得到生产率。

通过综合已有度量元来派生一个额外的度量元，可以提供一个总体的度量，用来展现项目的总体状态，类似各种综合指数。例如，风险性能指数：评价每个风险的可能性和严重性，然后将它们相乘、累加起来，得到关于一个项目所有风险的综合评价，以代表整个项目的风险的多少与严重程度等。

分类维度 2：根据度量元的刻度类型可以将度量元分为四类——定比、定距、定序与定类。

刻度是连续或离散数值的有序集，或者是一个属性被映射到的分类集。刻度定义了执行度量方法产生的可能值的范围。度量方法将要度量的属性的大小映射为刻度上的一个值。

刻度的类型主要分为以下四类。

（1）定比刻度。

定比刻度（constant ratio scale），也称比率刻度，是数字数据，相同的间距有相同的属性量，数值 0 不对应任何属性。例如，代码行的计算会产生从 0 到无穷大的取值范围。

定比刻度是最高级的测量，可以进行所有的数学运算，包括乘、除运算。例如，我们可以说产品 A 的缺陷率是产品 C 的缺陷率的 2.5 倍，当缺陷率为 0 时，意味着产品中不存在任何缺陷。

（2）定距刻度。

定距刻度（interval scale），也称区间刻度，是数字数据，相同的间距有相同的属性量，不使用 0。例如，每个人都有智商，IQ 值就是一个定距类型的数据。

度量定距刻度需要建立一个严格定义的计量单位。给定了计量单位就可以说两个值之间相差 15 个单位，或者说两个差值是相等的。定距刻度可以进行加、减数学运算。定距刻度的缺点是不能做除法，例如，我们不能说一个智商为 120 的人比一个智商为 60 的人聪明一倍。

如果在定距刻度中定义绝对的或非随意的零点值，则定距刻度就成了定比刻度。注意，零点不能随意设定。以传统的温度测量为例，我们说夏天平均温度 80 ℉，冬天平均温度 16 ℉，差值是 64 ℉，但不能说 80 ℉比 16 ℉热 4 倍。华氏温度和摄氏温度都是定距刻度，不是定比刻度。

除了少数特例外，几乎所有的定距刻度都是定比刻度。即建立单位的大小之后，就可以构想出零单位来。

（3）定序刻度。

定序刻度（ordinal scale），也称顺序刻度，是离散的等级排列（ranking），指将主体按顺序进行比较的测量操作。例如，CMMI 成熟度等级分为"初始级""可重复级""定义级""已管理级"和"优化级"。

在度量层次上，定序刻度比定类刻度要高一些。通过定序刻度，不仅可以将主题分类，而且可以将类别排序。

定序刻度是不对称的，若 $A > B$ 为真，则 $B > A$ 为假。定序刻度有传递性，即 $A > B$，$B > C$，则 $A > C$。

定序刻度不能体现元素之间的差别大小。例如，客户满意度调查中，通常采用 5 分制，即 1= 完全不满意，2= 部分不满意，3= 一般，4= 满意，5= 完全满意。我们仅仅知道 $5 > 4$，$4 > 3$ 或 $5 > 2$，但不能说 5 分比 4 分好多少，也不能说 5 分与 4 分间的差别与 3 分和 2 分间的差别是一样的。因为，要使客户的满意度从满意（4 分）增长到完全满意（5 分），同从部分不满意（2 分）增长到一般（3 分），需要的改进活动和种类差别很大。

定序刻度可以排序，但将其转为数学运算时，不能进行加、减、乘、除这样的运算，因为刻度间的差别不能体现原始数据间的大小，即便是用数字（如 5、4、3、2、1）来表示不同的定序刻度，也不代表它们之间的差别大小。

（4）定类刻度。

定类刻度（nominal scale），也称标称刻度，指分类的数据。例如，一组问题可能根据来源分为需求类和设计类等。

最简单的或最低层的度量就是定类。在定类中，我们根据某个属性把元素划分为不同的类别。例如，把产品开发的生命周期模型（Life-Cycle Model，LCM）分为瀑布、迭代、增量等。它们的名称和排列顺序并没有对类别之间的大小、顺序关系作出假设，即类别之间的先后顺序并不意味着瀑布模型比迭代模型更好或更差。

在定类刻度中，对类别的基本要求应该满足联合穷举和相互排斥的原则。

- 联合穷举：所有子类的并集是全集，如人分为接种了某疫苗的人和未接种该疫苗的人，全集是所有人。
- 相互排斥：所有子类的交集为空，如不能既接种了某种疫苗又没接种疫苗。

> **注意**
>
> 每个高级刻度具备低级刻度的所有属性。测量级别越高、对数据的分析就越有力，最高级别的定比刻度可以进行所有数学运算。

表 2-4 对四种刻度类型的数据值的意义进行了总结。表 2-5 对四种刻度类型所认可的操作类型进行了总结。

表2-4 四种刻度类型的数据值的意义总结

刻度类型	次序是否有意义	等距离的值是否具有相同的含义	比例的计算是否有意义
定类刻度	否	否	否
定序刻度	是	否	否
定距刻度	是	是	否
定比刻度	是	是	是

表2-5 四种刻度类型所认可的操作类型总结

刻度类型	定类刻度	定序刻度	定距刻度	定比刻度
平均数			○	○
中位数		○	○	○
众数	○	○	○	○
方差和标准差			○	○

在实践中,区分刻度类型后才能判断后续的结论和运算是否合理。例如,开发人员的经验度量分为熟练—3、一般—2、新手—1,这是定序刻度,即便采用了数字表示也无法求平均值。

2.5 定义度量方法

每个度量元要定义如下属性:
- 计量单位;
- 采集方法或计算方法;
- 取值范围;
- 刻度类型。

每个度量元都应有计量单位。例如,1 小时或 1 行代码。每个计量单位是一个特殊的量,同类的其他量与它进行比较,以表示它们相对于这个量的大小。只有通过同一个计量单位表示的量才能直接比较。有些派生度量元是无量纲的,为百分数,如工期偏差率。

度量方法即数据的采集方法,包括采集数据的约束条件、操作步骤、数据的来源等。操作可能包括诸如计算发生的次数或者观察时间的流逝这样的活动。采集数据有两种手段:自动或手动。通过工具或程序自动采集数据可以保证数据采集的一致性、可重复性。例如,通过 SonarQube、SourceMonitor 等工具统计源代码的行数。

度量方法也有以下两种。
- 主观方法:通过人的判断或估计进行度量,如依赖专家将功能的复杂性划分成高、中、低三等。

- 客观方法：基于数字规则量化，如计数。这些规则可能由人工或者自动的方式实现，如代码的行数可以通过计算分号个数来量化。

通常，客观方法比主观方法更为准确和可重复。因此在可能的情况下，应尽量采用客观方法。使用工具来获取数据是最好的方法，有利于数据的真实性。

在数据采集时我们要掌握以下基本原则。

- 及时采集。当事情发生后及时采集，否则无法保证数据的准确性。例如，如果当天随时记录工作量，误差可保持在 5% 以内；如果第 2 天记录则误差可能会超过 15%。
- 基于定义的计量单位采集数据。例如，千行代码或代码行、人时或人天等。如果没有按定义的计量单位采集数据，则数据不可比较。
- 要注明数据采集日期与采集人员，以方便校对。
- 不但要记录数据本身，还要记录数据的背景信息，以方便校对。例如，采集项目的工期偏差率的同时，也要记录项目的类型、项目的起止时间等。
- 采集的数据要纳入配置管理，即也要对度量数据进行变更管理。

（1）如何采集规模数据。

项目的规模数据包括软件的规模、文档的规模、缺陷的数量、参与的人员数量、测试用例的个数等。

在实践中最常见的软件规模计量单位是功能点、代码行、故事点，也有组织使用需求的个数。功能点方法分为适用于业务应用软件的第一代功能点方法（如 IFPUG、NESMA、FiSMA 等方法）和适用于各类型软件的第二代功能点方法（如 COSMIC 方法）。COSMIC 方法可以应用于嵌入式实时系统、业务应用软件、科学计算软件、操作系统等各种类型的软件，原理更加科学简单，学习成本更低。采用功能点方法，基于软件需求可以客观地度量软件规模，不考虑技术实现方法、开发语言及开发人员的技术水平，可以在软件开发生命周期的各个阶段度量软件的规模，因此它其实度量的是软件的逻辑规模。功能点方法是目前度量软件规模的首选方法。

【案例 1】某保险软件开发公司在导入 COSMIC 方法后，对 16 个项目的规模与开发工作量之间的回归分析结果如图 2-4 所示。

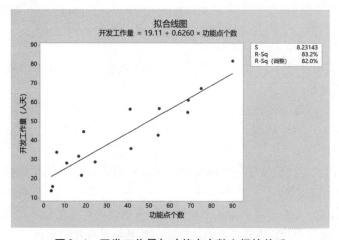

图 2-4　开发工作量与功能点个数之间的关系

代码行是传统的度量软件规模的方法，优点是简单，可以通过代码统计工具快速统计规模；缺点是如果开发人员认为公司用代码行考核其业绩，为了增加代码行数可能生产了一些冗余代码、重复代码，从而降低了代码的内在质量。在度量代码行时，需要详细定义度量规则，如不含空行、不含注释行，是逻辑行而不是物理行，等等。在一个软件项目中，可能包含多种开发语言开发的代码，不同语言的代码行数不能进行简单的累加。如果基于历史代码进行了修改，需要比对前后两个版本的代码才能计算本次变更的规模。如果存在机器自动生成的代码，也需要将其剔除。同一个需求，实现的人员不同，得到的代码行数也不同。因此，代码行数作为软件规模的计量单位，在实践中存在的问题比较多。

【案例 2】 表 2-6 中是某项目结束后对重复代码行的统计结果，可以看出，如果用代码行作为软件规模的计量单位其实是不可比较的。

表 2-6　某项目的重复代码行数统计

重复代码的最低行数	6	10	20
重复的文件个数	221	159	97
重复文件率	57.25%	41.19%	25.13%
重复的代码行数	19781	15608	10359
重复的代码率	44.16%	34.85%	23.13%
重复的代码块个数	1245	668	266
总文件个数	386		
总行数	88954		
总的有效行数	44790		

故事点是敏捷方法中度量软件相对规模与复杂度的计量单位，仅在同一个项目内具有可比性，不能进行跨项目的比较。可以选择一个相对较小的故事赋予它一个故事点作为参照物，用来估算其他故事的相对规模。不同的项目选择的基准故事其实不具有可比性，因此故事点不是一个可以跨团队比较的计量单位。

【案例 3】 某敏捷项目进行了 12 次迭代，采集了故事点与每次迭代的实际工作量数据，并进行了回归分析（见图 2-5）。

也有的公司在定义了需求描述规范之后，直接采用需求个数作为软件规模的度量。此时需要注意，一定要先定义需求描述规范，以使不同需求的粒度差别不太大，而且通过回归分析，可以证明自定义的需求个数与项目的实际工作量存在强相关关系。

【案例 4】 某公司的金融类软件项目就是采用了这种方法，88 个历史项目的规模与工作量的散点图及拟合关系如图 2-6 所示。

图 2-6 说明，在该公司内可以用需求个数作为软件规模的计量单位。但是需要注意的是，这种方法仅在本公司内是可行的，不能与业内其他公司的数据进行对比分析。

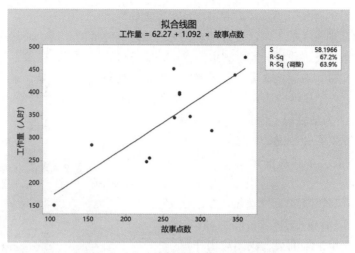

图2-5 工作量与故事点数之间的关系

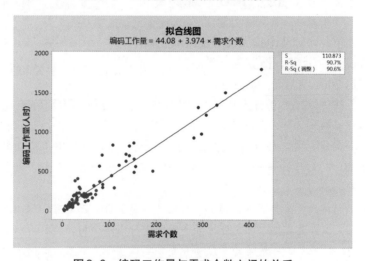

图2-6 编码工作量与需求个数之间的关系

文档的规模一般采用打印页进行度量，也可以排除封面、目录、变更履历等没有实际内容的页面。缺陷的数量与人员的数量均采用个数作为计量单位。

测试用例的规模一般都是统计测试用例的个数，统计时，推荐以一次预期结果与实际结果的对比作为一个测试用例。

度量人数时需要注意度量的是有效人数还是参与人数。例如，某次需求评审，与会人员有12人，其中2人是来学习旁听的，3人在整个会议中未发现问题，如果度量的是有效人数，则应该是提出评审意见的7个人。此外，人员在项目进展过程中是变化的，有时我们需要度量峰值人数、常驻人数、平均人数。平均人数可以用项目的总工作量除以项目的工期得到。

有了规模数据以后，就可以计算生产率、速度、缺陷密度、复用率、变更率等数据了。这样可以使项目组的开发效率、开发质量具有可比性。

(2）如何采集工作量数据。

工作量是某项活动投入的工时，是最基本也是最难准确度量的数据。通常我们可以采集的工作量数据包括：需求开发工作量、需求评审工作量、需求讨论工作量、需求返工工作量、设计工作量、设计评审工作量、编码工作量、单元测试工作量、代码评审工作量、系统测试工作量、代码返工工作量、计划内工作量与计划外活动的工作量、项目投入的总工作量等。

【案例5】图2-7为某公司工作量分布的规律。

Watts S.Humphrey在小组软件过程（Term Software Process，TSP）中曾经给出过著名的经验公式：

设计评审的时间/设计的时间应该超过1/2；

代码评审的时间/编码的时间应该超过1/2。

【案例6】2006年，深圳某大集团应用开发部门的一个项目，返工工作量超过了项目总工作量的35%。

【案例7】2016年，深圳某电信软件开发公司度量了本年度的返工工作量，换算为金额后，每年的改错成本高达2000余万元。

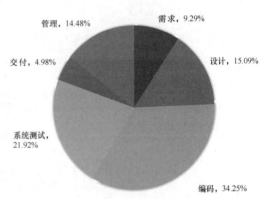

图2-7 某应用软件公司的工作量分布规律

很多公司关注系统测试工作量与开发工作量的比例，以便于安排人员的配比。

有了工作量数据，我们才可以计算开发速度、评审速度，评价工作量花费的合理性等。

对于工作量，一般都以人时作为计量单位。采用人天作为单位不便于跨公司、跨项目组的比较。因为有时会加班，1天的上班时间超过了8小时，有时又会请假半天，等等，而且有的公司一天上班8小时，有的公司一天上班7小时。

要根据采集数据的目的、采集成本选择如何采集工作量数据。有时可以采用抽样采集数据的方式，即并非每天都采集工作量数据，而是选择某一时段进行采集分析，这样可以减少大家的抵触情绪和采集成本。有的公司采集工作量是为了度量开发效率或者开发成本，此时也可以采用粗粒度的采集方法，即统计上班的打卡时间，因为只要员工上班了，无论上班时间员工做什么公司都要支付工资，因此，此时关注的不是具体的工作量分配，而是总的支付薪水的工作量。此时的度量重点就不是员工投入的工作量，而是员工的产出，即员工上班一天，产出了什么价值或多大的规模。

实践中一般采用工作日志的方法收集工作量，即要求每个人记录自己的工作日志，每天每个时间段做了什么类型的事情，花了多少时间。采集工作量数据很枯燥，而且看不到眼前利益，开发人员又担心被领导监控每天的实际工作投入，所以很多开发人员不愿意填写实际的工作日志。

也有的公司是每周要求开发人员回忆本周每天完成的工作，填写每项工作的实际工作量，这种方式其实没有太大实际意义，因为回忆出来的工作量偏差很大，不是客观的度量值。

【案例8】北京一家软件公司曾经推广了工作日志。在推广初期，所有开发人员填写的日志都是每天满负荷工作8小时，只有研发总监的每天实际工作时间不到6小时，为什么呢？因为每位员工都担心被公司领导发现自己没有全负荷工作，而研发总监不担心自己会被批评。后来，为了确保日志的准确性，在日志系统中取消了领导查看每个员工的工作日志的权限，只保留了查看统计数据的权限。

（3）如何采集工期数据。

工期数据即项目的工期信息与进度的偏差信息，包括：项目的实际开始日期、实际结束日期、计划开始日期、计划结束日期、项目的时间跨度、工期偏差率等。

项目的实际开始日期通常是项目的立项日期。也有的公司项目立项手续的执行晚于项目的实际开工日期，此时，应该以项目的实际开工日期为准。

项目的实际结束日期通常是项目的结项日期，也有的公司定义为项目的验收通过日期。

项目的时间跨度即工期，是从项目的实际开始日期到项目的实际结束日期的天数，此时有两种计算方法，一种是剔除了节假日的时间跨度，另一种是未剔除节假日的日历时间跨度。前者更准确，后者计算简单。也有的项目存在暂停的情况，此时是否剔除暂停的时间段，各个公司可以根据自己的度量需要进行定义。

计划开始日期和计划结束日期实际是变化的，因为需求在改变，项目计划也会随之调整。因此，对于一个项目而言，计划结束日期会有多个版本，在度量计划结束日期时，要根据度量目的，确定是项目计划的初次版本的计划结束日期还是最新版本的计划结束日期，也可以同时度量初始计划版本的工期与最新计划版本的工期。

工期的计量单位可以是天、周、月或年。小项目取天、周、月，中大型项目取月或年。

工期偏差率＝（实际结束日期－计划结束日期）/项目的计划时间跨度。同样要定义清楚实际结束和计划结束的时间差、时间跨度是否都剔除了节假日。

（4）如何采集质量数据。

相对于规模与工作量，质量的数据比较容易采集，而且误差也会比较小。

质量的数据包括但不限于如下基本度量元。

- 评审、测试发现的缺陷个数及客户反馈的缺陷个数：可以直接从缺陷记录中度量。
- 缺陷关闭率：度量关闭的缺陷/发现的总缺陷个数。
- 代码的圈复杂度：可以通过代码的静态检查工具度量出来。
- 缺陷的驻留时间：可以通过缺陷关闭的时间－缺陷发现的时间计算得到。
- 客户满意度：通过客户满意度调查的结果汇总得到。
- 缺陷清除率或逃逸率：通过发现的缺陷总数、清除的缺陷总数计算得到。

2.6 定义校验方法

分析准确的数据才能得出符合实际的结论，错误的数据只会产生误导。除了要对数据进行详细、准确的定义外，还要校验数据的正确性。我们希望采集的数据与真实结果误差越小越好，重复多次度量的结果没有偏差最好。

校验数据的正确性可以从如下几个方面进行。

（1）数据真实性。

如果用数值的大小来考核数据提供者，则数据很可能就会被美化，如果数据提供者排斥度量活动，也可能提供虚假的数据。要仔细甄别规律性极强的数据是否正确。例如，在进行回归分析时，发现 x 和 y 具有特别强的相关性，相关性系数超过了 0.95。再如，某项目采用迭代开发采集的数据，通过统计后发现，其中有两次迭代的数据一模一样，如代码行、测试用例数、缺陷数量等数据全部一样，这在实际中是不太可能的。

（2）数据正确性。

是否按照度量规格定义中的方法采集数据？

数据的计量单位、数据格式、数据精度是否与度量元定义一致？

计算公式是否正确？

特别大或特别小的数据是否正确？

【案例1】某公司建立了预测测试工作量的模型，在尝试对某项目进行预测时，发现一个奇怪的结论：预测的测试工作量是开发工作量的7倍多。当时我就怀疑测试工作量与开发工作量的计量单位一个是人时，一个是人天，并按照这个思路进行了数据的回溯检查，发现果然如此！

（3）数据同步性。

当计算多个在时间上同步且相互关联的度量元得到新的派生度量元时，应该验证其时间框架是否匹配。例如，生产率为产出规模与工作量的比值，需要检验这个规模的产出是否全部是在这个工作量的时间段中完成的。如果两者的时间段不同步，则计算得到的生产率是没有意义的。

何时验证数据呢？这要依据采集数据的时机而定，不同的数据有不同的验证时机，这些在度量体系中都应有明确的定义。数据验证的时机一般可概括地分为以下两种。

- 采集时验证：即由数据的采集人在数据采集时验证，以确保数据的正确性。
- 分析前验证：即由数据的分析人在分析时，从局部和宏观两个方面看数据的正确性和可用性。从局部上是看具体数据是否有问题；从宏观上是看数据整体是否有问题。

数据验证可以采用检查单的方式，也可以采用对比分析的方式，甚至采用数据重新采集或计算的方式。

【案例2】在某产品开发项目4月11日的进展分析报告中，在挣值分析表中的工作量统计为149人天。而在另一份报告中，同一阶段采集的项目工作量数据跟踪中却为168.5人天。两者属于同一个数据，偏差却为19.5人天。为什么同样数据有不一样的结果？这就是问题。

2.7 详细定义度量元

识别度量元之后，我推荐分两个层次详细定义度量元。

（1）度量目标与指示器列表。

该层次主要定义度量目标与指示器的设计，包含如下数据项。

- 需求提出者：谁提出的管理需求。
- 分类：这个需求属于哪一类，如进度、质量、规模、效率、成本等。
- 目的：要解决什么管理问题。
- 指示器：采用什么图表展示数据、图表的构造方法、横坐标和纵坐标的含义、有无控制限或参考线等。
- 需要的数据：为满足度量目的，需要采集哪些数据。
- 异常的判断方法：如何通过指示器发现问题。
- 决策规则：发现问题后可能的行动。
- 优先级：这个度量需求的优先级是几级。
- 数据分析者：谁来分析数据。
- 需要的时机：何时需要输出分析结论。

某公司采用敏捷开发模式，每个项目组在每日站会上展示了迭代燃尽图，组织级参照上述数据项定义迭代燃尽图如表 2-7 所示。

表 2-7 迭代燃尽图的定义

指示器名称	迭代燃尽图
需求提出者	高层经理 项目组成员
分类	进度
目的	了解项目进展，识别进度异常
指示器	燃尽图 横坐标为时间 纵坐标为估计剩余的工作量与理想剩余的工作量
优先级	高
需要的数据	每天估计剩余的工作量 理想剩余的工作量
异常的判断方法	估计剩余的工作量趋势是否是下降趋势 估计剩余的工作量是否在理想剩余的工作量之下
决策规则	如果估计剩余的工作量总是在理想线之上，则本迭代很可能无法交付所有的需求 如果估计剩余的工作量总是在理想线之下，则本迭代很可能需要再拉新的故事进来
需要的时机	每天

（2）度量元的详细定义表。

该层次主要定义度量数据的含义及其具体的采集、校验、分析与存储方法，包含如下内容。

- 度量对象：对哪个对象进行度量，如整个项目、某个阶段、某个活动、某个文档等。
- 量化属性：度量对象的属性名称，如缺陷密度、工作量、规模、时长等。
- 计量单位：缺陷个数、代码行数、人天等。
- 原始数据的来源：从哪个表、哪个工具、哪个文档中采集数据。
- 采集、计算、归集方法：详细的计数规则或计算方法。
- 验证方法：如何校验数据的正确性。
- 采集周期、时间点：何时或按什么频率采集这个数据。
- 采集人：谁负责采集数据。
- 数据验证人：谁负责校验数据的正确性。
- 度量元的存储位置：采集的数据存储在哪个文档或工具中。

- 使用该度量元的指示器：该数据运用到哪个指示器中。
- 基本/派生度量元：是直接采集得到，还是计算得到的度量元。
- 刻度类型：采用哪种刻度类型，如定比、定距、定序、定类等。

表 2-7 定义的燃尽图中需要迭代估计剩余工作量的数据，对该度量元的定义如表 2-8 所示。

表2-8 迭代估计剩余工作量的度量元定义

度量元的名称	度量对象	迭代
	量化属性	估计剩余的工作量
计量单位		人时
原始数据的来源		项目管理平台
采集、计算、归集方法		工具自动计算：迭代策划会议上估计的总工作量 - 达成用户故事验收准则与完工定义（Definition of Done, DOD）的故事估算工作量
验证方法		检查项目管理平台中每个用户故事的状态是否正确
采集周期、时间点		每日例会
责任分配	采集人	Scrum Master
	数据验证人	Scrum Master
使用该度量元的指示器		燃尽图
度量元类型		基本度量元
刻度类型		定比数据

按照上述内容定义度量体系时，需要抓住以下 3 个关键点。

① 数据要有用。

每个度量数据的目的是什么？为什么要采集这些数据？采集这些数据要解决什么问题？需求提出者、分类、目的这三行就是解决这个问题的。不能无目的地采集所有数据，而是要有作用，选择那些和管理目标有关的数据，否则就是做了"无用功"！

② 数据要有结论。

采集了度量数据，如何分析？如何从中找到管理结论？指示器、决策规则、异常的判断方法三行就是解决数据分析方法的问题。指示器一行要填写清楚采用哪种图形，需要做哪个方向的对比分析，有无控制限等。

③ 数据要准确。

数据的采集方法与计算方法是最容易定义模糊的项。数据采集要准确，就要定义详细的采集方法，使采集的过程可重复、结果可重复、误差可接受，让不同人对采集方法的理解保持一致！

特别提醒

度量目标与指示器定义了为什么采集这些数据，这些数据可以解决哪些问题，有了这些数据之后如何满足管理需要。这是度量元的价值定义，所以一定要先定义度量目标与指示器，再详细定义每个度量元的含义、采集方法、存储方法等。

第 3 章

眼中有图——设计数据指示器

当有了数据之后,需要采用合适的方法将度量数据展现出来,以便于找出结论以支持决策。使用图形和表格可以更直观地展示数据及分析结果,也可以非常形象地阐述事物变化的规律并快速得出结论,发现异常。

在设计图表时,要注意根据度量的目的、数据的类型和数据的多少选择合适的图表类型。

3.1 指示器的基本概念

指示器(indicator)是展示一个或多个度量元数据的图表,支持用户进行数据分析和做出决策。指示器关注的是数据的图形化展示。就像驾驶员在驾驶车辆时要注意仪表盘,观察汽车当前的各种状态一样。图形化的显示更易于观看、记忆和分析。

例如,某公司采集了 5 年的项目按时交付率数据,如表 3-1 所示。

表3-1 项目按时交付率

年份	项目按时交付率(%)
2016	30
2017	36
2018	65
2019	70
2020	77

采用折线图对上述数据进行展示,如图 3-1 所示。图 3-1 比表 3-1 能更直观地展现五年来项目交付率变化的趋势,更易于查看,给人的印象也更深刻。

再如,某项目统计了 6 次迭代的返工工作量占比并使用折线图作为指示器,如图 3-2 所示。

在图 3-2 中,两个指示器均使用折线图,但从左侧图我们看到返工工作量在后三次迭代有所增长,但不明显;而从右侧图则可以看到后二次迭代的增长趋势非常明显。

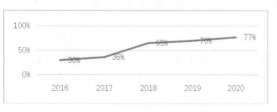

图3-1 项目按时交付率

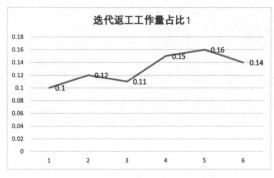
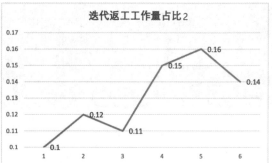

图 3-2　迭代返工工作量占比

使用同样的一组数据，同样的间隔周期，指示器给出的图形效果却不同。为什么？细心的读者会看出，这是两张图中表示迭代返工工作量的纵轴的取值起点不同所导致的。这正应了本杰明·迪斯雷利（Benjamin Disraeli）的那句话："图并没有说谎，是说谎者在画图。"因此，在设计指示器时，选择的图形很重要，选择的数据刻度也非常重要，关键还要看你想展示的目的是什么。

3.2　数据分析的七种对比关系

在对数据进行分析时，通常会进行七种对比分析：

- 成分对比分析；
- 类别对比分析；
- 时间序列对比分析；
- 频率对比分析；
- 相关性对比分析；
- 多系列集合数据对比分析；
- 多指标对比分析。

下面针对数据分析中的七种对比关系和常用图形，结合实例逐一介绍。

3.2.1　成分对比关系

成分对比关系，也称整体部分对比关系，关注的是每一部分数据的大小占总数的百分比，一般采用饼图表示，因为在比较单一整体的各部分占整体的比例时饼图最有效。

饼图也称扇形图，以扇形显示一组数据中各项值的多少，能直观地反映数据间的比例分配关系。

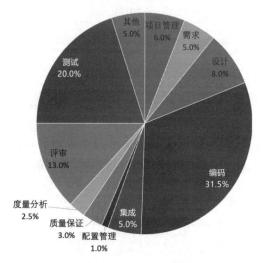

图 3-3　不合理的工作量占比的饼图

图 3-3 是一个用饼图对比各类活动投入工作量占总工作量百分比的指示器,但由于分类的对比成分太多,又没有排序,使得饼图区域划分太多,也显得过于凌乱,无法区分大小。

在使用饼图展示成分对比关系时应注意以下几点:
- 比较的数据项一般不要超过 6 种,如果超过 6 种则建议选用柱状图;
- 最重要的项要置于 12 点附近的位置,且用显著的颜色表示;
- 在图形展示前先将数据从大到小进行排序。

3.2.2 类别对比关系

类别对比关系,也称项类对比关系,关注的是各分类数据值的大小,一般采用柱状图或条形图表示。

柱状图或条形图,以长方形的长度显示多组数据之间的比较情况,能直观地反映多组数据间的大小关系。通过柱状图可以直观地展示哪个数据最大,哪个最小。

图 3-4 是对图 3-3 所示的数据使用柱状图对比分析不同活动工作量占比的指示器。

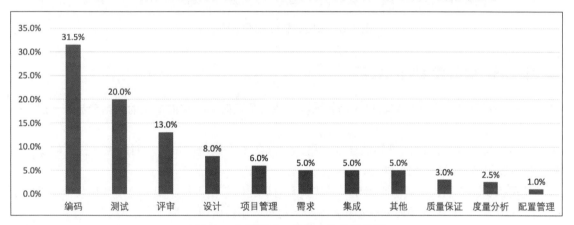

图3-4　各类活动工作量占比的柱状图

图 3-5 是一个使用条形图对比配置项各阶段变更情况的指示器。

图 3-5 的纵坐标采用阶段进行划分,但使用的条形图不能直观地展示数值随时间变化的情况,如果改为采用折线图或柱状图则可以解决这一问题。我们习惯上用横坐标表示时间的变化。

在使用柱状图展示类别对比关系时应注意:
- 柱形、条形之间相隔的空间不要太大;
- 为了突出,在表示数字时可以忽略小数点后的数字;

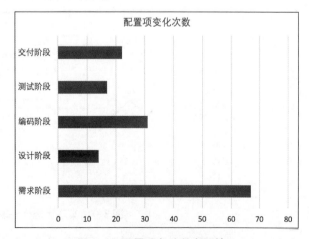

图3-5　配置项各阶段变更情况

▸ 在使用条形图时，应尽量避免表示时间的变化，表示时间变化时采用柱状图或折线图更优。

帕累托图是柱状图或条形图的一种特殊形式，各项次按照数值大小排序（见图3-6）。

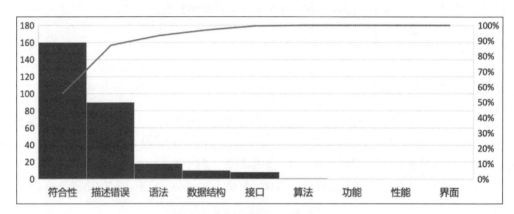

图3-6　缺陷类型分布的帕累托图

3.2.3　时间序列对比关系

时间序列对比关系，也称趋势对比关系，关注的是随时间推移而变化的数据趋势，一般采用柱状图或折线图表示。

折线图可以显示随时间推移的连续数据，非常适用于显示在相等时间间隔下数据的变化趋势，折线图的横坐标表示时间排序。

使用折线图或柱状图展示时间序列对比关系时要注意，由于柱状图关注程度和数量，折线图关注变化趋势，因此，如果时间点不超过 8 个，可以采用柱状图，否则采用折线图。

图 3-7 是某项目度量了每个迭代的开发效率后进行对比分析的折线图，该折线图反映一个平稳波动趋势。

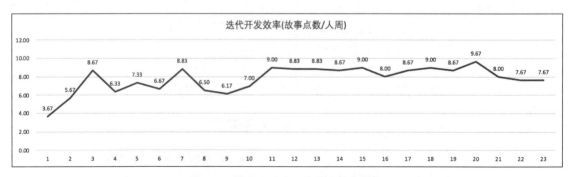

图3-7　某项目迭代开发效率的折线图

图 3-8 是敏捷开发中反映剩余故事点或工作量情况的燃尽图，该折线图反映的是一个递减

趋势。

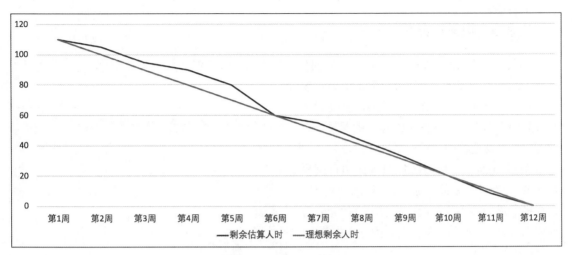

图 3-8　项目迭代燃尽图

在使用折线图展示时间序列对比关系时应注意以下几点：
- 折线图的数据采样要均匀，如每小时一次、每月一次、每年一次等；
- 折线要比底线粗，即关注的实际数据线要明显；
- 尽可能减少同一张图上的折线数量，一般折线数量不要超过 3 条；
- 各条折线要使用不同的颜色，且与底线颜色不同；
- 尽量减少背景的网格线，以免与数据折线混淆。

3.2.4　频率对比关系

频率对比关系关注的是落在不同数据区间内时间的频次，一般采用柱状图或折线图表示。
在使用柱状图或折线图展示频率对比关系时应注意以下几点：
- 当分组数量比较少时，采用柱状图，当数量较多时，采用折线图；
- 分组的个数一般保持在 5 到 20 之间比较合适，太多太少都不好；
- 分组的区间一般要相同。

图 3-9 是某项目组使用饼图对比需求阶段缺陷驻留时间分布的指示器。

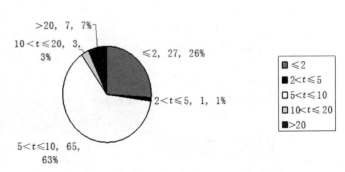

图 3-9　需求阶段缺陷驻留时间分布情况

这个指示器的典型错误如下：
- 不应该使用饼图；

- 缺陷驻留时间的区间非等区间。

3.2.5 相关性分析

相关性分析关注的是两个变量之间的同步变化关系，即随着一个变量的增加，另一个变量是否相应地增加或减少，一般采用散点图或双条形图。

散点图展示因变量 Y 随自变量 x 而变化的大致趋势及两个变量之间可能存在的关系，据此可以选择合适的函数对关系进行拟合。

图 3-10 是一个使用散点图对比项目规模与工作量之间关系的指示器。其中，横坐标为规模，纵坐标为工作量。从图中点的分布情况可以看出，规模与工作量两者间存在相关性，随着规模的增加，工作量也在增加。

注意，散点图只展示了两个变量之间是否存在相关性，但是即使存在相关性，也未必一定有因果关系，因此不要混淆因果关系与相关关系。

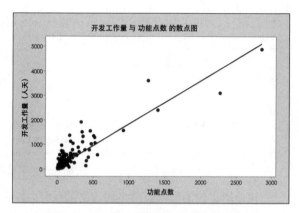

图 3-10 工作量与规模相关性对比情况

3.2.6 多系列的集合数据对比关系

多系列的集合数据对比关系是对多组数据进行分布趋势的比较。数据可按类别分组，也可按时间分组。通常采用箱线图进行多系列集合数据的对比分析。如果参与比较的数据组较少，也可以选择柱状图作为指示器。

箱线图是利用数据中的五个统计量：规格下限、下四分位数、中位数、上四分位数、规格上限来描述数据分布的一种方法。从箱线图中也可以粗略了解数据是否具有对称性、数据的离散程度等信息。作为一种数据对比分析手段，箱线图较为简单易用。箱线图的基本概念如图 3-11 所示。

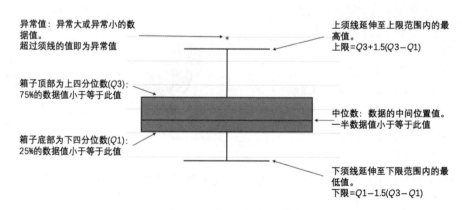

图 3-11 箱线图的基本概念

(1)四分位数(quartile),统计学中把所有数值由小到大排列并分成四等份,处于三个分割点位置的数值就是四分位数。

(2)下四分位数($Q1$),又称"四分之一位数"或"第一四分位数",等于该样本中所有数值由小到大排列后25%位置处的数字。

(3)中位数($Q2$),又称第二四分位数(median),即将数据排序(从大到小或从小到大)后,位置在最中间的数值。当样本数 N 为奇数时,中位数为第($N+1$)/2个数据;当样本数为偶数时,中位数为第 $N/2$ 个数据与第 $N/2+1$ 个数据的算术平均值。它是一组数据中间位置上的代表值,不受数据极端值的影响。因此某些数据的变动对中位数影响不大。当一组数据中的个别数据变动较大时,可用它来描述集中趋势。

(4)上四分位数($Q3$),又称"四分之三位数"或"第三四分位数",即该样本中所有数值由小到大排列后75%位置的数值。

(5)四分位数间距(Interquartile Range,IQR),又称"内距",是上四分位数与下四分位数之差。四分位数间距可反映变异程度的大小。

(6)内限:规格上限 = $Q3+1.5 \times IQR$,规格下限 = $Q1-1.5 \times IQR$。

(7)异常值(outliers):超出内限的数值。

在绘制箱线图时,上须线的终点为 min($Q3+1.5 \times IQR$, 最大值),下须线的终点为 max($Q1-1.5 \times IQR$, 最小值)。

用箱线图可以进行纵向对比分析。图3-12是某公司连续5年需求交付及时率的对比分析。

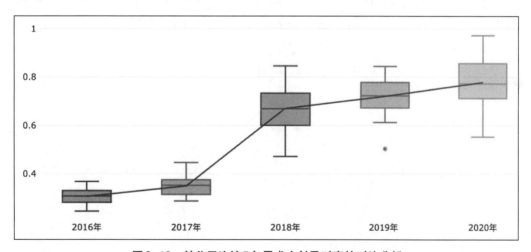

图3-12 某公司连续5年需求交付及时率的对比分析

用箱线图还可以进行横向对比分析。图3-13是某公司5个产品线的月度需求返工率对比分析。

从上面两幅图可以看出,用箱线图作为指示器不但可以比较多组数据的大小,还可以比较多组数据的中位数、异常点、控制上限和控制下限,也就是说箱线图可以提供更全面的分析。

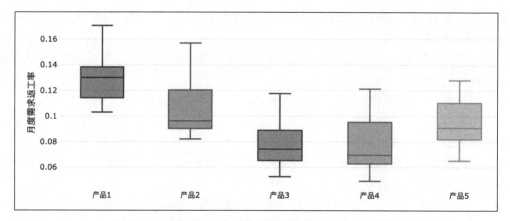

图3-13　某公司5个产品线的月度需求返工率对比分析

3.2.7　多指标的数据对比关系

多指标的数据对比关系指对一个事物从多个维度、多个指标进行对比分析,多用于企业对某事物或能力的综合评估,一般使用雷达图。

雷达图分析法一般用于对项目的整体指标进行分析,以直观地展现和评价项目的整体状态。

在图 3-14 中,每个项目综合得分是 5 个度量指标的平均值,也可以对这 5 个度量指标的数据进行加权平均。但是不能通过计算多边形的面积得到项目的综合得分,因为其面积和 5 个指标的排列顺序有关,如果改变了排列顺序,面积的大小顺序也会跟着发生改变。

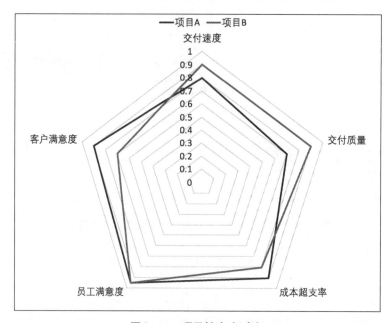

图3-14　项目健康度对比

3.3 设计指示器的十个要点

前面介绍了指示器的基本概念和常用的七种基本图形和对比关系。本节介绍指示器设计时应注意的十个要点。

3.3.1 说明信息要完备

图 3-15 的图例是为某项目在每个阶段的注入缺陷个数与移除缺陷个数的对比分析而设计的指示器。

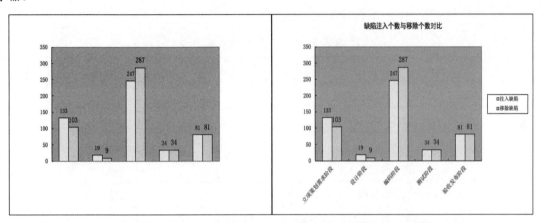

图3-15 某项目的注入缺陷个数与移除缺陷个数对比指示器

比较图 3-15 中的两幅图，同样一组数据，指示器显示的刻度也完全相同。但是，因为右图增加了对横轴数据和两种柱状体颜色的说明信息，比左图更清晰，更易于正确识别。因此，无论我们选择哪一种图形设计指示器，基本的说明信息必须完备。

3.3.2 数据标示要清晰

根据某项目各模块不同阶段（设计、编码、测试）缺陷数所设计的指示器如图 3-16 所示。

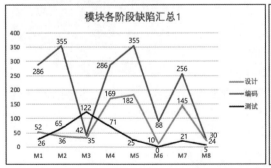
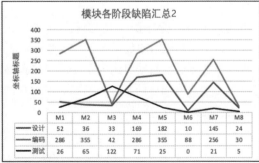

图3-16 模块各阶段缺陷汇总

比较图 3-16 中的两幅图可以发现，同样的两个指示器，左图将各模块缺陷数直接显示在折线点上，右图则以表格形式将数据放在图形下方。显而易见，左图比右图能更直观地查看各模块的缺陷个数，这对模块数少的情况比较适用；而当模块数很多时，右图列表方式则会使图形更加清晰。

3.3.3 根据分析目的选择合适的图形

在设计指示器时，我们要根据分析目的选择分析图形。即使是同样的数据，分析目的不同，选择的图形也不同。

某项目采集的各阶段工作量数据如表 3-2 所示。根据表中的数据你会选择哪种指示器呢？这要看你最关注什么。

表3-2　各阶段工作量数据

阶段名称	工作量（人时）
立项策划需求阶段	264.5
设计阶段	147.5
编码阶段	409.0
测试阶段	304.5
验收发布阶段	124.5

根据这组数据，我们选择用饼图（见图 3-17）和折线图（见图 3-18）两种方式设计指示器。

直观地看，这两种指示器都可以使用。但是，如果从关注点来看，折线图更关注各阶段工作量投入多少的对比，饼图则更关注各阶段工作量占总工作量投入的百分比。我们要根据分析的关注点选择饼图或折线图。

某项目采集的软件开发各类活动的工作量数据，使用柱状图作为指示器，展示每周各类活动工作量的投入情况，如图 3-19 所示。

看到这个图，我们第一时间会问，你希望用指示器来说明什么？这个图形展示的数据太多，很难看清楚目的。

表 3-3 给出一个数据对比关系与图形选择的矩阵表。我们可以参考本节所描述的基本图形和对比关系的特点，根据分析目的来选择相应的图形。

图3-17　阶段工作量分布的饼图

3.3 设计指示器的十个要点 45

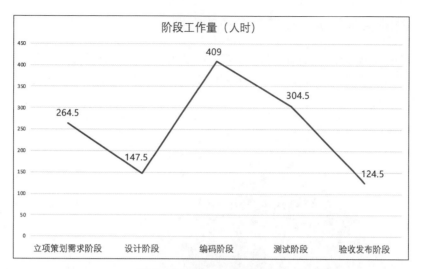

图3-18 阶段工作量折线图

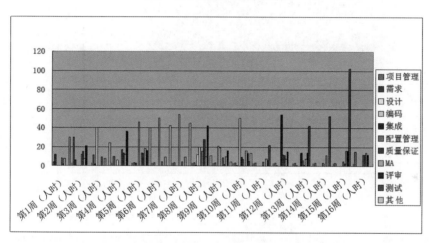

图3-19 各类活动的工作量在各周的分布情况

表3-3 数据对比与图形选择矩阵表

	成分	类别对比	时间序列	频率分布	相关性	多系列	多指标
饼图	√						
条形图		√			√		
柱状图		√	√	√			
折线图			√	√			
散点图					√		
箱线图						√	
雷达图							√

3.3.4 根据数据项的多少选择合适的图形

根据要比较的数据项的多少选择合适的图形，可以使设计的指示器更直观、更易于分析。

图 3-20 是某项目采集的各类活动的工作量数据，并使用饼图和柱状图分别作为指示器来展示每类活动的投入情况。

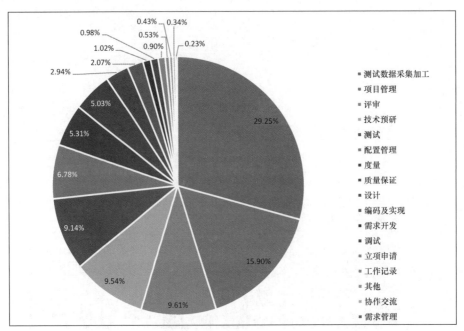

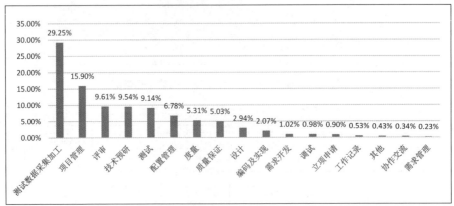

图 3-20 各类活动工作量分布情况

在饼图中，虽然事先也对数据进行了从大到小的排序，但由于比较的数据项太多，用饼图显然不太直观清晰，而改用柱状图指示器就能很容易找到工作量最多的几项活动，发现测试数据采集加工的工作量几乎是测试活动的 3 倍。

3.3.5 先排序再分析

对数据先排序,再建立指示器,会使指示器显示的对比关系更清晰。

图 3-21 是某项目按工作类型采集的工作量数据,采用条形图展示,但是未进行排序,导致图形看上去凌乱无序,不便于分析者快速得到分析结论。

图 3-21　项目工作量分布(1)

对原始数据排序后,再重新分析项目的工作量分布(见图 3-22),很容易看出其中编码类活动的工作量投入最大。

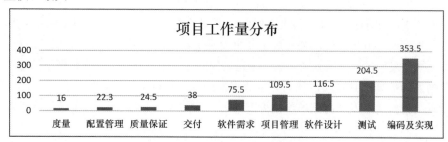

图 3-22　项目工作量分布(2)

无论采用哪种图形,分析者都要养成习惯,设计好数据的排列顺序!

3.3.6 选择合适的数据分组

选择合适的数据分组也是在设计指示器时应该考虑的重要问题之一。例如,图 3-23 是某项目组每日产出代码规模的指示器。

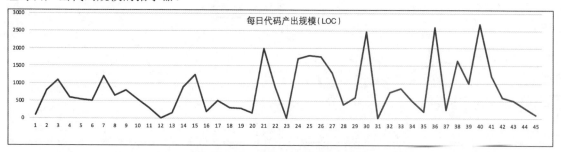

图 3-23　项目组每日产出代码规模

由于数据是按项目组每日产出采集的，从建立的折线图中不容易找出管理者想要的结论。通过重新分组分类，按每周 5 天将数据归类统计，得到的折线图如图 3-24 所示。

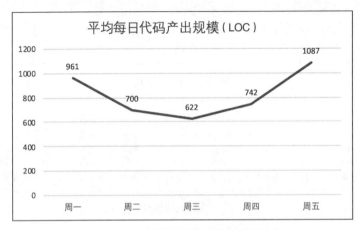

图 3-24　项目组平均每日产出代码规模

从图 3-24 中发现一个很奇怪的现象，周三的产出很低，这与我们的管理常识相矛盾。项目组一般都会在周一或周五开例会，这两个时间的产出应该会低于其他时间。但为什么会在周三发生产出较低的现象呢？通过分析发现，公司规定要每天采集数据，但项目实际执行时却不能保证如此，很多情况下是周五采集，如果周五未采集，则延迟到下周一。另外，为了满足度量的要求，项目组会将一些数据人为地分配到每天，从而导致数据不准确。从以上例子可以看出，通过对数据重新分组，重新画图分析，可发现数据的准确度有问题，而如果按照图 3-23 分析是不可能发现这个问题的。

3.3.7　设置合适的时间刻度

我们还是用 3.3.6 节的数据举例说明。如果按周分析数据，得到如图 3-25 所示的折线图。

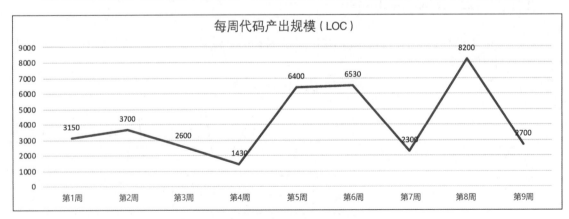

图 3-25　项目组周产出代码规模

通过图 3-25 可以看出，在第 4 周和第 7 周时产出较少。经询问得知这两周进行了交付，几乎没有代码产出，属于正常情况。

图 3-24 和图 3-25 说明：

- 以每天为间隔，折线显示过于密集，数据可读性不好；
- 以每周为间隔，折线显示清晰，数据易读。

因此，根据分析的目的，设置合适的时间刻度，对指示器的应用效果具有重大的影响。

3.3.8 设置固定的控制限

在折线图、柱状图中可以添加控制限作为比较的基准。控制限最好是固定数值，而非变动数值。图 3-26 是基于某项目每周的计划工作量和实际工作量、工作量偏差上下限建立的指示器。

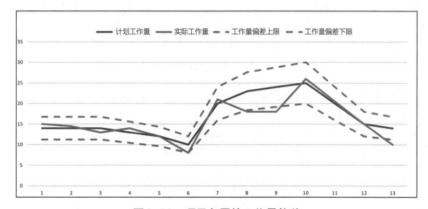

图 3-26 项目各周的工作量偏差

单纯从图形看，好像没有什么不合适的，既有计划和实际工作量，也有工作量偏差上下控制限。但仔细研究发现，从图 3-26 中要找出超出控制限的点却很不容易，因为控制限是变动的。

我们改变一下纵坐标的定义，使用偏差率代替偏差值，让控制限变为固定值。经过这种改动，产生的折线图（见图 3-27）可以很容易地显示出实际与计划的偏差，发现异常点。工作量偏差率在本案例中为 ±20%，每个公司可以根据实际管理需要自定义。

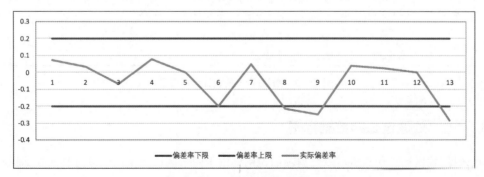

图 3-27 每周工作量偏差率

3.3.9 减少网格线

在图形中,网格线的作用是帮助我们更清晰地识别数据点和数据值。

图 3-28 是用某项目的各阶段实际工作量投入和工作量偏差上下预警值及行动值数据建立的指示器。

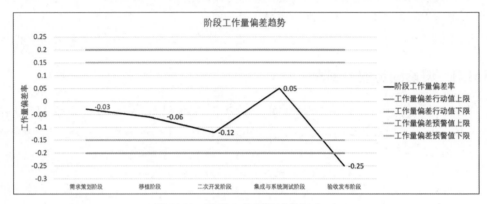

图3-28 阶段工作量统计分析(1)

指示器使用折线图展示没有任何问题,也能很容易地找出异常点。但整个图形看上去线条太多,影响对度量数据的观察分析。

重新画图,去掉网格线,指示器变为图 3-29 所示的图形。这个图形与保留网格线的图 3-28 相比,更干净,也更利于数据的观察。

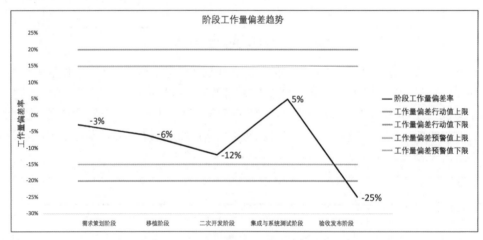

图3-29 阶段工作量统计分析(2)

3.3.10 处理过长的数据标签

图形中的数据标签是对所显示数据项的说明。由于图形区域有限,所以过长的数据标签有时会影响图形的可视性。图 3-30 给出了某项目各阶段工作量分布的指示器,读者可自行比较其优势。

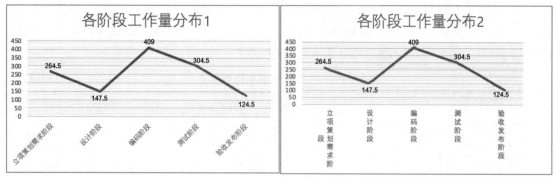

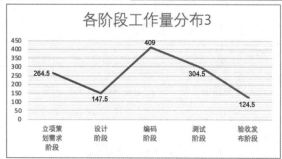

图3-30　某项目各阶段工作量分布的指示器

在图3-30中：

- 上方的两张图由于数据标签较长，数据标签占据图形的比例过大，使得折线图占据的图形面积太小，视觉效果较差。
- 下方的一张图将数据标签进行了排版，消除了上方两图的弱点。

特别提醒

并非所有的图形都有价值！

缺乏良好设计的图形可能会增加阅读者的精神负担，有的甚至是信息垃圾！

3.4　指示器设计的宏观主线

3.4.1　项目状态综合指标：项目健康指数PHI

在本章开始我们已经说明，使用指示器能更直观地将数据及分析的结果展示出来，也可以非常形象地阐述事物变化的规律，支持管理需要，成为管理层的"导航仪"。

在项目管理中，围绕项目目标的实现，存在各种指标用来监督项目状态，但我们是否可以用一个综合指标来评价项目呢？这里我们推荐一个度量元：项目健康指数。

我们假设项目健康指数（Project Health Index，PHI）由诸如任务按时完成率、质量投入工作量占比、需求变更率和缺陷按时修复率等因子组成，每个组织可以定义自己的项目健康指数的计算方法。例如，表 3-4 为对某项目进行度量后得到的数据。

表 3-4　项目健康指数数据　　　　　　　　　　　　　　　（单位：%）

指标	上限	下限	实际值	规格化上限	规格化下限	实际值得分
任务按时完成率	200	0	85	100	0	42.50
工作量计划投入率	200	0	50	100	0	25.00
质量投入工作量占比	30	0	20	100	0	66.67
需求变更率	20	0	12	100	0	40.00
NC 问题按时修复率	100	0	75	100	0	75.00
综合结果						49.83 分

注：1. NC 问题，即不符合项。
　　2. 所有的 5 个指标得分都是越大越好，所以需求变更率在规格化后得分是 40%，是 1-12%/20% 计算得到的。

根据表 3-4 的数据，选择雷达图建立项目综合指数指示器，如图 3-31 所示。

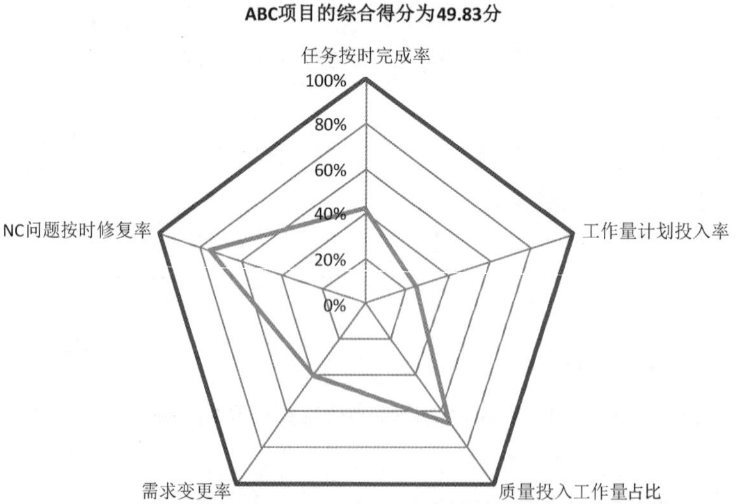

图 3-31　项目综合得分

项目健康指数对项目的综合状态进行了量化刻画，给出了多个度量元的汇总结果，使管理者能够从宏观上了解项目的状态，而不是陷入具体的细节中片面地了解项目的状态，从而便于进行横向和纵向的对比分析。

有了每个项目的 PHI 就可以在各个项目组之间进行总体状态的对比分析了（见图 3-32）。例如，某公司确定 60 分为行动线，当项目的 PHI 小于 60 分时，高层管理者就需要对该项目采取措施了。

某公司 2018 年导入了 COSMIC 功能点度量方法，对产品的规模进行了统一度量。在此基础上对产品组定义了 5 个性能指标：需求上线周期、测试缺陷密度、线上缺陷密度、每功能点开发工作量、人均每月上线功能点个数。对这 5 个指标加权平均得到了项目总体健康指数，每个月对所有产品组进行了 PHI 的横向对比分析，对每个指标也进行了横向对比分析。

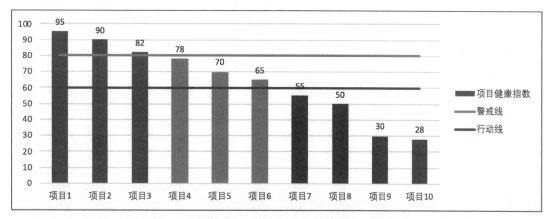

图 3-32　某公司某月份各项目健康指数的对比分析

3.4.2　管理监控的主副图

管理监控的主副图灵感来自炒股软件中的行情主副图，如图 3-33 所示。

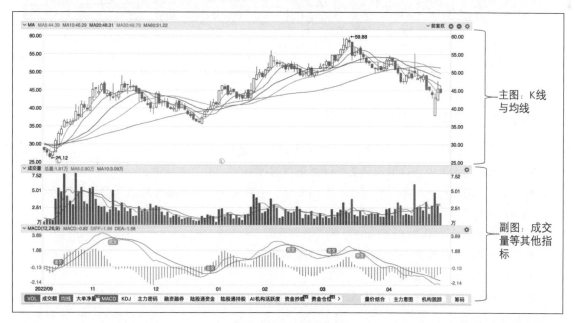

图 3-33　股票行情图

在股票行情图中，上方的主图表示 K 线和均线；下方的副图表示其他指标，如成交量、MACD 等。

主图用于为管理者提供必不可少的、最关心的、最重要的信息,是管理者了解项目或组织情况最重要的指示器。副图是次要的,是对主图中的信息进行补充说明的次要信息或原因解释的数据展示。如果主图是过程或项目的产出或结果,副图就可以是项目的投入。副图也可能包含了优先级比较低的产出或结果。

在设计主图时,要站在指示器的需求者角度思考:他们最关心什么信息?如果只给他们一张图看,他们会看哪张图?

项目经理可以用图3-8所示的燃尽图、图3-34所示的累积流图或图9-1所示的项目总体进展趋势图作为其主图以跟踪项目的进展。

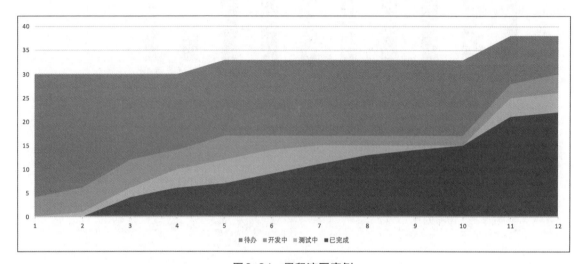

图3-34　累积流图案例

3.4.3　二维多级度量体系架构

任何一个数据都可以从纵向和横向两个维度进行对比分析。
- 纵向对比:用当前数据和历史、计划进行对比。
- 横向对比:同一时刻的数据,对不同部分、不同类别、不同实体的数据进行对比分析。

横向和纵向对比采用的指示器是不同的。

任何一个数据都可以站在不同的管理层级来分析。
- 公司级:关注整个公司,所有项目的总体状态。
- 部门级:关注本部门每个项目的状态。
- 项目级:关注本项目各个方面的状态。

不同层级的分析采用的指示器也可能不同。以图3-35为例,在对项目健康指数进行展示时,站在老板的角度,可以采用箱线图,纵向对比整个公司所有项目每个月的PHI变动的趋势,以识别异常的月份;也可以对当前月份各个部门的平均PHI值进行横向比较分析,以识别当前月份中需要重点关注的部门。站在部门经理的角度,以此类推,在进行纵向对比时,也可以采用折线图分析整个部门所有项目 PHI 的平均值趋势。站在项目经理的角度，在进行横向对比时，可以采用雷达图观察对比各个指标的相对大小，或者在雷达图中同时画出最近两个月的各个指标的数值，做纵向对比分析。

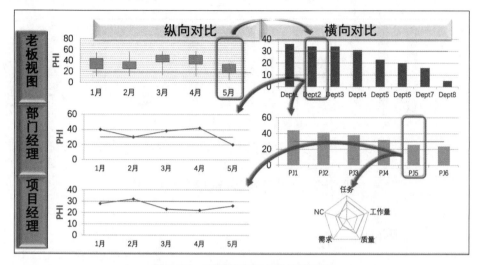

图3-35　项目状态综合监控指示器

某公司的总经理特别关注每月客户投诉数及近期质量投入的变化趋势，所以质量管理部门设计了给总经理的度量分析主图，如图3-36所示。

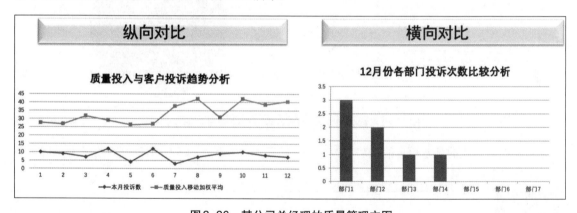

图3-36　某公司总经理的质量管理主图

纵向对比的折线图是每个月的客户投诉数与近期三个月质量投入工作量的加权平均数，横向对比为当月每个部门的客户投诉次数。

站在部门经理的角度设计的主图如图3-37所示。

纵向对比反映的是本部门每个月所有项目的缺陷驻留时间的趋势，横向对比反映的是本部门每个产品线的缺陷驻留时间的趋势，以便于发现异常的月份或产品线，从而采取相应的措施。

站在项目经理的角度，针对项目组的质量趋势设计的主图如图3-38所示。

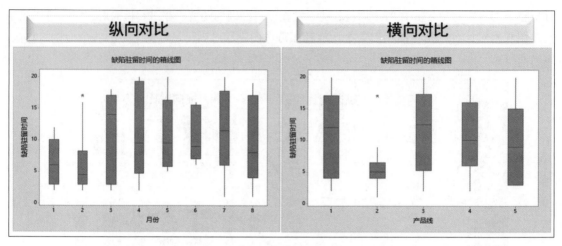

图 3-37　某公司部门经理的质量管理主图

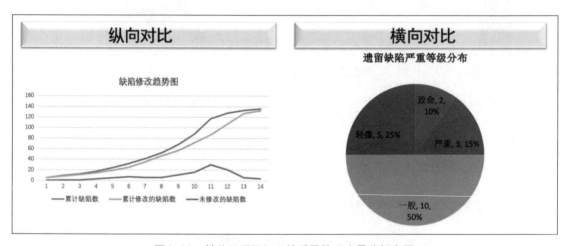

图 3-38　某公司项目经理的质量管理度量分析主图

项目经理关注的是本项目的缺陷修改趋势、缺陷的严重程度分布等信息，因此采用了折线图与饼图分别进行了展示。

特别提醒

与读者共情！站在读者的角度思考如何设计指示器！

第 4 章
上下求索——分析历史数据的分布规律

从历史数据中要发现两类规律：单一度量元的分布规律和多个度量元之间的因果规律。我们在第 1 章中提到的性能基线与性能模型，就是这两种规律的体现。其中，性能基线刻画的是历史数据的分布规律。性能基线的定义、表示方法、作用请参见第 1.6 节的介绍，本章重点介绍建立性能基线的方法、步骤与注意事项。

建立性能基线时，需要根据数据特征与分析目的选择相应的统计方法。常用的统计方法有控制图法、百分位法、箱线图法与置信区间法。

4.1 控制图法

控制图提取总体的均值作为中心线，均值 ±3 倍标准差（符号为 σ）作为上下控制限，绘制被观察数据的时间序列图。不同的数据类型、分布和子组样本容量对应不同的控制图：

- 对于连续数据，可以使用 $\overline{X}$-R 图、$\overline{X}$-S 图或 I-MR 图；
- 对于离散数据，可以使用 c 图、u 图或 I-MR 图。

建立性能基线时最常用的是 I-MR 图，它既可以刻画连续数据，也可以刻画离散数据。例如，某公司积累了 30 个项目的系统测试缺陷密度的数据，缺陷密度的计量单位为个 /KLOC（KLOC：千行代码），其 I-MR 控制图如图 4-1 所示。

基于图 4-1 建立的性能基线如下。

- 均值：2.321。
- 上限：2.931。
- 下限：1.712。

关于控制图的原理和制作方法、判读原则等内容详见本书第 7 章，本章不做专门陈述。

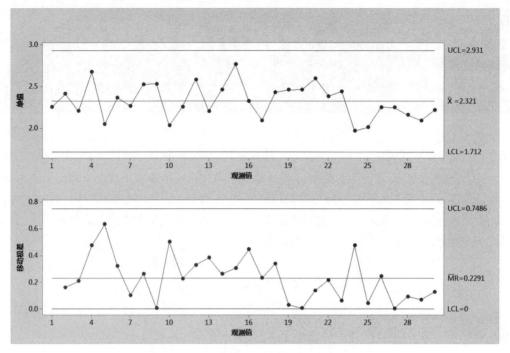

图 4-1　系统测试缺陷密度的 I-MR 控制图

4.2　百分位法

采用百分位法建立性能基线的方法如下:
- 如果数据近似对称分布,上下限可以取（第 2.5 百分位数,第 97.5 百分位数）;
- 如果数据右偏分布,上下限可以取（最小值,第 95 百分位数）;
- 如果数据左偏分布,上下限可以取（第 5 百分位数,最大值）。

在 Excel 中可以采用函数 PERCENTILE（array,k）、PERCENTILE.EXC（array,k）计算百分位。两个函数的计算方法参见附录 A.4 中的说明。

采用百分位法计算性能基线的优点是对数据的分布类型要求不严格,可用于任何分布或分布不明的数据;缺点是百分位数的变异较大,结果不够稳定,需要较多的样本点。

国际软件基准标准组（International Software Benchmark Software Group,ISBSG）所公布的业内标杆数据即采用了百分位法。中国电子技术标准化研究院每年公布的中国软件行业基准数据同样是采用了百分位法。表 4-1 所示为 2021 年中国软件行业开发生产率基准数据。

其中,P10 是第 10 百分位数;P25 是第 25 百分位数,即四分之一位数;P50 即中位数;P75 是第 75 百分位数,即四分之三位数;P90 是第 90 百分位数。

表 4-1 2021年中国软件行业开发生产率基准数据

业务领域	生产率详细信息（人时/功能点）				
	P10	P25	P50	P75	P90
电子政务	2.08	3.15	6.65	11.22	15.54
金融	3.17	5.44	10.92	16.19	27.32
电信业	2.58	5.05	10.84	17.98	29.09
制造业	2.13	3.64	8.16	16.82	24.77
能源	2.11	3.50	7.03	17.94	21.74
交通	2.06	3.37	7.51	14.54	22.26

4.3 箱线图法

采用箱线图可以不受样本数据分布类型的限制，基于中位数和内限建立性能基线，凡是超出内限的值则被认定为异常点。箱线图的概念可参见本书第 3.2.6 节的详细描述。

图 4-2 展示了正态分布数据的内限与标准差的对比关系。

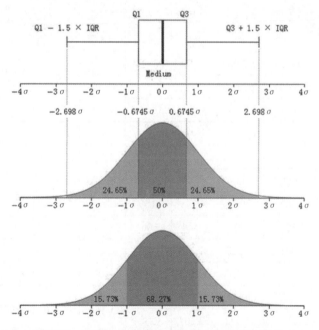

图 4-2 正态分布数据的内限与标准差对比关系

其中，内限的计算公式为

$$上限 = Q3+1.5 \times IQR$$
$$下限 = Q1-1.5 \times IQR$$

公式（1）

公式中，1.5×IQR 也可以替换为 1×IQR，此时，近似于根据 2 倍的标准差计算得到的控制限，内限范围更小，对异常值更敏感。

修改后的内限计算公式为

$$上限 = Q3+1×IQR$$
$$下限 = Q1-1×IQR \qquad 公式（2）$$

实践中，建议采用如下优化后的内限计算公式建立性能基线：

$$上限 = Q3+2×(Q3-Q2)$$
$$下限 = Q1-2×(Q2-Q1) \qquad 公式（3）$$

公式（3）与公式（2）上下限之间的宽度均为 3×(Q3-Q1)，对于对称分布的数据，两者获得的上下限是一致的；对于非对称分布的数据，公式（3）更好地刻画了数据的分布区间。在后文的描述中我们称公式（3）为改进的内限公式。

从内限的计算公式可以看出性能基线的上下限相对于中心线不一定是对称的。

对于标准正态分布，利用 3 个公式计算的中位数、四分位数、内限、离群值百分率的比较如表 4-2 所示。其中内限 1、内限 2、内限 3 分别对应公式（1）、公式（2）、公式（3）的计算结果。

表 4-2　正态分布中位数、四分数、内限、离群值百分率数据比较表[①]

	分布类型	中位数	四分位数	内限1	内限2	内限3	在内限之外的百分率1	在内限之外的百分率2	在内限之外的百分率3	1.96σ 的值	在区间 $\pm 1.96\sigma$ 外的百分率
对称	$U(-1,1)$	0	±0.500	±2.000	±1.500		—		1.132	—
	$N(0,1)$	0	±0.674	±2.698	±2.022	0.700	4.318		1.960	5.000
	T_{20}	0	±0.687	±2.748	±2.061	1.240	5.255		2.066	5.200
	T_{10}	0	±0.700	±2.800	±2.100	1.880	6.208		2.191	5.320
	T_5	0	±0.727	±2.908	±2.181	3.350	8.101		2.530	5.250
	T_1	0	±1.000	±4.000	±3.000	15.590	20.483		—	—
不对称	X_1^2	0.45	0.102 / 1.323	-1.73 / 3.155	-1.119 / 2.544	-0.594 / 3.069	0.076	11.070	7.980	-1.772 / 3.772	5.220
	X_3^2	4.35	2.675 / 6.626	-3.252 / 12.552	-1.276 / 10.577	-0.675 / 11.178	2.796	6.044	4.796	-1.198 / 11.198	4.780
	X_{20}^2	19.34	15.452 / 23.828	2.888 / 36.392	7.076 / 32.204	7.676 / 32.804	1.383	4.470	0.042	7.604 / 32.396	4.530

例如，某公司积累了 22 个项目的需求工作量占比的历史数据，如表 4-3 所示。

---

① 表 4-2 中，内限 1 的数据借鉴自：HOAGLIN D C. 探索性数据分析[M]. 陈忠琏，郭德媛，译. 北京：中国统计出版社，1998：68.

表 4-3　项目需求工作量占比的历史数据

项目编号	需求工作量占比（%）	项目编号	需求工作量占比（%）
P1	13.19	P12	31.78
P2	12.43	P13	3.67
P3	1.81	P14	9.01
P4	11.50	P15	4.31
P5	0.78	P16	12.06
P6	3.02	P17	6.33
P7	10.40	P18	3.28
P8	20.37	P19	0.79
P9	13.17	P20	16.33
P10	35.02	P21	5.91
P11	3.02	P22	15.31

对此数据进行图形汇总分析，得到图 4-3 所示需求工作量占比汇总报告。

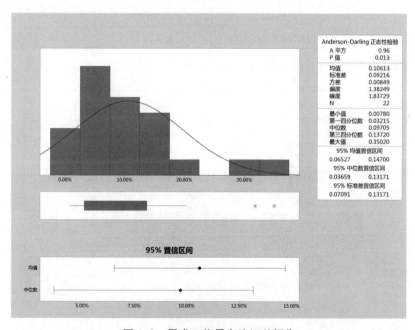

图 4-3　需求工作量占比汇总报告

从图 4-3 中发现，正态检验的 P 值 < 0.05，此数据不服从正态分布，因此不采用控制图建立性能基线，而采用箱线图建立性能基线。我们分别用公式（2）和公式（3）计算其上下限，如表 4-4 所示。

表 4-4 项目需求工作量占比箱线图数据

传统的箱线图分析		改进的箱线图分析	
$Q1$	0.03215	$Q1$	0.03215
$Q2$	0.09705	$Q2$	0.09705
$Q3$	0.1372	$Q3$	0.1372
IQR	0.10505		
上限	0.24225	上限	0.17735
下限	-0.0729	下限	-0.03275

基于（-0.03275，0.17735）排除 3 个异常点后，重新计算得到表 4-5 所示的箱线图数据，并根据这组数据重新进行图形汇总分析，得到图 4-4。此时，下限小于 0 是没有实际意义的，因此下限可以取 0，得到的控制限为（0，16.156%），并取中位数 6.33% 为中心线。

表 4-5 排除异常点后的项目需求工作量占比箱线图数据

箱线图分析		改进的箱线图分析	
$Q1$	0.0302	$Q1$	0.0302
$Q2$	0.0633	$Q2$	0.0633
$Q3$	0.1243	$Q3$	0.1243
IQR	0.08223		
上限	0.19466	上限	0.16156
下限	-0.05203	下限	-0.0029

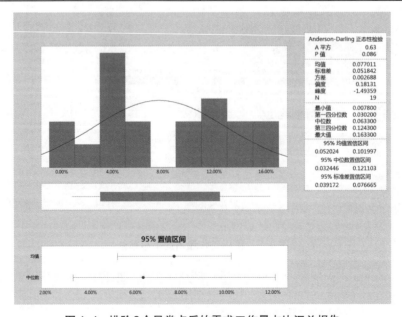

图 4-4 排除 3 个异常点后的需求工作量占比汇总报告

再如，某公司积累了 130 个模块的生产率数据，如表 4-6 所示。

表 4-6　各模块生产率数据　　　　　　　　　　（单位：LOC/人时）

模块	生产率	模块	生产率	模块	生产率	模块	生产率	模块	生产率	模块	生产率
M1	10.44	M23	12.50	M45	16.39	M67	14.34	M89	12.13	M111	15.04
M2	10.69	M24	13.86	M46	30.00	M68	10.31	M90	13.28	M112	27.68
M3	6.62	M25	14.70	M47	29.75	M69	14.34	M91	8.00	M113	13.27
M4	12.14	M26	19.27	M48	6.01	M70	12.90	M92	27.62	M114	19.20
M5	11.21	M27	29.23	M49	26.82	M71	6.13	M93	14.99	M115	19.97
M6	11.22	M28	22.22	M50	14.02	M72	17.17	M94	8.94	M116	5.33
M7	11.05	M29	21.20	M51	14.44	M73	18.63	M95	31.22	M117	12.22
M8	11.80	M30	10.23	M52	21.32	M74	11.56	M96	9.31	M118	7.50
M9	11.78	M31	8.64	M53	11.92	M75	8.18	M97	6.91	M119	10.83
M10	9.45	M32	8.95	M54	11.25	M76	14.55	M98	10.67	M120	6.67
M11	10.00	M33	9.18	M55	13.75	M77	5.11	M99	17.78	M121	22.05
M12	12.99	M34	29.96	M56	12.50	M78	5.45	M100	14.50	M122	9.96
M13	8.83	M35	21.32	M57	11.67	M79	17.50	M101	8.00	M123	10.73
M14	15.65	M36	11.11	M58	11.67	M80	11.85	M102	8.00	M124	16.45
M15	9.91	M37	12.30	M59	13.75	M81	10.59	M103	14.44	M125	16.45
M16	11.60	M38	12.04	M60	4.81	M82	5.54	M104	10.67	M126	12.57
M17	9.47	M39	19.64	M61	12.50	M83	25.31	M105	10.34	M127	11.34
M18	9.32	M40	21.32	M62	10.36	M84	10.53	M106	13.27	M128	13.23
M19	10.23	M41	9.92	M63	14.30	M85	4.39	M107	12.59	M129	28.39
M20	25.33	M42	9.75	M64	14.34	M86	31.12	M108	22.36	M130	7.87
M21	13.44	M43	9.63	M65	14.34	M87	15.30	M109	22.83		
M22	23.36	M44	26.00	M66	12.90	M88	11.25	M110	13.25		

对该数据进行图形化汇总，得到图 4-5。

从图 4-5 中可以看到，该组数据不服从正态分布，因此可以通过箱线图法建立其性能基线。对该组数据画箱线图，如图 4-6 所示。

箱线图计算结果如表 4-7 所示。

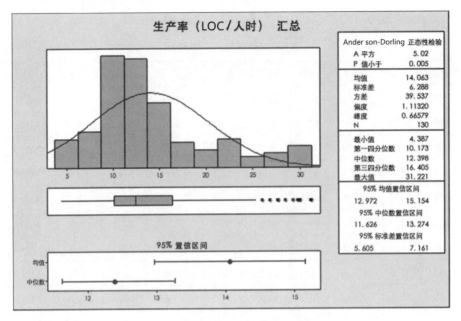

图 4-5　生产率汇总

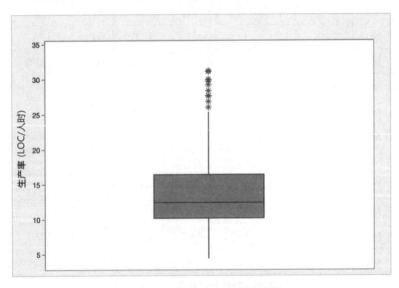

图 4-6　各模块生产率的箱线图

表 4-7　各模块生产率汇总的箱线图计算结果　　　　　　　　（单位：LOC/人时）

采用公式（2）计算性能基线		采用公式（3）计算性能基线	
$Q1$	10.173	$Q1$	10.173
$Q2$	12.398	$Q2$	12.398
$Q3$	16.405	$Q3$	16.405

采用公式（2）计算性能基线		采用公式（3）计算性能基线	
IQR	6.232		
上限	22.637	上限	24.419
下限	3.941	下限	5.723

对于此组数据中的异常点可以分析其根本原因，删除异常点，然后重新计算控制限。如此往复，直到没有异常点为止。最终的性能基线如表 4-8 所示。

表 4-8　排除异常点后的生产率性能基线　　　　　　　　　（单位：LOC/人时）

采用公式（2）计算性能基线		采用公式（3）计算性能基线	
$Q1$	10.231	$Q1$	10.231
$Q2$	11.778	$Q2$	11.778
$Q3$	13.75	$Q3$	13.75
IQR	3.519		
上限	17.269	上限	17.694
下限	6.712	下限	7.137

在第 1 次删除异常点后，是否继续判断存在异常点是个有趣的话题，在本例中是做了循环删除！当删除异常点超过 10% 时，需要反思是否存在未知的分类因子导致删除的异常点实际上是另一类项目。

4.4　置信区间法

对于某些不服从正态分布的数据，可以进行度量元的转换，转换为达成某条件的比率，从而求其置信区间，以建立性能基线。

例如，某公司积累了 52 个项目的缺陷逃逸率的历史数据，如表 4-9 所示。

表 4-9　项目缺陷逃逸率的历史数据

项目编号	缺陷逃逸率（%）	项目编号	缺陷逃逸率（%）	项目编号	缺陷逃逸率（%）	项目编号	缺陷逃逸率（%）
P1	13	P7	0	P13	0	P19	0
P2	0	P8	0	P14	10	P20	14
P3	0	P9	0	P15	0	P21	0
P4	50	P10	0	P16	0	P22	0
P5	10	P11	0	P17	0	P23	0
P6	9	P12	0	P18	1	P24	43
P25	2	P32	0	P39	0	P46	0

续表

项目编号	缺陷逃逸率（%）	项目编号	缺陷逃逸率（%）	项目编号	缺陷逃逸率（%）	项目编号	缺陷逃逸率（%）
P26	0	P33	0	P40	25	P47	0
P27	0	P34	0	P41	0	P48	0
P28	10	P35	0	P42	10	P49	1.7
P29	0	P36	0	P43	7	P50	20
P30	0	P37	0	P44	0	P51	0
P31	0	P38	0	P45	0	P52	0

对此组数据进行图形化汇总（见图4-7）后可以发现，超过50%的项目缺陷逃逸率都是0。

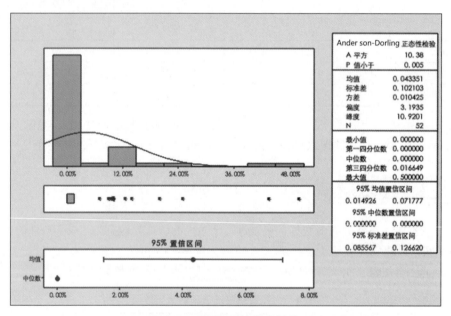

图4-7 项目缺陷逃逸率汇总

对此组数据即使进行各种变换也难以得到正态分布的数据，此时怎么处理呢？

我们可以将缺陷逃逸率（连续型变量）转换为二分类数据（离散型变量）：有缺陷逃逸和无缺陷逃逸。通过计算有缺陷逃逸的项目的比率及其置信区间建立性能基线。此组数据中，项目总共52个，有缺陷逃逸的项目15个，比率为15/52=28.84%；经计算，该统计量的95%置信区间为（0.171297，0.430758）。

在Minitab中的操作方法如下：执行"统计→基本统计量→单比率"命令，在弹出的"单比率（检验和置信区间）"对话框中，选择"汇总数据"单选按钮，设置"事件数"为15，"试验数"为52，单击"确定"按钮，如图4-8所示。

图 4-8　Minitab 中的操作方法

输出结果如图 4-9 所示。

```
                单比率（检验和置信区间）
样本   X    N    样本p        95% 置信区间
 1    15   52   0.288462    (0.171297, 0.430758)
```

图 4-9　单比率（检验和置信区间）输出结果

当某年度有缺陷逃逸的项目比例不在此置信区间内时，则视本年度的过程性能为异常，可以执行根因分析，找到异常的根本原因。

基于此类性能基线建立目标时，假设组织级目标设定为全年有缺陷逃逸的项目个数不多于 20%。而项目组在定义自己的目标时，可能有些项目设定的缺陷逃逸率为 0，有些项目则设定的缺陷逃逸率大于 0，此时，项目目标需要经过组织级审批。组织需要根据所有项目的实际情况，从组织级的总体层面上判断组织级的目标能否实现。

在组织内，工期偏差率等类似的度量元可以采用此方法建立性能基线。很多企业中，大部分项目按期完工，延期的项目比较少，此时也可以根据延期项目比例建立组织级的性能基线。

同理，对于原本就是离散型的数据也可以采用此方法建立性能基线。例如，某公司统计历史软件中圈复杂度超过 15 的函数个数为 12440 个，总函数个数为 178728 个，则可以采用上述方法建立性能基线，如图 4-10 所示。

```
   X        N      样本p         95% 置信区间
12440   178728   0.069603    (0.068427, 0.070793)
```

图 4-10　离散型数据性能基线示例（置信区间法）

4.5　建立性能基线的步骤

前面几节介绍了建立性能基线的技术方法，实际建立性能基线的具体步骤可以分解为如下 7 步。

(1)验证数据的准确性、一致性、有效性。

即检查所有的样本数据是否符合组织级的统一定义,是否是在合适的时间内采集的,是否准确。

(2)初步观察数据分布特点。

通过单值图初步观察数据的特点,以判断是否存在数据分层的现象。如果数据分层,则尝试找到分层的维度,以便于分类建立性能基线。

(3)判断是否需要分类建立性能基线。

针对不同的类别,通过箱线图或方差分析判断是否需要分类建立性能基线。可能的分类维度包括以下几种:

- 项目类型;
- 规模;
- 生命周期;
- 技术平台;
- 人员背景;
- 裁剪方法;
- ……

可能需要分类建立性能基线,但经常被忽略的分类维度包括:

- 同一个过程不同的执行方法,如技术评审可区分为技术评审、审查、走查等方式;
- 不同的裁剪路径,如做详细设计与不做详细设计,编码的效率与质量可能存在显著差异。

(4)选择建立性能基线的方法。

根据表4-10给出的性能基线建立方法选择参考指南,分析数据的特征,选择建立性能基线的合适方法。

表4-10 性能基线建立方法选择参考指南

数据特征		技术方法			
第1条件	第2条件	控制图	箱线图法	置信区间	百分位法
正态分布数据	按时间排序	**	*		
	无时间信息		**		
泊松或二项分布	按时间排序	**	*		
	无时间信息		**		
大数据量			*		**
单个比率信息				**	
其他			**		

注:**为首选方法,*为次选方法

表4-10给出的参考也并非绝对的,在实际中,还需要根据分析者的经验判断哪种方法最能刻画历史数据的分布特征,以及是否还有其他更好的方法。

> **特别提醒**
>
> 性能基线是对历史过程性能分布规律的一个近似刻画,是基于历史样本数据对总体分布特征的估计,对同一组数据采用不同的方法建立性能基线,得到的结果可能是不同的。

(5)确定控制限的计算公式。

在第 4.1 节到第 4.4 节中,我们介绍了四种建立性能基线的方法,其中计算上下限的方法可以归纳为表 4-11。

表 4-11 性能基线上下限计算方法

方法	上下限计算方法说明
控制图法	常用的方法有三种: 选择 1:均值 $\pm 3\sigma$ 选择 2:均值 $\pm 2\sigma$ 选择 3:均值 $\pm 1.96\sigma$
百分位法	计算 P10、P25、P50、P75、P90
箱线图法	传统方式: 　选择 1: 　　上限=$Q3+1.5\times IQR$ 　　下限=$Q1-1.5\times IQR$ 　选择 2: 　　上限=$Q3+IQR$ 　　下限=$Q1-IQR$ 改良方式: 　选择 3: 　　上限=$Q3+3\times(Q3-Q2)$ 　　下限=$Q1-3\times(Q2-Q1)$ 　选择 4: 　　上限=$Q3+2\times(Q3-Q2)$ 　　下限=$Q1-2\times(Q2-Q1)$
置信区间法	通常取 95% 置信度

在控制图法与箱线图法中选择上下限计算公式时,可以参考变异系数。

变异系数(coefficient of variation),是概率分布离散程度的一个归一化量度,其定义为标准差与均值之比:变异系数 = 标准差 / 均值,主要用于比较不同样本数据的离散程度。变异系数越大,说明数据的离散程度越大;变异系数越小,说明数据的离散程度越小。变异系数太大会影响性能基线的灵敏性。在医学实验中一般要求变异系数小于等于 12%;在软件领域中,根据笔者的经验,变异系数不超过 30% 为宜,如果超过 30%,可以取均值 $\pm 2\sigma$ 或 1.96σ 建立性能基线,否则采用 $\pm 3\sigma$。

此步为可选步骤,也可以在组织级统一定义计算方法,如控制图法统一取均值 $\pm 1.96\sigma$,箱线图法采用表 4-11 中的选择 4。

（6）建立性能基线。

根据选定的方法计算上下限，识别异常点（特殊原因偏差），分析导致异常的原因，消除特殊原因后，排除异常点，重新计算上下限与中心线，建立性能基线。

（7）发布性能基线。

参考第1.6.2节中的数据描述性能基线并发布性能基线到各个项目组、各个部门，制定好使用性能基线的模板，培训大家如何恰当地使用性能基线。

【案例】某公司积累了3条产品线一年的需求一次测试通过率的原始数据，如表4-12所示。

表4-12　产品线1~3需求一次测试通过率原始数据

产品线	月份	需求一次测试通过率（%）	产品线	月份	需求一次测试通过率（%）	产品线	月份	需求一次测试通过率（%）
product1	201106	50.00	product2	201106	43.00	product3	201106	61.00
product1	201107	50.00	product2	201107	36.00	product3	201107	54.00
product1	201108	75.00	product2	201108	30.99	product3	201108	47.24
product1	201109	64.00	product2	201109	33.00	product3	201109	49.00
product1	201110	50.00	product2	201110	26.00	product3	201110	49.00
product1	201111	77.00	product2	201111	36.00	product3	201111	52.00
product1	201112	74.00	product2	201112	43.00	product3	201112	54.00
product1	201201	80.00	product2	201201	36.00	product3	201201	58.00
product1	201202	67.00	product2	201202	50.00	product3	201202	50.00
product1	201203	63.00	product2	201203	39.00	product3	201203	53.00
product1	201204	50.00	product2	201204	38.00	product3	201204	48.00
product1	201205	50.00	product2	201205	45.10	product3	201205	55.21

（1）验证数据的准确性、一致性与有效性。

原始数据中，3条产品线一年的数据都是12个点，都是无量纲的百分比数据，没有特别异常或者有规律的数据，可以认为是有效的。

（2）初步观察数据分布特点。

对这组数据画单值图，如图4-11所示。通过图形观察，发现总体上数据没有明显的分层现象，不能确定是否应分类建立性能基线。

（3）判断是否需要分类建立性能基线。

先画箱线图观察，再做方差分析，如图4-12所示。通过箱线图可以看出，3条产品线的需求一次测试通过率还是有显著差别的。其中，产品线1一次测试通过率比较高，但是离散程度比较大；产品2一次测试通过率比较低；产品线3则居中，离散程度最小。

以上分析是通过观察发现的，结论未必可靠，可以再通过单因子方差分析法检查结论的显著性。

执行单因子方差分析，得到的结果如图4-13所示。

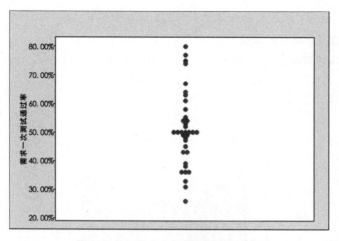

图 4-11　需求一次测试通过率单值图

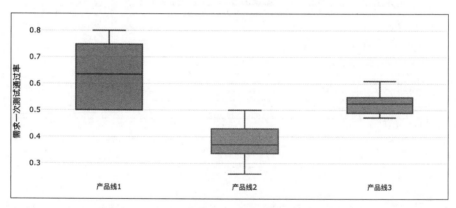

图 4-12　不同产品线需求一次测试通过率对比分析

```
           单因子方差分析：需求一次测试通过率与产品线
来源    自由度    SS        MS        F值       P值
产品线    2      0.36412   0.18206   26.37    0.000
误差     33      0.22781   0.00690
合计     35      0.59193

S=0.08309    R-Sq=61.51%    R-Sq(调整)=59.18%

                              均值（基于合并标准差）的单组 95% 置信区间
水平        N     均值      标准差   -------+---------+---------+---------+--
product1   12   0.62500   0.12094                              (----*---)
product2   12   0.38007   0.06575   (----*----)
product3   12   0.52538   0.04194                   (----*---)
                                   -------+---------+---------+---------+--
                                       0.40      0.50      0.60      0.70

合并标准差 = 0.08309
```

图 4-13　单因子方差分析结果

P值 < 0.05，说明需求一次测试通过率和产品线类型是相关的，需要分类建立性能基线。

（4）选择建立性能基线的方法。

对3条产品线的数据分别进行图形化汇总分析，如图4-14、图4-15和图4-16所示。

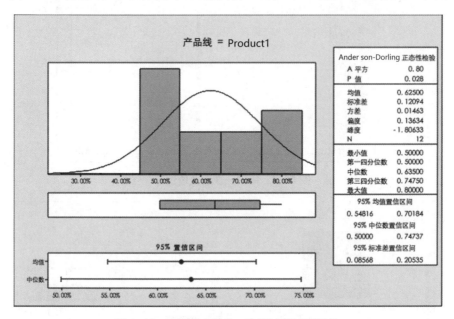

图4-14 产品线1需求一次测试通过率汇总

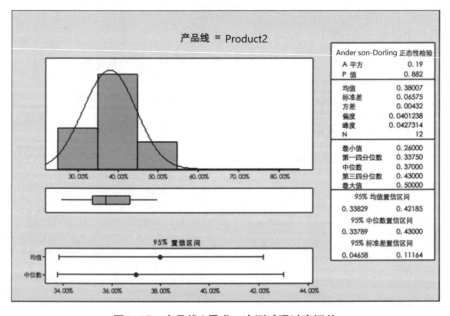

图4-15 产品线2需求一次测试通过率汇总

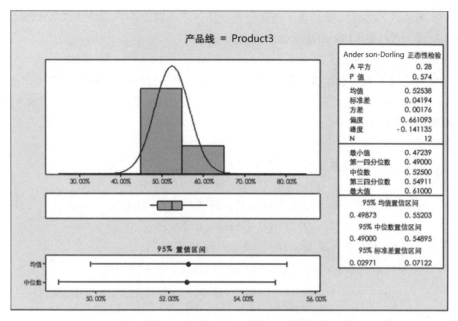

图4-16　产品线3需求一次测试通过率汇总

从前面三张图可以发现，产品线1的数据不符合正态分布，产品线2和产品线3均符合正态分布。对产品线1进行对数变换后，重新进行图形化汇总分析（见图4-17），发现仍然不符合正态分布。

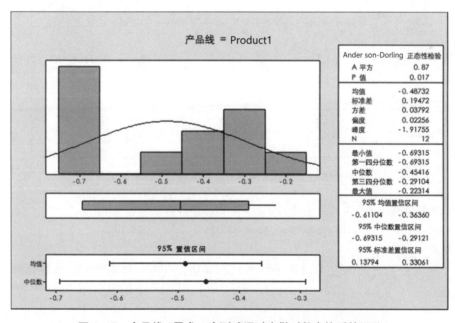

图4-17　产品线1需求一次测试通过率做对数变换后的汇总

因此，采用箱线图法建立产品线 1 的性能基线；而产品线 2 和产品线 3 服从正态分布，数据以时间为序排列，可以画 I-MR 图建立性能基线。

（5）确定上下限的计算公式。

三组数据的变异系数（标准差/均值）都没有超过 30%，因此产品线 2 和产品线 3 都可以采用均值 ±3σ 建立性能基线，产品线 1 当上限超过 1 时没有实际意义，所以采用了表 4-11 中箱线图法的选择 4 计算上下限。

（6）建立性能基线。

对于产品线 1，性能基线数据为

$$Q1=0.5，Q2=0.635，Q3=0.7475$$
$$上限 = Q3+2×(Q3−Q2)=3×Q3−2×Q2=97.25\%$$
$$下限 = Q1−2×(Q2−Q1)=3×Q1−2×Q2=23.00\%$$

对于产品线 2 画 I-MR 图（见图 4-18），性能基线数据为

$$上限 =56.90\%，均值 =38.01\%，下限 =19.12\%$$

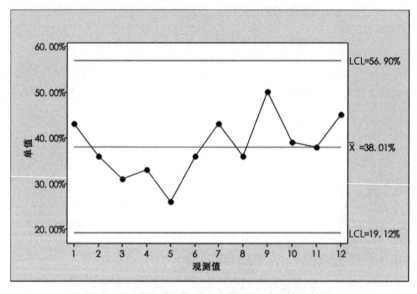

图 4-18　产品线 2 需求一次测试通过率性能基线

对于产品线 3 画 I-MR 图（见图 4-19），性能基线数据为

$$上限 =64.08\%，均值 =52.54\%，下限 =41.00\%$$

（7）发布性能基线。

对建立的性能基线采用表 4-13 所示格式进行描述，并在组织内发布，供各部门、各项目组参考使用。

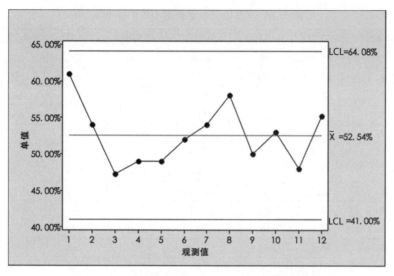

图 4-19　产品线 3 需求一次测试通过率性能基线

表 4-13　产品线需求测试一次通过率性能基线数据

度量元名称	计量单位	适用范围	样本点个数	数据形状	性能基线建立方法	上限	中心线	下限	计算公式
需求测试一次通过率	%	产品线1	12	非正态	改进的箱线图	97.25%	63.50%	23.00%	上限 = Q3+2×(Q3-Q2) 上限 = Q1-2×(Q2-Q1)
		产品线2	12	正态	I-MR	56.90%	38.01%	19.12%	均值 ± 3σ
		产品线3	12	正态	I-MR	64.08%	52.54%	41.00%	均值 ± 3σ

4.6　建立性能基线时的常见问题

4.6.1　一定要尝试分类建立性能基线

在建立性能基线时要注意对过程进行分类。在医学领域中同样采用分类建立性能基线。2009年6月2日，中华人民共和国卫生部（2013年后改组为"国家卫生和计划生育委员会"）根据儿童体格发育调查结果，发布了《中国7岁以下儿童生长发育参照标准》，该标准区分了不同的性别、不同的年龄段，发布了具体的身高标准值。儿童的生长发育标准从两个维度进行了分类：性别与年龄。7岁以下男童身高（长）标准值（cm）如表 4-14 所示。

表4-14　7岁以下男童身高（长）标准值　　　　　　　　　　（单位：cm）

年龄	月龄	-3SD	-2SD	-1SD	中位数	+1SD	+2SD	+3SD
出生	0	45.2	46.9	48.69	50.4	52.2	54	55.8
	1	48.7	50.7	52.7	54.8	56.9	59	61.2
	2	52.2	54.3	56.5	58.7	61	63.3	65.7
	3	55.3	57.5	59.7	62	64.3	66.6	69
	4	57.9	60.1	62.3	64.6	66.9	69.3	71.7
	5	59.9	62.1	64.4	66.7	69.7	71.5	73.9
	6	61.4	63.7	66	68.4	70.8	73.3	75.8
	7	62.7	65	67.4	69.8	72.3	74.8	77.4
	8	63.9	66.3	68.7	71.2	73.7	76.3	78.9
	9	65.2	67.6	70.1	72.6	75.2	77.8	80.5
	10	66.4	68.9	71.4	74	76.6	79.3	82.1
	11	67.5	70.1	72.7	75.3	78	80.8	83.6
1岁	12	68.6	71.2	73.8	76.5	79.3	82.1	85
	15	71.2	74	76.9	79.8	82.8	85.8	88.9
	18	73.6	76.6	79.6	82.7	85.8	59.1	92.4
	21	76	79.1	82.3	85.6	89	92.4	95.9
2岁	24	78.3	81.6	85.1	88.5	92.1	95.8	99.5
	27	80.5	83.9	87.5	91.1	94.8	98.6	102.5
	30	82.4	85.9	89.6	93.3	97.1	101	105
	33	84.4	88	91.6	95.4	99.3	103.2	107.2
3岁	36	86.3	90	93.7	97.5	101.4	105.3	109.4
	39	87.5	91.2	94.9	98.8	102.7	106.7	110.7
	42	89.3	93	96.7	100.6	104.5	108.6	112.7
	45	90.9	94.6	98.5	102.4	106.4	110.4	114.6
4岁	48	92.5	96.3	100.2	104.1	108.2	112.3	116.5
	51	94	97.9	101.9	105.9	110	114.2	118.5
	54	95.6	99.5	103.6	107.7	111.9	116.2	120.6
	57	97.1	101.1	105.3	109.5	113.8	118.2	122.6
5岁	60	98.7	102.8	107	111.3	115.7	120.1	124.7
	63	100.2	104.4	108.7	113	117.5	122	126.7
	66	101.6	105.9	110.2	114.7	119.2	123.8	128.6
	69	103	107.3	111.7	116.3	120.9	125.6	130.4
6岁	72	104.1	108.6	113.1	117.7	122.4	127.2	132.1
	75	105.3	109.8	114.4	119.2	124	128.8	133.8
	78	106.5	111.1	115.8	120.7	125.6	130.5	135.6
	81	107.9	112.6	117.4	122.3	127.3	132.4	137.6

注：SD即标准差（standard deviation），-1SD指身高在标准身高以下的1个标准差，依次类推。

对于软件的性能基线，可以从多个维度进行分类，如表 4-15 所示。

表 4-15　性能基线的分类维度

序号	影响因子
1	不同产品线
2	不同产品成熟度，如新产品、成熟产品
3	不同的用户范围，如产品、定制
4	项目规模，如大项目、小项目
5	不同的生命周期模型，如瀑布、迭代、增量
6	不同评审方式，如会议评审、走查
7	不同的裁剪结果，如是否进行详细设计、是否进行单元测试
8	项目组的不同组织结构形式
9	不同开发方法，如 SOA、面向对象方法
10	是否进行单元测试
11	是否进行代码走查
12	是否进行静态扫描
13	是否进行原型
14	是否采用了自动化测试
15	不同的估算方法：代码行、故事点、功能点等
16	不同的迭代或增量周期，如两周、1 个月、3 个月、半年
17	采用用户故事法还是用例法描述需求
18	不同部门
19	不同的语言平台
20	集中办公还是分散办公
21	不同的人员水平，如老员工、新员工

这些都是可以分类的维度，是否分类可以用单值图、箱线图、控制图观察，再进行假设检验。假设检验可以从以下两个维度进行。

▶ 检验均值的差别，双样本时进行 t 检验，多样本时进行方差分析；

▶ 检验标准差的差别，进行等方差检验。

不分类，控制限肯定比较宽；分类了，控制限可能比较窄。控制限越窄，识别异常越敏感，预测越准确。

方法 1：画单值图观察。

图 4-20 所示的单值图中存在数据扎堆聚集的现象，很可能需要对项目分类建立性能基线。

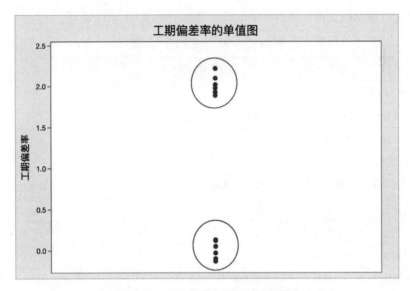

图4-20 数据聚集现象单值图示例

方法2：绘制控制图观察。

如图4-21所示的控制图中，发现存在明显的数据分层现象，需要分类建立性能基线。

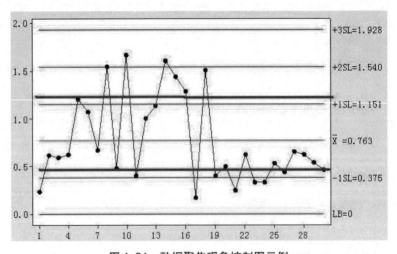

图4-21 数据聚焦现象控制图示例

方法3：画箱线图观察。

【案例】某公司在最初建立生产率的性能基线时没有对项目进行分类，得到图4-22所示的结果。

我在咨询中指导客户按项目规模分类重新对数据进行了分析，得到图4-23所示的结果。

由图4-23可以看出，3种规模的项目生产率存在显著差异，应该分类建立性能基线，否则，控制限太宽，得到的性能基线实际应用效果不好。

再看另一个客户的实例。某公司收集了测试缺陷密度原始数据，如表4-16所示。

4.6 建立性能基线时的常见问题

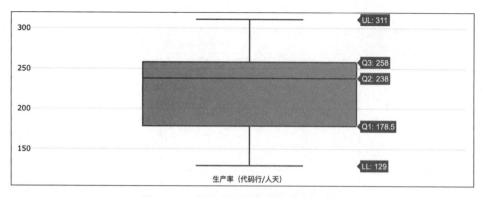

图 4-22 项目实际生产率的箱线图（1）

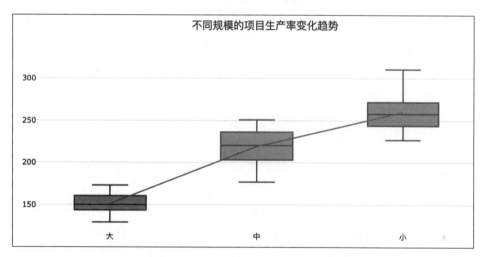

图 4-23 项目实际生产率的箱线图（2）

表 4-16 某公司的测试缺陷密度原始数据表

产品类型	测试缺陷密度（个/KLOC）
应用	5.692
应用	4.602
驱动	0.778
驱动	0.785
驱动	0.403
驱动	0.318
应用	4.855
应用	5.265

续表

产品类型	测试缺陷密度（个/KLOC）
驱动	0.526
驱动	0.586
应用	5.323
应用	4.784
应用	5.53
应用	4.65
应用	4.37
应用	5.034
应用	5.23
应用	4.98
驱动	0.22
驱动	0.45
驱动	0.67
驱动	0.36
驱动	0.67
驱动	0.53

如果不按产品类型进行分类的话，得到的缺陷密度分布如图 4-24 所示。

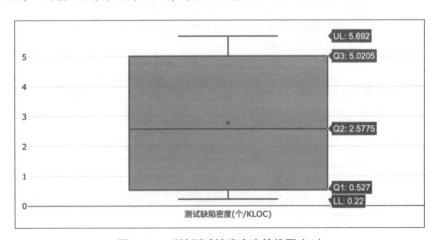

图 4-24　系统测试缺陷密度箱线图（1）

如果按产品类型对数据进行分类，则得到图 4-25 所示的箱线图。

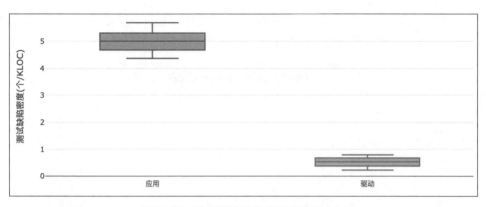

图 4-25　系统测试缺陷密度箱线图（2）

两图对比，可以看出分类后的性能基线更符合实际，使用时效果也更好。

> **特别提醒**
>
> 分类建立性能基线，提高了性能基线预测的准确性、对异常点的敏感性，更有实用价值！如果觉得自己公司的性能基线预测不够准确，最常见的原因就是没有分类建立性能基线！

4.6.2　判断过程稳定的原则

判断过程稳定的基本原则如下：

- 连续 25 个数据点，界外点数 $d=0$；
- 连续 35 个数据点，界外点数 $d \leqslant 1$；
- 连续 100 个数据点，界外点数 $d \leqslant 2$。

满足上面的原则之一，即可认为过程是稳定的。也就是说，一般需要 25 个及以上数据点才可以证明过程是稳定的。但不稳定并不代表不可以建立控制限，可以利用少数，如 10 个以上数据点来尝试建立性能基线。采用 25 个及以上数据点建立的性能基线可以称为正式基线，少于 25 个数据点建立的性能基线可以称为尝试基线。

4.6.3　何时重新计算性能基线

一般情况下，当出现下面情况之一时即可重新计算性能基线。

- 当新产生的数据点多于 10 个（经验值）后即可重新计算。主要看新产生的数据点是否具有一定的趋势，如均值或标准差是否与最初定义的值差别较大。当数据多一些时再重新计算更有说服力。
- 当过程定义发生变化时，需要重新计算。
- 当过程性能发生了显著变化时，可以重新计算。

随着时间的推移，组织的过程性能也会发生变化。这些变化可能是由于过程的变化造成的，也可能是由于人员能力的变化造成的。在控制图上,这些变化可以通过样本点的波动情况展示(见图4-26)。因此,对于变化后的过程性能应重新建立性能基线。

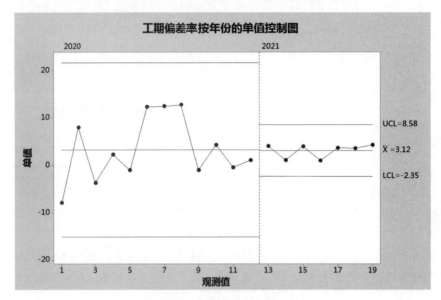

图4-26　样本点波动情况示例

在建立性能基线时,不仅有上述几个注意事项,还包括检验原始数据的正确性、时效性及如何删除异常点等,需要数据分析者在实践中多总结。

4.6.4　可以建立项目级或个人级性能基线

项目组有了足够的数据后,如超过10个样本点,即可建立项目组自己的性能基线。通过比较项目级的性能基线与项目的目标,可以计算过程能力指数(C_{pk}),判断项目的过程能力是否满足目标的要求。

如果采用控制图的方法建立项目级性能基线,C_{pk}的计算公式为

$$C_{pk}=\min[(USL-\mu)/3\sigma, (\mu-LSL)/3\sigma]$$

其中:USL为目标的上限,LSL为目标的下限,μ为项目组性能基线中的均值,σ为项目组性能基线的标准差。

如果采用箱线图的方法建立项目级性能基线,则C_{pk}计算公式为

$$C_{pk}=\min[(USL-\text{基线中位数})/(\text{基线上限}-\text{中位数}), (\text{基线中位数}-LSL)/(\text{基线中位数}-\text{基线下限})]$$

使用C_{pk}评价过程能力可使用以下准则:

- $C_{pk}<1$,说明过程能力差,不可接受;
- $1\leq C_{pk}<1.33$,说明过程能力尚可,但需要改善;
- $1.33\leq C_{pk}<1.67$,说明过程能力正常;
- $C_{pk}\geq 1.67$,说明过程能力优秀。

一般情况下，要求 $C_{pk} \geq 1.33$。$C_{pk}=1.33$ 意味着合格率为 99.9937%，一般多用于制造行业。在软件行业这一要求可以适当放宽，一般 $C_{pk}=1$ 即为较理想的情况。关于 C_{pk} 的具体说明见第 7.10 节。

如果积累了个人的度量数据，可以建立个人级的性能基线。例如，甲程序员积累了自己的生产率（功能点/天）数据，则可以建立个人级的性能基线，如图 4-27 所示。

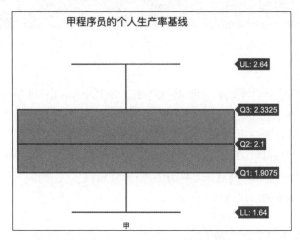

图 4-27　个人级的性能基线

第 5 章

寻果溯因——量化地分析因果规律

通过性能模型,我们希望刻画变量之间的因果关系。这样当建立了性能模型之后,我们就可以:
- 根据自变量的估计值或实际值预测因变量;
- 调整自变量,从而影响因变量。

总之,建模是为了更好地实现质量与性能目标和业务目标。另外,需要注意的是,性能模型是对因果规律的刻画而不是创造,熟练运用统计分析技术固然重要,但对开发领域的了解和历史经验也是必不可少的。

5.1 定性地画出因果图

分析因果规律时,应该先根据经验和开发领域的专业知识定性地画出目标驱动的因果图,然后再基于历史数据分析验证因果关系。如图 5-1 所示,ABC 公司的业务目标是提高客户满意度,对此目标层层分解可以得到更具体的管理目标或影响因子。影响因子可以分为以下两类。

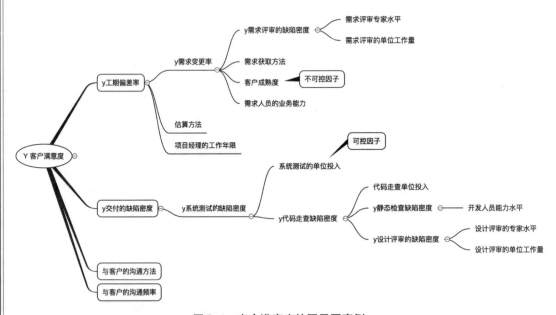

图 5-1 客户满意度的因果图案例

- 可控因子：可以人为改变数值、人为控制的因子。
- 不可控因子：已知的或不可以改变数值的因子。

因果图并非一定是树状结构，也可能是网状结构，复杂的因果关系中可能还包含了回路。

经验推理的因果关系并非都能得到量化验证，经验认为应该存在因果规律的，数据却可能显示二者无关；经验认为是正相关的，数据却可能显示负相关。

5.2 量化分析因果规律的方法

量化分析因果规律有很多种方法，常用的方法及其适用场景如表 5-1 所示。

表5-1 量化分析因果规律常用的方法及其适用场景列表

技术方法		适用场景
相关性分析	散点图	在回归分析之前，初步观察两个变量之间是否有相关性及趋势特点
	Pearson 相关性系数	分析两个定比变量的相关性
	Spearman 秩相关	定序变量与定比变量的相关性 非正态分布的定比变量之间的相关性
	方差分析	分析定类变量与定比、定距变量之间的相关性
	卡方检验	分析定类变量之间的相关性
回归分析	一元线性回归	建立 y 与一个 x 之间的直线方程，x 与 y 都是定比或定距刻度
	多元线性回归	建立 y 与多个 x 之间的直线方程，x 与 y 都是定比或定距刻度
	非线性回归	y 与 x 之间是曲线关系，x 与 y 都是定比或定距刻度
	一般线性方程	建立 y 与包含定类或定序的 x 之间的方程
	二元逻辑回归	y 为二分类的定类变量
	名义逻辑回归	y 为多分类的定类变量
	顺序逻辑回归	y 为定序变量
贝叶斯网络		通过概率网络进行推理

本章将举例说明实践中如何应用上述方法。

5.3 相关性分析

相关性分析主要用来衡量两个变量间同步变化的密切程度，反映了两者之间的伴随关系，即当 x 增加或减小时，y 会同步增加或减小；这种关系是相互的、对等的。

需要注意的是，两个变量相关，未必一定存在因果关系，有可能受第三个变量的影响，也可能只是巧合。

变量之间的相关关系如图 5-2 所示。

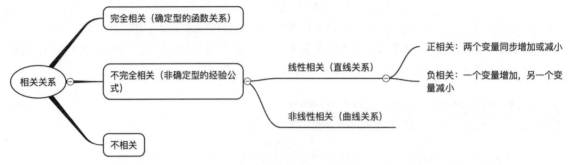

图 5-2　变量之间的相关关系

进行相关性分析时，可以先定性观察再量化判断，具体技术如图 5-3 所示。

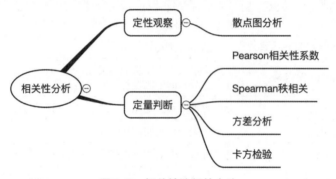

图 5-3　相关性分析的方法

量化判断相关性的方法有四种，选用哪种方法依赖于数据的刻度类型。表 5-2 给出了刻度类型与相关性分析方法之间的关系。

表 5-2　刻度类型与相关性分析方法之间的关系

变量	定比	定距	定序	定类
定比	Pearson 相关性系数 Spearman 秩相关		Spearman 秩相关	方差分析
定距				
定序	Spearman 秩相关		Spearman 秩相关 卡方检验	卡方检验
定类	方差分析		卡方检验	卡方检验

5.3.1　散点图

散点图是用来初步判断两个变量之间相关性的图形化方法。通过散点图可以直观地观察两个变量之间是否存在相关性，是正相关还是负相关，是直线相关还是曲线相关，如图 5-4 所示。

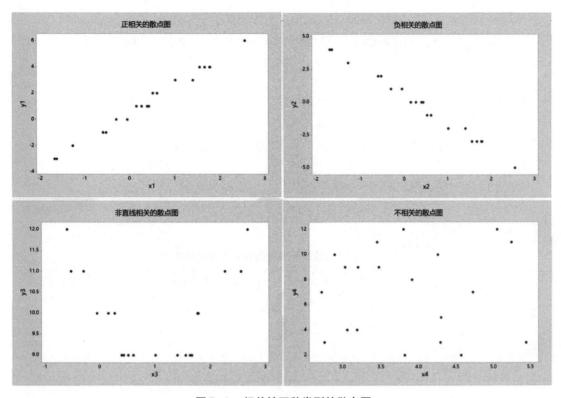

图5-4 相关性四种类型的散点图

通过散点图还可以识别三种异常值,如图5-5所示。

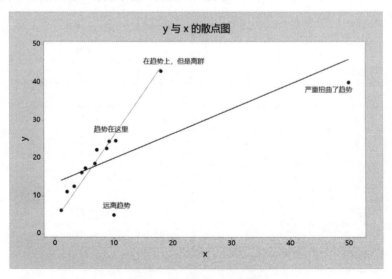

图5-5 异常值的三种情形

情形1:某个点的 x 值与其他点距离很大,属于小概率事件。

情形2：某个点不在回归线附近，残差比较大，其残差是异常点。

情形3：某个点在回归线附近，但其对整个回归线趋势的影响远远超过了其他点。

对于异常值，可以根据不同的原因采取不同的处理措施：

- 如果是数据错误，则修正数据；
- 如果是另一类项目，则寻找新的影响因子；
- 如果是特殊项目，则可以将其删除；
- 如果是缺少样本点，则可以采集新的样本点，补充空白区域；
- ……

【案例1】通过散点图判断两个变量是否相关。

某公司收集了37次需求评审的数据（见表5-3），并针对发现的缺陷数与评审的文档规模画了散点图，如图5-6所示。

表5-3 需求评审缺陷个数与需求文档规模数据

序号	需求评审文档规模（页）	需求评审缺陷个数	序号	需求评审文档规模（页）	需求评审缺陷个数
1	44	6	20	76	9
2	64	16	21	181	30
3	166	33	22	218	43
4	59	7	23	98	14
5	92	30	24	79	11
6	37	9	25	188	27
7	117	15	26	143	28
8	51	7	27	63	11
9	185	42	28	38	7
10	28	1	29	156	28
11	110	16	30	169	32
12	19	4	31	147	25
13	84	13	32	58	10
14	178	31	33	78	15
15	133	17	34	121	26
16	64	5	35	76	13
17	159	23	36	45	9
18	29	3	37	165	29
19	167	32			

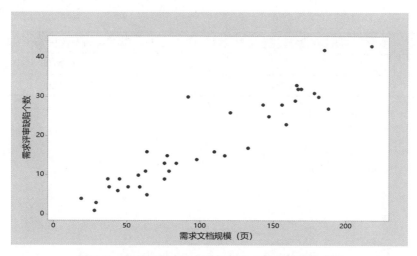

图5-6 需求评审缺陷个数与需求文档规模的散点图

观察图5-6可知,这两个变量之间存在正相关关系,即随着需求文档规模的增加,需求评审缺陷个数也同步增加。

【案例2】 通过散点图判断是否需要分类建立回归方程。

某公司积累了18次需求评审的度量数据,如表5-4所示。

表5-4 某公司需求评审的度量数据表

序号	需求评审缺陷密度(个/页)	需求评审单位投入(人时/页)
1	0.59	5.00
2	0.42	16.67
3	0.22	50.00
4	0.2	50.00
5	0.34	33.33
6	0.23	33.33
7	0.3	2.00
8	0.33	5.00
9	0.29	4.76
10	0.2	14.29
11	0.18	16.67
12	0.15	16.67
13	0.16	16.67
14	0.1	16.67
15	0.09	25.00
16	0.22	10.00

续表

序号	需求评审缺陷密度（个/页）	需求评审单位投入（人时/页）
17	0.5	10.00
18	0.39	25.00

根据表 5-4 的数据画散点图，如图 5-7 所示。

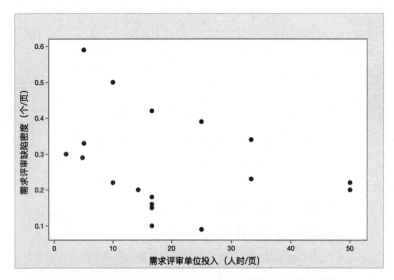

图5-7　需求评审缺陷密度与需求评审单位投入的散点图1

仔细观察散点图，我们发现隐约有两个趋势（见图5-8）。此时我们需要研究这18个项目的其他属性数据，看看这两个趋势附近的点都具备哪些特征，是否能够找到一条明确的分类依据。

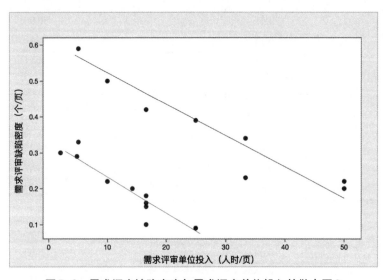

图5-8　需求评审缺陷密度与需求评审单位投入的散点图2

【案例3】通过散点图判断是否需要分段建立回归方程。

某公司积累了48次代码评审的度量数据，如表5-5所示。

表5-5　某公司代码评审的度量数据表

序号	缺陷密度（个/KLOC）	评审单位投入（人时/KLOC）	序号	缺陷密度（个/KLOC）	评审单位投入（人时/KLOC）
1	0.5	0.8	25	5.09	2.24
2	2.49	0.75	26	2.94	2.15
3	1.98	1.98	27	2.18	2.02
4	3.33	1.33	28	7.69	19.23
5	8.41	2.8	29	6.9	13.79
6	1.61	0.89	30	7.66	5.75
7	6.9	3.45	31	6.43	6.43
8	6.05	3.02	32	4.31	12.93
9	6.58	4.93	33	6.25	9.37
10	7.19	3.6	34	6.54	9.8
11	5.46	4.1	35	6.49	12.99
12	3.04	2.28	36	5.41	8.11
13	3.37	2.53	37	7.27	10.91
14	5.12	2.56	38	6.06	12.12
15	4.95	3.71	39	4.3	2.15
16	5	2	40	6.94	2.31
17	2.5	1	41	6.42	2.14
18	2	2	42	4.18	2.09
19	1.67	0.67	43	2.21	2.21
20	2.25	1	44	4.16	2.08
21	2.03	2.03	45	7.14	2.38
22	2.99	2.59	46	4.55	2.27
23	7.54	2.37	47	4.06	2.03
24	7.17	2.55	48	3.96	1.98

根据表5-5的数据画散点图，如图5-9所示。

由图5-9可以看出，当评审单位投入x小于5人时时，可以建立性能模型，而当x大于5人时时，可以不建立性能模型，因为在x的不同取值范围内，呈现了不同的规律。

综上所述，散点图是我们进行回归分析的重要一步。通过散点图可以观察到以下6个现象：

（1）两个变量是否相关；

（2）是线性相关还是非线性相关；

（3）是正相关还是负相关；
（4）是否存在异常点；
（5）是否需要分类建立回归方程；
（6）是否需要分段建立回归方程。

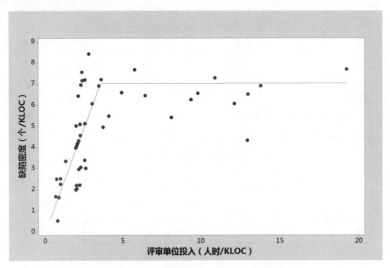

图5-9　缺陷密度与评审单位投入的散点图

特别提醒

在回归分析之前一定要先画散点图！

5.3.2　Pearson相关系数

在统计学中，Pearson 相关系数用来反映两个变量之间的线性相关性的强弱，通常用 r 表示，取值范围为 $[-1, +1]$。它是由卡尔•皮尔逊（Karl Pearson）在 19 世纪 80 年代从弗朗西斯•高尔顿（Francis Galton）介绍的想法基础上发展起来的，能够较精确地描述两个变量之间线性相关的程度。

Pearson 相关系数的计算有以下前提条件。

- 两个变量之间有线性关系。这可以通过散点图进行观察是直线相关还是曲线相关。
- 两个变量都是定比或定距刻度。
- 两个变量的总体均符合正态分布。在计算 Pearson 相关系数之前，需要执行正态分布的检验。

r 的计算公式如下：

$$r = \frac{\sum_{i=1}^{n}(x_i - \overline{x})(y_i - \overline{y})}{\sqrt{\sum_{i=1}^{n}(x_i - \overline{x})^2}\sqrt{\sum_{i=1}^{n}(y_i - \overline{y})^2}}$$

r 值所反映的 y 与 x 之间的相关性如图 5-10 所示。

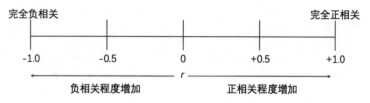

图5-10 相关性的强弱

表5-6所示的 |r| 取值表征了两个变量之间线性相关性的强弱。

表5-6 相关性强弱的区间

|r|的取值范围	|r|的意义
0.00~0.19	极低相关
0.20~0.39	低度相关
0.40~0.69	中度相关
0.70~0.89	高度相关
0.90~1.00	极高相关

在使用 Excel 时可以选用 CORREL（array1, array2）函数或 PEARSON（array1, array2）函数计算相关性系数。Minitab 工具提供了相关性分析的功能项。

根据表 5-3 的数据使用 Minitab 工具进行两个变量的相关性分析的结果如图 5-11 所示。

```
相关：需求文档规模（页），需求评审缺陷个数
需求文档规模（页）和需求评审缺陷个数的Pearson 相关系数 = 0.929
P值 = 0.000
```

图5-11 需求文档规模与需求评审缺陷个数的相关性分析

从计算结果我们可以看到：Pearson 相关系数 =0.929，相关性检验的 P 值 =0.000 ＜ 0.05，证明两个变量属于强相关，并且有足够多的样本点验证这种关系是值得信任的。

5.3.3 Spearman秩相关

当两个变量的总体不服从正态分布，或者两个变量中至少有一个是定序变量时，就不满足计算 Pearson 相关系数的前提条件了，此时应采用 Spearman 秩相关分析。

Spearman 秩相关系数与 Pearson 相关系数的定义类似，只不过不是使用两个变量的实际值，而是使用两个变量的秩计算相关系数。

秩（rank）为将某组数据从小到大排序后的顺序号。当多个数据值相同时，它们的秩也相同，此时秩为多个数据顺序号的平均值，表 5-7 中需求分析技能的秩就是这样计算出来的。

【案例】某企业收集了项目生产率与需求分析技能的原始数据，并根据该数据进行了生产率和需求分析技能的秩计算，如表 5-7 所示。

表5-7 项目的生产率与需求分析技能数据

项目序号	原始数据		秩数据	
	生产率（个/人天）	需求分析技能（年）	生产率的秩	需求分析技能的秩
1	0.5291	4	10	7
2	0.0822	4	4	7
3	0.1538	4	9	7
4	0.109	3	7	2.5
5	0.0496	4	3	7
6	0.0906	4	5	7
7	0.122	4	8	7
8	0.0396	4	1	7
9	0.0401	3	2	2.5
10	0.0992	2	6	1

使用表5-7中生成的"生产率的秩"和"需求分析技能的秩"进行相关性分析，结果如图5-12所示。

> 相关：生产率的秩，需求分析技能的秩
> 生产率的秩和需求分析技能的秩的Pearson相关系数=0.090
> P值 = 0.805

图5-12 生产率的秩和需求分析技能的秩的相关性分析

对以上结果数据进行分析，因P值=0.805，所以判定两个变量之间的相关性不显著，即不相关。

5.3.4 方差分析

方差分析（Analysis of Variance，ANOVA）由英国统计学家R.A.Fisher于1928年首先提出，为纪念Fisher，以F命名，故又称F检验。方差分析用于检验两个及两个以上样本平均值差异的显著性，分为单因子方差分析、多因子方差分析、协方差分析。

如果两个变量中，一个变量为定比或定距变量，而另外一个变量为定类变量，且每种分类取值不少于3个，则可以对这两个变量通过单因子方差分析进行相关性分析。

【案例】某公司采集了37个项目的工期偏差率数据，其中项目规模划分为大、中、小三种类型，如表5-8所示。

表5-8 工期偏差率的历史数据

序号	项目规模	工期偏差率（%）	序号	项目规模	工期偏差率（%）
1	中	32.39	5	大	10.29
2	小	24.02	6	小	40.38
3	大	25.14	7	中	14.73
4	中	15.02	8	中	4.73

续表

序号	项目规模	工期偏差率（%）	序号	项目规模	工期偏差率（%）
9	大	19.16	24	大	-9.59
10	小	-5.24	25	大	-7.62
11	小	20.44	26	大	5.33
12	小	12.09	27	中	0.00
13	小	6.21	28	小	14.00
14	大	14.34	29	大	6.17
15	小	17.47	30	大	8.27
16	中	-2.40	31	中	1.67
17	大	30.00	32	小	22.27
18	小	1.43	33	中	-4.00
19	大	9.66	34	中	-4.37
20	中	19.81	35	小	0.00
21	大	4.39	36	小	0.53
22	中	-18.25	37	大	6.79
23	中	4.74			

对工期偏差率与项目规模进行单因子方差分析，结果如图 5-13 所示。

```
方法
    原假设        大、中、小三类项目的均值都相等
    备择假设      至少有一组均值不同
    显著性水平    α=0.05
已针对此分析假定了相等方差。
因子信息
    因子        水平数    值
    项目规模      3      大，小，中
方差分析
    来源        自由度   Adj SS    Adj MS    F值    P值
    项目规模       2    0.03349   0.01675   1.07   0.355
    误差          34    0.53376   0.01570
    合计          36    0.56725
模型汇总
          S       R-Sq     R-Sq(调整)    R-Sq(预测)
       0.125295   5.90%      0.37%         0.00%
均值
    项目规模    N     均值     标准差      95% 置信区间
      大      13   0.0941   0.1119   ( 0.0235,  0.1647)
      小      12   0.1280   0.1304   ( 0.0545,  0.2015)
      中      12   0.0534   0.1336   (-0.0201,  0.1269)
合并标准差=0.125295
```

图 5-13　工期偏差率与项目规模的单因子方差分析

从以上分析结果我们可以发现，单因子方差分析的 P 值 =0.355＞0.05，假设检验的结果为不显著，接受原假设，可以认为工期偏差率与项目规模无关。

5.3.5 卡方检验

当两个定类数据之间进行相关性分析时，可以使用卡方检验。

卡方检验（chi-square test）统计的是样本的实际观测值与理论推断值之间的偏离程度。卡方值大小取决于实际观测值与理论推断值之间的偏离程度。卡方值越大，观测值与推断值偏离越大；卡方值越小，两者偏差则越小；若两个值完全相等，卡方值就为 0，表明推断值与观测值完全符合。

卡方值的计算公式为

$$\chi_P^2 = \sum_{i=1}^{k} \frac{(\text{实际频数} - \text{理论频数})^2}{\text{理论频数}}$$

$$= \frac{(Q_1 - E_1)^2}{E_1} + \frac{(Q_2 - E_2)^2}{E_2} + \cdots + \frac{(Q_k - E_k)^2}{E_k}$$

实际频数即某种现象实际发生的次数，是实际观测值。理论频数是该现象期望发生的次数，是理论推断值。卡方检验要求采样时各类状况都出现至少 5 次。

【案例】某个公司收集了 37 个项目是否及时交付的历史数据，每个项目均有各自所属的产品线，如表 5-9 所示。现在分析所属的产品线与是否及时交付之间存在的相关性。

表5-9 项目所属的产品线与是否及时交付的原始数据

项目序号	所属产品线	是否及时交付	项目序号	所属产品线	是否及时交付
1	银行	是	16	政务	是
2	银行	否	17	银行	否
3	银行	是	18	政务	否
4	政务	否	19	银行	是
5	银行	是	20	银行	是
6	银行	是	21	银行	是
7	银行	否	22	政务	是
8	政务	否	23	银行	是
9	银行	是	24	银行	是
10	银行	是	25	银行	否
11	银行	否	26	银行	否
12	政务	否	27	银行	是
13	政务	是	28	银行	是
14	政务	否	29	银行	是
15	银行	是	30	银行	是

项目序号	所属产品线	是否及时交付	项目序号	所属产品线	是否及时交付
31	银行	是	35	银行	是
32	银行	是	36	政务	是
33	银行	否	37	政务	是
34	银行	是			

根据表 5-9 的数据进行统计分析，统计结果如表 5-10 所示。

表5-10 项目所属的产品线与是否及时交付频数的统计结果

		未及时交付	及时交付	合计
银行	实际频数	7	20	27
	期望频数	8.8	18.2	
政务	实际频数	5	5	10
	期望频数	3.2	6.8	
合计		12	25	37

其中：

银行类项目未及时交付的期望频数为 27×12/37=8.8，及时交付的期望频数为 27×25/37=18.2；

政务类项目未及时交付的期望频数为 10×12/37=3.2，及时交付的期望频数为 10×25/37=6.8；

按照卡方值的计算公式可以计算出本案例的卡方值为 1.93。

自由度 =（行数 -1）×（列数 -1）=1，根据自由度与卡方值为 1.93 查阅卡方分布临界值表，5% 的显著性水平的卡方值为 3.84，1.93 < 3.84，即 1.93 没有落在小概率的区间内，统计不显著，从而证明产品线的类型与是否及时交付是无关的。

Minitab 工具提供了卡方检验功能，不需手工计算。上述数据在 Minitab 中的卡方检验结果如图 5-14 所示。

```
相关性的卡方检验：所属产品线，是否及时交付
行：所属产品线    列：是否及时交付
              否          是        全部

银行          7          20          27
           8.757      18.243

政务          5           5          10
           3.243       6.757

全部         12          25          37

单元格内容：计数    期望计数

Pearson卡方=1.930, DF=1, P值=0.165
似然比卡方=1.860, DF=1, P值=0.173

注：1个单元格的期望计数少于5
```

图5-14 相关性的卡方检验结果

从以上检验结果可以看到，Pearson 卡方的结果为 1.93，与手工计算的结果一致；检验的 P 值为 0.165，大于常用的显著性水平 5%，所以得出结论：产品线的类型与是否及时交付无关。

5.3.6 即使不相关，分析结论也有价值！

在对数据进行相关性分析时，通常是基于我们自己的经验认为 x 与 y 可能相关，并希望通过量化分析验证我们的经验，但是实际上往往历史数据并不支持我们的经验。即使不支持，分析也是有价值的，也可以帮我们纠正一些错误的认识。

【案例】某公司收集了 37 个历史项目的数据，我们想验证：

（1）是否项目的规模越大，工期偏差的时间就越长？
（2）是否项目的规模越大，工期偏差率就越大？
（3）是否项目的工期越长，工期偏差的时间就越长？
（4）是否项目的工期越长，工期偏差率就越大？

这四个猜想主要基于"越大的事物越不好把握，我们对它的预测能力就越差"的个人经验。但事实真的如此吗？

基于历史数据，我们画了工期偏差与总规模的散点图，如图 5-15 所示。

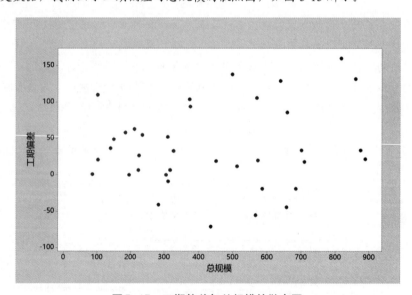

图 5-15　工期偏差与总规模的散点图

由图 5-15 可以看出，工期偏差与总规模之间没有相关性。其相关性分析检验结果如图 5-16 所示。

```
相关：工期偏差，总规模
工期偏差和总规模的 Pearson 相关系数=0.147
P 值=0.387
```

图 5-16　工期偏差与总规模的相关性分析结果

量化分析也验证了我们的观察结果：工期偏差与总规模不是线性相关的。

再来看估算工期偏差率与总规模之间是否相关。我们画了图5-17所示的散点图。

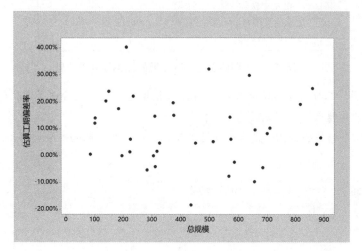

图5-17　估算工期偏差率与总规模的散点图

相关性分析的检验结果如图5-18所示。

```
相关：总规模，估算工期偏差率
总规模和估算工期偏差率的Pearson相关系数=-0.073
P值=0.668
```

图5-18　估算工期偏差率与总规模的相关性分析结果

显然，估算工期偏差率与总规模也不是线性相关的。

那么工期偏差与实际工期是否相关呢？我们画了图5-19所示的散点图。

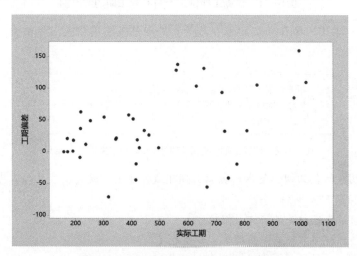

图5-19　工期偏差与实际工期的散点图

直接观察不能确定图 5-19 是否存在相关性，我们可以做相关性分析的检验，结果如图 5-20 所示。

> 相关：实际工期，工期偏差
> 实际工期和工期偏差的 Pearson 相关系数=0.451
> P值=0.005

图 5-20　工期偏差与实际工期的相关性分析结果

检验结果表明，工期偏差与实际工期之间存在弱相关。这样就验证了我们的第三个猜想：在该公司内，项目工期越长，工期延误的时间就越长。

再来看对第四个猜想的验证：是否项目的工期越长，估算工期偏差率就越大？我们画了图 5-21 所示的散点图。

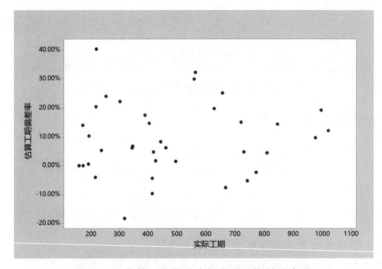

图 5-21　估算工期偏差率与实际工期的散点图

由图 5-21 可以看出，项目的实际工期与估算工期偏差率不相关。其相关性分析检验结果如图 5-22 所示。

> 相关：估算工期偏差率，实际工期
> 估算工期偏差率和实际工期的 Pearson 相关系数=0.053
> P值=0.756

图 5-22　估算工期偏差率与实际工期的相关性分析结果

检验结果表明，估算工期偏差率与实际工期非线性相关，或者说项目的工期偏差率与项目工期不相关。

综上所述，通过线性相关分析可以得出：

工期偏差与项目规模不相关，与项目工期正相关；

工期偏差率与项目规模、项目工期均不相关。

所以，这家公司需要尽可能地缩短工期，增量交付！

我们提出经验或假设，然后通过历史数据验证假设，即使验证结果否定了假设也是有益的，可以帮助我们纠正一些与现实不一致的认识。

5.3.7 有相关性未必有因果关系

当分析相关性时，需要注意：即使 x 与 y 相关，也不能代表 x 与 y 之间存在因果关系，有可能是另一个因素 z 的变化导致 x 与 y 同步变化。

【案例】两个阶段的缺陷个数之间是相关的，但未必是因果关系。

某公司收集了需求阶段、设计阶段注入的缺陷个数，发现两者之间是相关的，如图 5-23 所示。

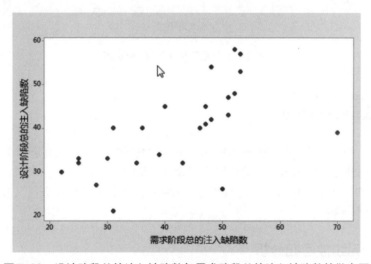

图 5-23　设计阶段总的注入缺陷数与需求阶段总的注入缺陷数的散点图

我们怀疑这两个度量元都受了规模的影响，如果不是按缺陷个数，而是按缺陷密度（缺陷个数/规模）分析相关性，则结论就可能不一样。于是我们定义：

RDD= 需求阶段引入的缺陷密度 = 需求阶段注入的缺陷数 / 软件规模

DDD= 设计阶段引入的缺陷密度 = 设计阶段注入的缺陷数 / 软件规模

分析这两个变量之间的相关性，我们画了图 5-24 所示的散点图。

缺陷密度即为单位规模的缺陷数，剔除了规模对缺陷数的影响，此时发现设计阶段注入缺陷密度与需求阶段注入缺陷密度之间是不相关的！

特别提醒

统计上有相关关系，未必实际上有因果关系！

没有变化就没有相关性！

当相关关系与经验不匹配时，要仔细研究是经验不对，还是数据抽样有问题！

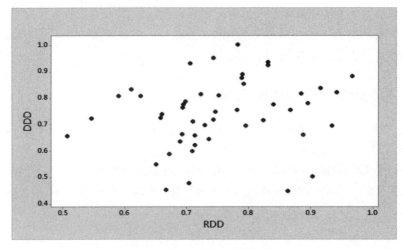

图5-24　DDD与RDD的散点图

5.4　线性回归分析

在统计学中，线性回归（linear regression）是一种利用线性回归方程的最小平方函数对一个或多个自变量和因变量之间关系进行建模的回归分析方法。

根据自变量和因变量的数量，以及两者之间的线性关系，线性回归分析又分为一元线性回归分析和多元线性回归分析。

5.4.1　一元线性回归分析

一元线性回归分析是研究一个自变量和一个因变量之间的线性相关性的统计分析方法。其方程如下：

$$y_i = a + bx_i + e_i (i=1, 2, \cdots, n)$$

其中：y_i 是因变量 y 的第 i 个观察值；

　　　x_i 是自变量 x 的第 i 个观察值；

　　　a 与 b 是回归系数；

　　　n 是样本容量；

　　　e_i 为对应于 y 的第 i 个观察值的误差，这是一个随机变量。

回归方程中的参数 a 与 b 需要根据样本数据（x_i, y_i）来估计。确定参数 a 与 b 值的原则是要使回归直线同观察值的差值最小，即拟合状态最好。为此，可以采用"最小二乘法"等办法来解决。

我们来看一个一元线性回归分析的示例。某公司积累了10个项目的工作量与规模的历史数据，如表5-11所示。

表5-11 某公司10个项目的工作量与规模的历史数据

项目编号	工作量（人月）	功能点（CFP）
P1	3.57	116
P2	11.8	163
P3	10	180
P4	13.83	119
P5	33.58	229
P6	22.6	189
P7	21.8	175
P8	8.7	126
P9	7	73
P10	41.6	306

首先，用散点图观察工作量与功能点的相关关系，如图5-25所示。

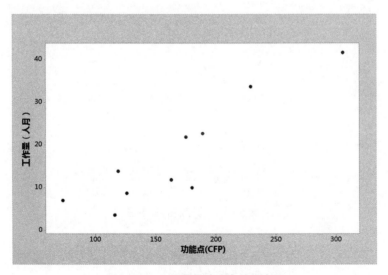

图5-25 工作量与功能点的散点图

然后，判断两个变量是否服从正态分布，如图5-26和图5-27所示。

通过图5-26和图5-27我们发现，两个变量都服从正态分布，然后进行相关性检验，结果如图5-28所示。

其中，两个变量的Pearson相关系数=0.907，P值<0.05，二者呈线性正相关。

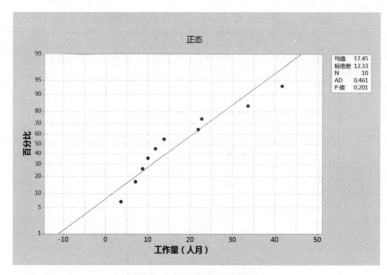

图 5-26　工作量的概率图

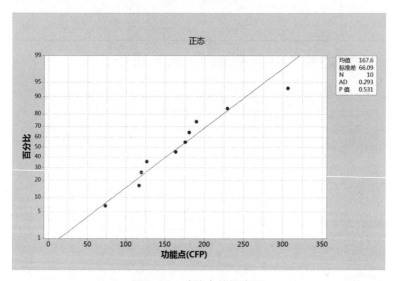

图 5-27　功能点的概率图

```
相关：工作量，功能点
相关
Pearson相关系数   0.907
P值              0.000
```

图 5-28　工作量与功能点的相关性检验结果

在 Minitab 中我们可以直接通过拟合线图（见图 5-29）得到其回归方程：

$$\text{工作量} = -10.91 + 0.1692 \times \text{功能点}$$

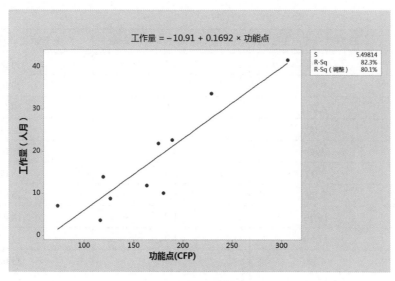

图5-29 拟合线图

5.4.2 多元线性回归分析

多元线性回归分析是研究一个因变量与多个自变量之间的线性相关性的统计分析方法。假设一个随机变量 y 与 m 个非随机变量 x 之间存在线性相关性,则它们之间的关系可以用以下线性回归方程来表示:

$$y = \beta_0 + \beta_1 x_1 + \beta_2 x_2 + \cdots + \beta_m x_m + e$$

其中:y 是因变量;

$x_i(i=1,2,\cdots,m)$ 是自变量;

$\beta_i(i=1,2,\cdots,m)$ 是模型的参数,称为偏相关系数;

e 是误差。

对于上述方程中的非随机变量 x_i 的第 j 个取值 x_{ij},y 的观察值 y_i 由两部分组成:$(\beta_0 + \beta_1 x_{1j} + \beta_2 x_{2j} + \cdots + \beta_m x_{mj})$ 和 e_j。前者是一个常数,后者是一个随机变量,所以 y_i 也是一个随机变量。

回归参数 $\beta_i(i=0,1,2,\cdots,m)$ 的估计方法还是"最小二乘法",原理类似一元线性回归方程的估计方法。

【案例】某公司积累了 20 个项目的历史数据(见表5-12),拟分析缺陷逃逸率与开发人员的技术经验和系统测试工作量占比的量化关系。

表5-12 某公司20个项目的缺陷逃逸率历史数据

项目序号	缺陷逃逸率(%)	开发人员的技术经验年限	系统测试工作量占比(%)
P1	11.00	2.9	22.20
P2	12.00	3.1	18.90

续表

项目序号	缺陷逃逸率（%）	开发人员的技术经验年限	系统测试工作量占比（%）
P3	7.00	4.1	25.00
P4	5.00	4.9	29.00
P5	4.00	5.9	30.00
P6	8.00	3.9	29.50
P7	3.00	4.5	31.00
P8	3.00	5.9	28.00
P9	8.08	5.0	15.91
P10	15.46	1.7	14.48
P11	17.60	1.9	12.36
P12	4.15	4.9	33.06
P13	16.36	1.7	10.85
P14	1.50	5.6	34.88
P15	10.37	3.6	20.13
P16	16.16	2.0	10.57
P17	11.92	4.6	13.10
P18	2.69	5.8	33.70
P19	10.66	3.0	20.80
P20	3.87	5.3	33.04

使用 Minitab 工具执行多元回归的方法如图 5-30 和图 5-31 所示。

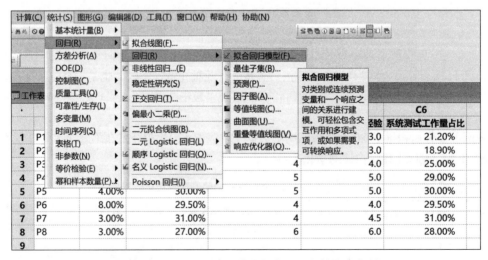

图 5-30　使用 Minitab 工具执行多元回归的方法（1）

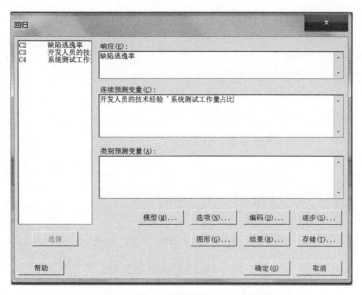

图 5-31　使用 Minitab 工具执行多元回归的方法（2）

其多元回归分析结果如图 5-32 所示。

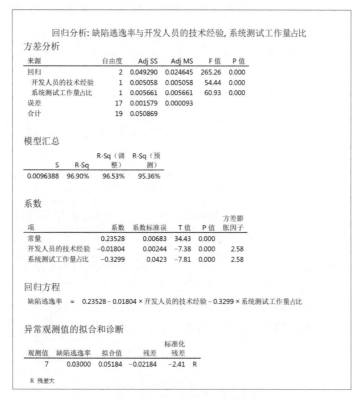

图 5-32　多元回归分析结果

5.4.3 检查回归方程的有效性

线性回归分析有 8 个前提：
（1）因变量近似服从正态分布；
（2）线性假定——模型为线性关系；
（3）自变量之间不能强相关；
（4）正态性假定——残差项服从正态分布；
（5）残差的均值为 0；
（6）等方差假定——误差具有相同的方差；
（7）残差独立假定——各残差值是相互独立的；
（8）不存在某个值或某几个值对结果有过强的影响。
为了确保满足这些前提，可以进行表 5-13 所示的有效性检查。

表5-13 回归方程的有效性检查

计算回归方程之前	1	对 y 进行正态分布的检验，如果 y 不服从正态分布，则需要对 y 进行变换
	2	通过相关性分析，判断 x 与 y 的相关性，如果不相关，则不需要纳入此 x
	3	通过散点图，观察 x 与 y 是否线性相关。如果非线性相关，则进行变换后进行回归或采用其他方式进行曲线拟合
	4	通过箱线图识别 x 或 y 的极大或极小异常点，这些异常点的出现是小概率事件，不具备代表性，应该删除
	5	通过散点图，识别趋势的异常点，这些异常点显著影响了总体趋势，可以删除，但并非必须，具体情况具体分析
计算回归方程之后	6	F 检验：确保整体方程有效。P 值 ≤ 0.05，方程整体对 y 的影响统计显著
	7	t 检验：确保每个系数都有效。P 值 ≤ 0.05，x 的系数对 y 的影响统计显著
	8	残差分析：残差独立，残差服从正态分布；残差均值为 0，等方差
	9	R-Sq ≥ 50% 有实际预测意义。如果 R-Sq 太小，拟合优度差，没有实际使用价值
	10	异常点识别：有个别值对整个方程的趋势有显著影响，可以修正。这是对上方第 5 条的补充
	11	多重共线性检测：如果方差膨胀因子 VIF ≥ 5，则认为存在多重共线性

结合图 5-32 中回归分析的结果，解释回归分析的结果，如图 5-33 所示。

对于一元回归方程，F 检验与 t 检验是等价的；对于多元回归方程，两者是不等价的，如图 5-34 所示。

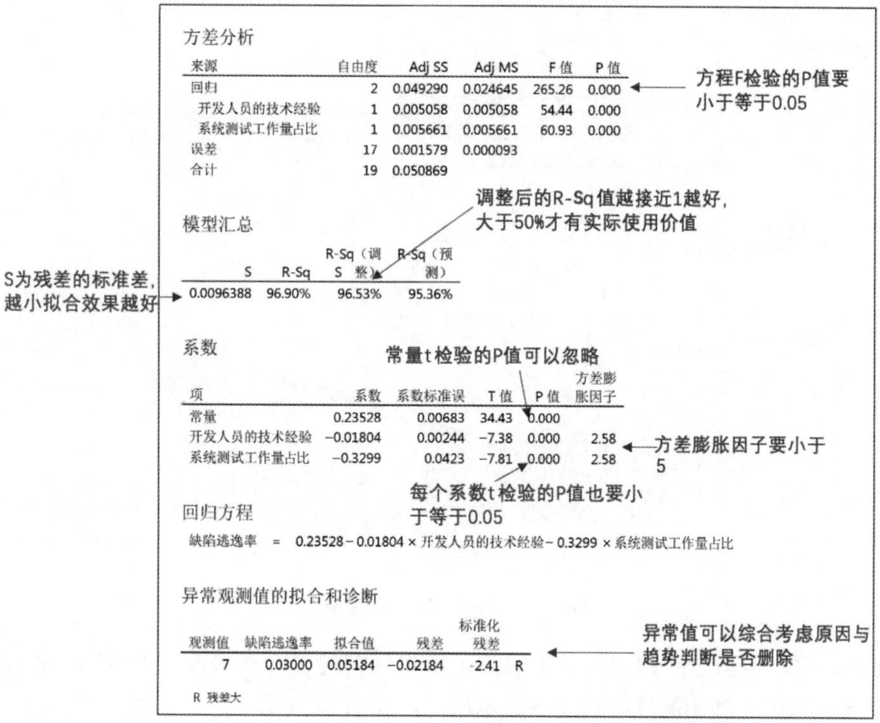

方差分析

来源	自由度	Adj SS	Adj MS	F 值	P 值
回归	2	0.049290	0.024645	265.26	0.000
开发人员的技术经验	1	0.005058	0.005058	54.44	0.000
系统测试工作量占比	1	0.005661	0.005661	60.93	0.000
误差	17	0.001579	0.000093		
合计	19	0.050869			

模型汇总

S	R-Sq	R-Sq（调整）	R-Sq（预测）
0.0096388	96.90%	96.53%	95.36%

系数

项	系数	系数标准误	T 值	P 值	方差膨胀因子
常量	0.23528	0.00683	34.43	0.000	
开发人员的技术经验	−0.01804	0.00244	−7.38	0.000	2.58
系统测试工作量占比	−0.3299	0.0423	−7.81	0.000	2.58

回归方程

缺陷逃逸率 = 0.23528 − 0.01804 × 开发人员的技术经验 − 0.3299 × 系统测试工作量占比

异常观测值的拟合和诊断

观测值	缺陷逃逸率	拟合值	残差	标准化残差	
7	0.03000	0.05184	−0.02184	-2.41	R

R 残差大

图5-33　回归分析：缺陷逃逸率与开发人员的技术经验，系统测试工作量占比

方差分析

来源	自由度	Adj SS	Adj MS	F 值	P 值
回归	1	39.61	39.607	13.21	0.007
系统测试工作量占比	1	39.61	39.607	13.21	0.007
误差	8	23.99	2.999		
合计	9	63.60			

模型汇总

S	R-Sq	R-Sq（调整）	R-Sq(预测)
1.73181	62.27%	57.56%	47.57%

系数

项	系数	系数标准误	T 值	P 值	方差膨胀因子
常量	0.43	1.42	0.30	0.772	
系统测试工作量占比	0.1653	0.0455	3.63	0.007	1.00

回归方程

缺陷个数 = 0.43 + 0.1653 × 系统测试工作量占比

异常观测值的拟合和诊断

观测值	缺陷个数	拟合值	残差	标准残差	
6	3.000	6.275	-3.275	-2.03	R

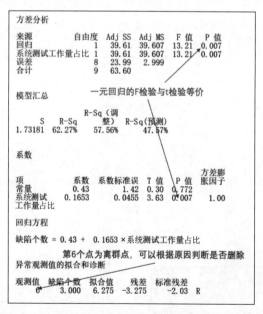

图5-34　回归分析：缺陷个数与系统测试工作量占比

残差分析主要通过残差图来判断，使用 Minitab 工具进行回归分析时，需要选择四合一残差图，如图 5-35 所示。

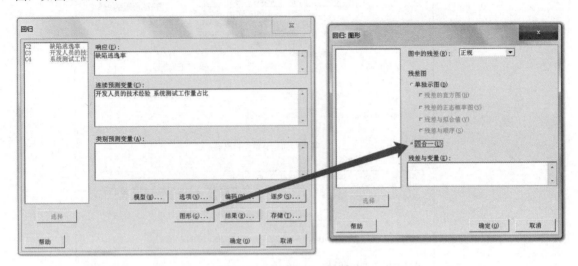

图 5-35　选择四合一残差图

在 Minitab 中，当输出回归分析结果时，可以将残差的正态概率图、直方图，以及残差与拟合值的散点图、残差与观测顺序的折线图显示出来，如图 5-36 所示。正态概率图中的点应该都紧紧围绕在斜线附近，否则就判定为残差不符合正态分布。残差的直方图应该中间高、两边低、近似对称。残差与拟合值的散点图如果有明显的趋势规律，说明可能存在如下原因：

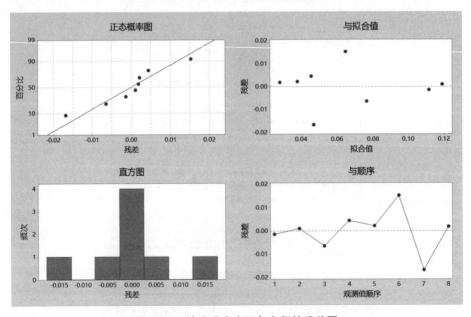

图 5-36　缺陷逃逸率回归方程的残差图

- 遗漏了另外一个影响 y 的重要因子；
- 残差不独立；
- 残差不符合正态分布；
- 应该进行非线性拟合；

残差与观测顺序的折线图如果有明显的趋势规律，说明残差可能是自相关的，需要引入一个时间变量或换一种方式来建模，如时间序列分析。

5.4.4 异常值的识别与处理

图 5-5 的散点图中给出了 3 种情形的异常观测值，当回归分析完成后，统计分析工具可以更准确地识别异常值。对于表 5-14 所示的一组数据，我们可以进行回归分析。

表 5-14 异常值识别的原始数据

x	y
1.1	6.2
2.1	11.2
3.3	12.6
4.6	16.2
5.2	17.4
6.8	18.6
7.1	22.2
8.8	22.6
9.2	24.4
10.3	24.6
18	43
10	5
50	40

如果在 Minitab 中使用表 5-14 的数据执行回归分析，工具可以自动给出异常列表，后缀用 x 和 / 或 R 作为标注。x 代表 x 方向上的异常，R 代表 y 方向上的异常，如图 5-37 所示。

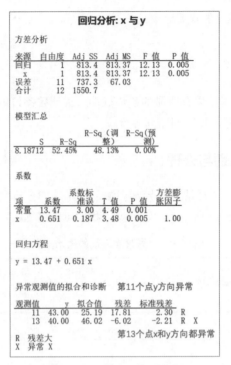

图 5-37　x 与 y 的回归分析

删除第 11 和 13 个点后，x 与 y 的散点图及回归分析如图 5-38 所示。

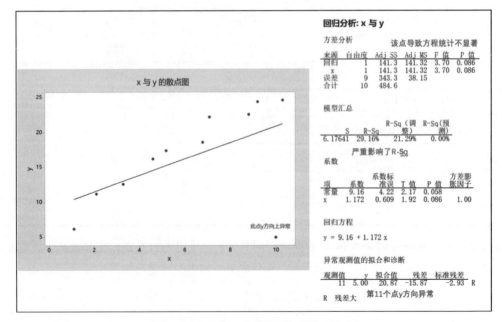

图 5-38　x 与 y 的散点图及回归分析（1）

继续删除该异常观测值，得到了一个很好的拟合结果，如图 5-39 所示。

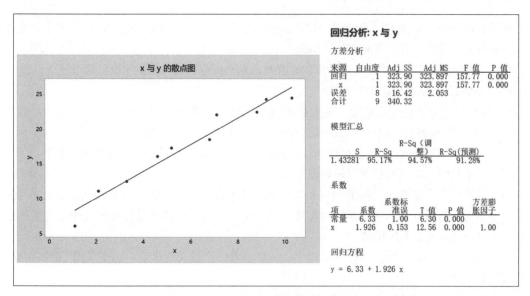

图 5-39　x 与 y 的散点图及回归分析（2）

在 x 或 y 方向上的异常也可以在回归分析之前画箱线图识别，如对表 5-14 中的 x 画箱线图，如图 5-40 所示。

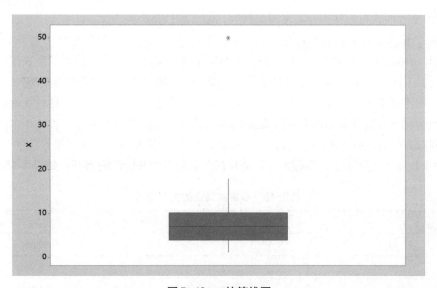

图 5-40　x 的箱线图

对于异常观测值，可以在探索原因后采取相应的处理措施，如删除异常点、修正数据、寻找新的影响因子、补充遗漏的数据等。如果持续删除异常值，导致异常观察值的数量超过样本数量的 10% 时，要思考这些异常观察值是否是另一类项目，是否存在另外的规律。

5.4.5 多重共线性的处理

在线性回归时,如果在两个或两个以上的自变量之间存在强相关,就可能产生多重共线性现象。当存在多重共线性时,可能有如下情况:

- 当模型的线性关系检验(F 检验)显著时,几乎所有回归系数的 t 检验都不显著;
- 偏回归系数估计值的方差很大;
- 偏回归系数估计值不稳定,随着样本含量的增减,各偏回归系数发生较大变化,或者当一个自变量被引入或剔除时,其余变量偏回归系数有很大变化;
- 偏回归系数估计值的大小可能与事先期望的不一致或与经验相悖,结果难以解释。

对于多重共线性可以有如下三种处理方法。

(1) 计算模型中自变量之间的两两相关系数,并进行显著性检验。如果两个自变量之间显著相关(如相关系数 > 0.90)则不能同时出现在模型中。但当一个自变量与其他几个自变量的线性组合相关时,上述方法无法识别。

(2) 采用逐步回归分析,在搜寻过程中,如果引入一个新的变量后,旧变量的 t 值不再显著,则将旧变量剔除。

(3) 方差膨胀因子(Variance Inflation Factor,VIF):

- $VIF = 1/(1-R^2)$;
- $VIF_{x_i} = \dfrac{1}{1-R_{x_i}^2}$;
- $VIF \geq 5$ 时,可以认为存在多重共线性,需要剔除至少一个 x。

$R_{x_i}^2$ 反映了其他 x 对 x_i 的解释程度。VIF 大于 5 判定为严重多重共线性其实是一个经验阈值,此时 $R^2=0.8$,$r=0.8944$,即该自变量大约有 89.44% 的变化是由方程中其他因子所决定的,对于小数据量,可以 VIF 大于 2 作为判定为严重多重共线性的经验阈值,此时 r 约为 0.7071。

当然,也不能要求自变量之间完全不相关,即相关系数为零。事实上,这种极端情况很少发生。大多数情况下,自变量之间存在一定程度的相关性。实际上多重共线性现象不太严重时,并不会影响回归方程的预测准确性。解决多重共线性问题的方法是剔除一些变量重新进行计算。

【案例 1】两个自变量与 Y 不相关,但是存在严重的多重共线性的案例,如表 5-15 所示。

表5-15 多重共线性的案例数据

Y	x_1	x_2
12.37	2.23	9.66
12.66	2.57	8.94
12.00	3.87	4.40
11.93	3.10	6.64
11.06	3.39	4.91
13.03	2.83	8.52

续表

Y	x_1	x_2
13.13	3.02	8.04
11.44	2.14	9.05
12.86	3.04	7.71
10.84	3.26	5.11
11.20	3.39	5.05
11.56	2.35	8.51
10.83	2.76	6.59
12.63	3.90	4.90
12.46	3.16	6.96

如果不消除多重共线性，可以得到的方程如图 5-41 所示。

但是，如果计算相关系数，则得到图 5-42 所示的结果。

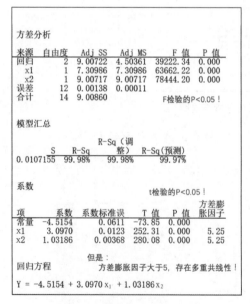

图 5-41　回归分析：Y 与 x_1，x_2　　　　图 5-42　相关系数计算结果

此时可以发现，x_1 和 x_2 与 Y 的线性相关性并不显著，而 x_1 与 x_2 却是强相关的关系，所以在建模时只能使用其中一个变量，两个变量不能同时存在于模型中。当仅仅使用 1 个 x 参与建模时，由于都与 Y 不相关，则不可能建立有效的方程。

这个例子其实也说明了，在回归分析前用散点图检查相关性，通过相关系数矩阵检查自变量是否存在强相关的重要性。

【案例2】x_1 和 x_2 都与 Y 相关，却存在严重的多重共线性。

有个网友，曾经给我看了图 5-43 所示的回归分析的结果。

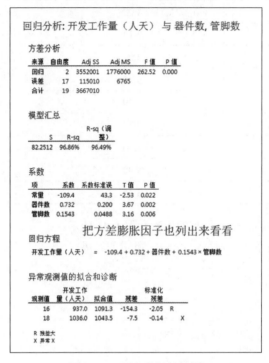

图 5-43　回归分析结果图

x_1 和 x_2 之间的散点图和方程的方差膨胀因子 VIF 如图 5-44 和图 5-45 所示。

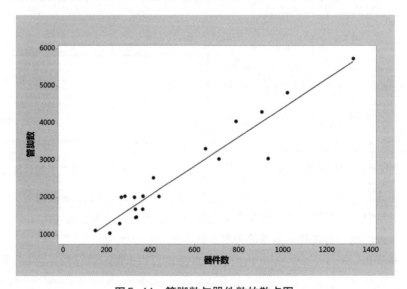

图 5-44　管脚数与器件数的散点图

```
回归分析: 开发工作量（人天）与 器件数, 管脚数
方差分析
来源      自由度   Adj SS    Adj MS    F值     P值
回归        2     3552001   1776000   262.52  0.000
  器件数    1      91011     91011    13.45   0.002
  管脚数    1      67558     67558     9.99   0.006
误差       17     115010     6765
合计       19    3667010

模型汇总
   S      R-sq    R-sq（调整）  R-sq（预测）
82.2512  96.86%    96.49%       95.61%

系数
项       系数    系数标准误   T值    P值    方差膨胀因子
常量    -109.4     43.3     -2.53   0.022
器件数   0.732    0.200      3.67   0.002     11.52
管脚数   0.1543   0.0488     3.16   0.006     11.52

回归方程
开发工作量（人天） = -109.4 + 0.732 器件数 + 0.1543 × 管脚数

异常观测值的拟合和诊断
         开发工作                      标准化
观测值   量（人天）  拟合值    残差     残差
  16      937.0    1091.3   -154.3   -2.05   R
  18     1036.0    1043.5     -7.5   -0.14   X

R 残差大
X 异常X
```

图5-45　VIF图

从分析结果看，VIF远大于5，显然x_1和x_2不能并存于同一个方程中！

【案例3】存在并不严重多重共线性的案例。

如存在表5-16所示的历史数据，拟分析结算金额与工时和工期的关系。

表5-16　某公司结算金额、工时、工期历史数据表

月份	结算金额（万元）	工时	工期（天）
4月	23.00	899	25
5月	19.70	1374	23
6月	28.93	1662	45
7月	34.70	3189	29
8月	23.32	2552	18
9月	22.52	1398	8
10月	17.60	1435	21
11月	41.02	2998	45
12月	21.67	1766	28

续表

月份	结算金额（万元）	工时	工期（天）
1月	26.45	1661	18
2月	13.54	1100	11
3月	8.40	558	4
4月	11.71	766	9

我们从根据表 5-16 的数据作出的散点图中可以看到，结算金额与工时和工期都相关（见图 5-46 和图 5-47），而且工期与工时也相关（见图 5-48）。

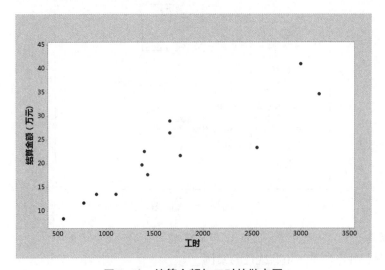

图 5-46 结算金额与工时的散点图

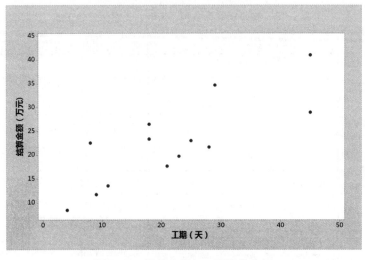

图 5-47 结算金额与工期的散点图

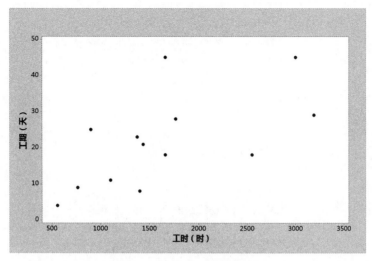

图5-48 工时与工期的散点图

因为工期与工时相关,所以删除一个 x 建立模型,结果如图5-49和图5-50所示。

图5-49 回归分析:结算金额与工时

图5-50 回归分析:结算金额与工期

再将工期与工时都作为 x,则回归分析结果如图5-51所示。

此时注意,方差膨胀因子VIF为1.6,小于5,说明这个多变量方程中尽管两个 x 存在相关性,但是对方程的影响可以忽略,可以接受该方程,并且双变量方程的R-Sq还优于单变量方程。

方差分析

来源	自由度	Adj SS	Adj MS	F 值	P 值
回归	2	843.3	421.67	31.37	0.000
工时（时）	1	202.2	202.21	15.04	0.003
工期（天）	1	128.3	128.32	9.55	0.011
误差	10	134.4	13.44		
合计	12	977.8			

模型汇总

S	R-Sq	R-Sq（调整）	R-Sq（预测）
3.66620	86.25%	83.50%	78.57%

系数

项	系数	系数标准误	T 值	P 值	方差膨胀因子
常量	5.08	2.44	2.09	0.063	
工时（时）	0.00634	0.00163	3.88	0.003	1.60
工期（天）	0.321	0.104	3.09	0.011	1.60

回归方程

结算金额（万元） = 5.08 + 0.00634 × 工时 + 0.321 × 工期

图5-51　回归分析：结算金额与工期、工时

5.5 非线性回归分析

如果生成的散点图中自变量 x 与因变量 y 相关，但它们是否线性相关，需要根据生成的散点图对自变量 x 或因变量 y 进行取对数、倒数、开方、平方等转换，然后根据转换后的 x 与 Y 是否线性相关进行判断。如果转换后仍非线性相关，则寻找其他方法建模。常见的几种模型转换方法如表 5-17 所示。

表5-17　常见的几种模型转换方法

模型名称	回归方程	相应的线性回归方程
Quadratic（二次）	$Y=b_0+b_1x+b_2x^2$	$z=x^2$ $Y=b_0+b_1x+b_2z$
Compound（复合）	$Y=b_0 b_1^x$	$\ln Y=\ln b_0+\ln b_1 \times x$
Growth（生长）	$Y=e^{b0+b1x}$	$\ln Y=b_0+b_1x$
Logarithmic（对数）	$Y=b_0+b_1\ln x$	$z=\ln x$ $Y=b_0+b_1z$
Cubic（三次）	$Y=b_0+b_1x+b_2x^2+b_3x^3$	$u=x^2,\ w=x^3$ $Y=b_0+b_1x+b_2u+b_3w$
S 曲线	$Y=e^{b0+b1/x}$	$\ln Y=b_0+b_1/x$
Exponential（指数）	$Y=b_0 \times e^{b1 \times x}$	$\ln Y=\ln b_0+b_1x$

续表

模型名称	回归方程	相应的线性回归方程
Inverse（逆）	$Y=b_0+b_1/x$	$z=1/x$ $Y=b_0+b_1z$
Power（幂）	$Y=b_0x^{b_1}$	$\ln Y=\ln b_0+b_1\ln x$
Logistic（逻辑）	$Y=1/(1/u+b_0b_1^x)$	$\ln(1/Y-1/u)=\ln(b_0+\ln b_1\times x)$

【案例1】对 x 与 y 都进行自然对数转换。

某公司的 MIS 类软件开发项目的需求评审数据如表5-18所示。

表5-18　MIS类软件开发项目的需求评审原始数据

项目名称	评审速度（页/时）	缺陷密度（个/页）
P1	10.5	0.5
P2	69.5	0.1007
P3	101	0.0396
P4	13.8	0.3478
P5	10	0.4167
P6	52	0.0256
P7	30	0.359
P8	40.769	0.0755
P9	19.333	0.1724
P10	34	0.1176
P11	8.8	1.0909
P12	13.714	0.7083
P13	20	0.5
P14	21	0.2143
P15	36.857	0.2558
P16	28.571	0.2333

对评审速度与缺陷密度画散点图，如图5-52所示。

通过散点图可以看出，评审速度和缺陷密度二者之间的关系不是线性关系。尝试对密度和评审速度分别求自然对数，并对 ln 缺陷密度和 ln 评审速度画散点图，如图5-53所示。

通过散点图发现，缺陷密度和评审速度二者之间存在近似的线性相关性。通过线性拟合，建立回归方程，如图5-54所示。

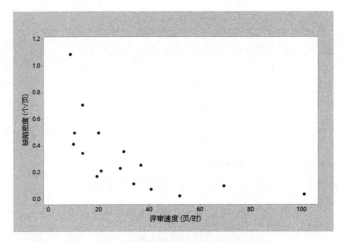

图 5-52 缺陷密度与评审速度的散点图

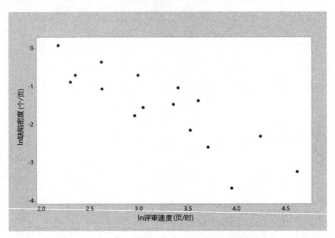

图 5-53 ln 缺陷密度与 ln 评审速度的散点图

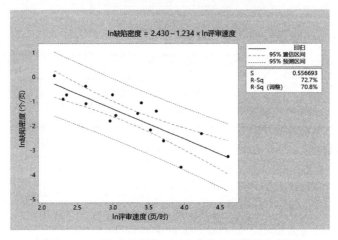

图 5-54 ln 缺陷密度与 ln 评审速度之间的拟合线图

回归分析的具体结果如图 5-55 所示。

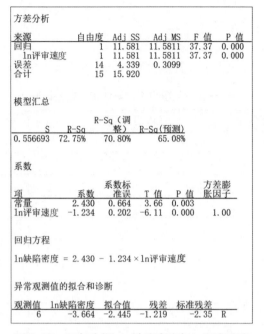

图 5-55　回归分析：ln 缺陷密度与 ln 评审速度

通过分析结果，可以发现第 6 个项目是异常点，可以将其删除，并重新建立模型，如图 5-56 所示。

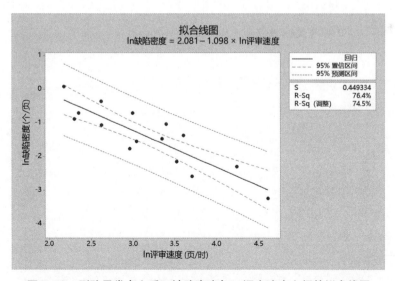

图 5-56　删除异常点之后 ln 缺陷密度与 ln 评审速度之间的拟合线图

因为 ln 缺陷密度 =2.081-1.098×ln 评审速度，所以

缺陷密度 = $e^{(2.081-1.098\times \ln 评审速度)}$

= $e^{2.081} \times e^{-1.098\times \ln 评审速度}$

=8.0125/ 评审速度$^{1.098}$

【案例2】将 x 变换为 e^{-x}。

某项目组进行代码评审，积累了如表5-19所示的度量数据。

表5-19 某项目组代码评审度量数据表

序号	缺陷数量（个）	预审工作量（人天）	exp(－预审工作量)
1	68	3	0.049787
2	55	3	0.049787
3	88	5	0.006738
4	8	2	0.135335
5	90	6	0.002479
6	78	4	0.018316
7	75	4	0.018316
8	44	3	0.049787
9	10	2	0.135335
10	68	3	0.049787
11	8	2	0.135335
12	10	2	0.135335
13	14	2	0.135335

对缺陷数量与预审工作量建立散点图，如图5-57所示。

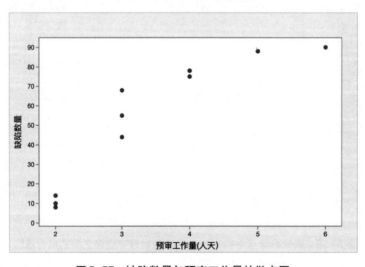

图5-57 缺陷数量与预审工作量的散点图

可以发现，二者是相关的，但并不是直线相关，而是曲线相关，怎么办呢？这种形状的曲线，可以对 x 做变换，令 $x'=\exp(-x)$，即表 5-19 中的最后一列；然后重新画散点图，这样就得到了一个很好的拟合效果，缺陷数量 = 88.896 − 585.50×exp（−预审工作量），如图 5-58 所示。

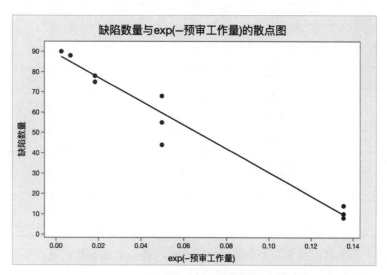

图 5-58　拟合线图

所以在建模时，要注意观察数据的分布特征，选择合适的方法进行建模。

特别提醒

在现实中很多现象所呈现的规律并非线性方程，而是曲线方程居多！

5.6　一般线性方程

在建立线性回归方程时，x 中除了包含定比刻度与定距刻度的自变量以外，如果还包括了定类变量或作为定类变量对待的定序变量，就称其为一般线性方程。我们通过一个案例来说明如何建立一般线性方程。

【案例】某企业采集了 14 个维护类项目的历史数据（见表 5-20），包括：工作量（人时）、软件变更的规模（CFP——COSMIC 功能点）、难度系数（H——高；L——低），现在拟建立工作量与规模和难度系数之间的回归方程。

表 5-20　某企业 14 个维护类项目的历史数据表

项目编号	工作量（人时）	软件规模（CFP）	难度系数
1	148	89	L
2	66	3	H

续表

项目编号	工作量(人时)	软件规模(CFP)	难度系数
3	83	3	H
4	34	7	L
5	96	21	L
6	84	25	L
7	30	2	L
8	140	2	H
9	308	67	H
10	188	25	H
11	34	1	L
12	73	1	H
13	27	1	L
14	91	8	H

难度系数为定序数据，只有两个刻度——高和低，作为定类数据对待，如果要建立包含难度系数的方程，此时就要建立一般线性方程。

由于工作量不服从正态分布，首先要对工作量进行变换，求自然对数后发现服从正态分布。

在 Minitab 中，一般线性方程回归分析的设置如图 5-59 所示。

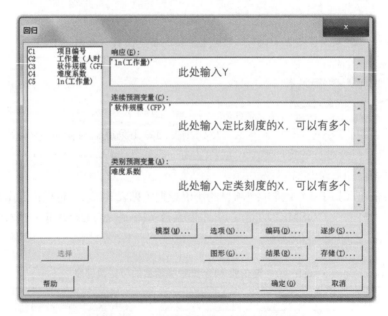

图 5-59　一般线性方程回归分析的设置

执行回归分析的结果如图 5-60 所示。

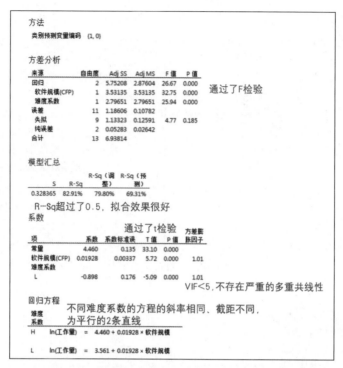

图 5-60　回归分析：ln 工作量与软件规模，难度系数

大家可以注意到，在上述结果中不同难度系数得到的回归方程，定比刻度的变量系数是相同的，只是常量不同，如果在散点图中观察，看到的是两条平行的直线（见图 5-61）。这也提醒我们，当进行散点图分析时，可以采用分类散点图，观察是否适合采用一般线性方程；如果不是近似平行的两个趋势，可以不用一般线性方程而是采用分类独立建立方程。

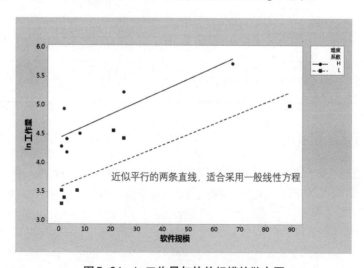

图 5-61　ln 工作量与软件规模的散点图

对于本例，在前期进行散点图分析时，可以在 Minitab 中执行图 5-62 所示的操作。

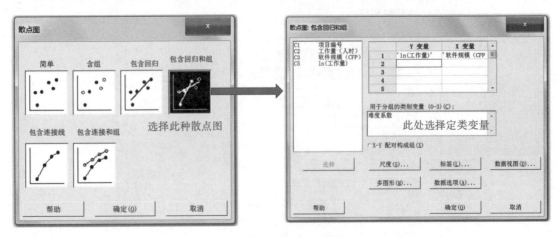

图 5-62　Minitab 操作图

5.7　逻辑回归分析

在研究 Y 与 x 之间的因果关系时，如果 Y 不是定比或定距数据，就需要进行逻辑回归（logistic regression）。逻辑回归根据 Y 的取值分为三类，如表 5-21 所示。

表 5-21　逻辑回归分类表

逻辑回归分析类型	因变量 Y 的特征	举例
二元逻辑回归	只有两类取值	评审通过或不通过 上线成功或失败
多元逻辑回归	有多个取值，且没有顺序关系	缺陷类型：性能问题、逻辑问题、安全性问题等 风险类别：技术、工期、人员、质量等
顺序逻辑回归	为定序数据，有多个取值	客户满意度调查结果：非常满意、满意、一般、不满意、非常不满意

5.7.1　二元逻辑回归

二元逻辑回归的基本思想是，对取某个类别值的概率 p 进行 logit 变换，令

$$y = \ln\frac{p}{1-p} - \mathrm{logit}(p)$$

如果

$$y = ax + b$$

则

$$p = \frac{1}{1+e^{-(ax+b)}}$$

5.7.2 多元逻辑回归

多元逻辑回归的基本思想是，将取 y 的某个类别值概率 p_k 作为参照物，将取其他类别值的概率与其相除后取对数，记为 y_i：

$$y_i = \ln \frac{p_i}{p_k}$$

然后对 y_i 进行回归分析，得到

$$y_i = \beta_0 + \beta_1 \cdot x_1 + \beta_2 \cdot x_2 + \cdots$$

则

$$p_i = \frac{e^{y_i}}{1+\sum_{j=1}^{n-1} e^{y_j}}$$

5.7.3 顺序逻辑回归

当 y 是有 $n(n>2)$ 个取值的定序数据时，分析时可以拆分为 $n-1$ 个二元逻辑回归，分别为（1 vs 2+…+n-1）、（1+2 vs …+n-1）、（1+…vs n-1），均是较低级与较高级的对比。

$$\text{logit}(p_1) = \alpha_1 + \beta_1 \cdot x_1 + \beta_2 \cdot x_2 + \cdots$$
$$\text{logit}(p_1+p_2) = \alpha_2 + \beta_1 \cdot x_1 + \beta_2 \cdot x_2 + \cdots$$

y 有 n 个级别，则有（$n-1$）个方程。

下面以顺序逻辑回归为例说明如何进行逻辑回归分析。

【案例】某公司积累了 22 个项目的历史数据（见表 5-22），包括：客户满意度、累计测试的缺陷密度（个/功能点）和项目采用的生命周期模型（瀑布或迭代）。客户满意度为定序刻度，包含 5 个等级：

5——非常满意
4——满意
3——一般
2——不太满意
1——非常不满意

表5-22 某公司客户满意度的度量数据表

序号	客户满意度	累计测试的缺陷密度（个/功能点）	生命周期模型
P1	1	1.1121	瀑布模型
P2	3	0.5385	迭代模型
P3	5	0.0000	迭代模型
P4	2	0.6656	瀑布模型

续表

序号	客户满意度	累计测试的缺陷密度（个/功能点）	生命周期模型
P5	5	0.2443	迭代模型
P6	2	0.6262	瀑布模型
P7	3	0.5767	迭代模型
P8	5	0.2434	迭代模型
P9	5	0.2671	瀑布模型
P10	3	0.7158	迭代模型
P11	4	0.5423	迭代模型
P12	2	1.0438	瀑布模型
P13	1	2.4690	瀑布模型
P14	3	0.7160	瀑布模型
P15	3	0.8739	瀑布模型
P16	2	1.0970	瀑布模型
P17	3	0.8531	迭代模型
P18	3	1.0130	迭代模型
P19	4	0.7168	迭代模型
P20	3	0.6926	瀑布模型
P21	4	0.7792	迭代模型
P22	2	0.9906	瀑布模型

我们拟建立客户满意度与累计测试的缺陷密度和生命周期模型之间的回归关系，因为客户满意度为定序刻度，所以采用顺序逻辑回归。

在 Minitab 中，执行"统计→回归→顺序 Logistic 回归"命令，如图 5-63 所示。

图 5-63 在 Minitab 中执行"顺序 Logistic 回归"命令

然后，设置模型，如图 5-64 所示。

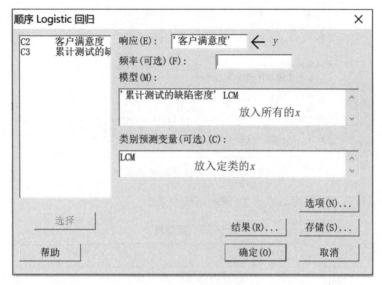

图 5-64　顺序逻辑模型图

对上述数据执行分析，结果如图 5-65 和图 5-66 所示。

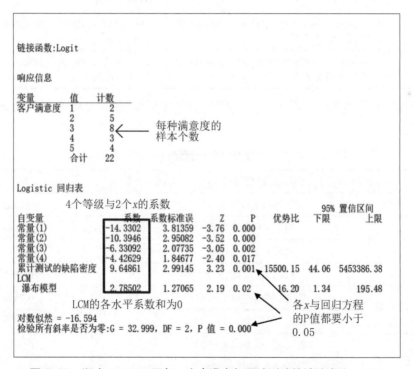

图 5-65　顺序 Logistic 回归：客户满意与累计测试的缺陷密度，LCM

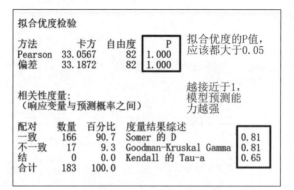

图5-66 拟合优度检验结果

根据上述分析结果,可以得到表5-23所示的模型表。

表5-23 模型表

满意度等级	瀑布模型	迭代模型
等级1的概率	1/(1+exp(-(-14.3302+2.78502+9.64861×累计测试缺陷密度)))	1/(1+exp(-(-14.3302-2.78502+9.64861×累计测试缺陷密度)))
等级1,2的概率	1/(1+exp(-(-10.3946+2.78502+9.64861×累计测试缺陷密度)))	1/(1+exp(-(-10.3946-2.78502+9.64861×累计测试缺陷密度)))
等级1,2,3的概率	1/(1+exp(-(-6.33092+2.78502+9.64861×累计测试缺陷密度)))	1/(1+exp(-(-6.33092-2.78502+9.64861×累计测试缺陷密度)))
等级1,2,3,4的概率	1/(1+exp(-(-4.42629+2.78502+9.64861×累计测试缺陷密度)))	1/(1+exp(-(-4.42629-2.78502+9.64861×累计测试缺陷密度)))

当采用瀑布生命周期模型,累计测试缺陷密度为1个/功能点时,根据表5-23进行预测,结果如表5-24所示。

表5-24 预测表

序号	满意度等级	瀑布模型
1	等级1的概率	0.1305
2	等级1和2的概率	0.8848
3	等级1,2,3的概率	0.9978
4	等级1,2,3,4的概率	0.9997
5	等级2的概率=(2)-(1)	0.7543
6	等级3的概率=(3)-(2)	0.1129
7	等级4的概率=(4)-(3)	0.0019
8	等级5的概率=1-(4)	0.0003

5.8 采用贝叶斯可信网络建模

在日常生活中，人们常常进行不确定性推理。例如，警察在抓小偷时，往往会认为那些贼眉鼠眼、目光闪烁的人嫌疑比较大，如果此人在短时间内反复地乘坐某一趟公交车，则行窃的概率更大。再如，某人既发烧又流鼻涕，还咳嗽，则我们就认为这个人感冒了。这种经验推理本质上是一种概率推理，为了提高推理的准确性，人们引入了概率理论。Judea Pearl 于 1988 年提出的贝叶斯可信网络（Bayesian Belief Network，BBN）就是一种基于概率的不确定性推理网络。

贝叶斯可信网络由两部分构成：一部分是描述各个变量之间因果关系的有向无环图（Directed Acyclic Graph，DAG），另一部分是节点和节点之间的条件概率表（Conditional Probability Table，CPT），也就是一系列的概率值。有向无环图中的节点表示各个变量，节点之间的有向边表示变量之间的因果关系，由因节点指向结果节点。每个节点均附有节点概率表，给出父节点下每个可能结果发生的条件概率，没有父节点的用先验概率进行信息表达。节点变量可以是任何问题的抽象，如人员能力水平、测试方法、项目类型等。

5.8.1 贝叶斯可信网络的基本原理

1. 一些基本的表示方法

- $P(A)$ 表示事件 A 的概率，在贝叶斯推理时也称为边际概率、先验概率。
- $P(B|A)$ 表示在事件 A 发生之后，事件 B 发生的概率，称为条件概率。
- $P(A+B)$ 表示 A 或 B 发生的概率，也可以记为 $P(A \text{ or } B)$。
- $P(A \cap B)$ 表示 A 与 B 同时发生的概率，称为联合概率，或称为交事件的概率。
- Ω 代表事件的全集，称为样本空间。

韦恩图：也称文氏图，在不太严格的意义下用以表示集合（或类）的一种草图（见图 5-67）。

面积图：将整体划分为部分，整体的面积为 1，代表事件的全集；部分的面积代表发生对应事件的概率（见图 5-68）。

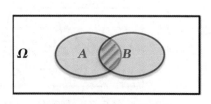

图 5-67　$A \cap B$ 的韦恩图

图 5-68　面积图

2. 加法公式

若事件 A 与 B 互斥，则

$$P(A+B) = P(A) + P(B)$$

若 A、B 为两个任意事件，则

$$P(A+B) = P(A) + P(B) - P(A \cap B)$$

3. 乘法公式

$$P(A\cap B)= P(A)\times P(B|A)$$

即 AB 的联合概率 = "B 基于 A 的条件概率" 乘以 "A 的边际概率"。

如果 $P(B)=P(B|A)$，则称事件 A 与 B 是独立的，即事件 A 发生的概率对事件 B 发生的概率没有影响。

当 A 与 B 是独立的时，上式就简化为

$$P(A\cap B)=P(A)\times P(B)$$

4. 条件概率公式

乘法公式变换后得到

$$P(B|A)=P(A\cap B)/P(A),\ P(A)\neq 0$$

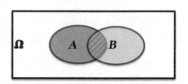

图5-69 条件概率的韦恩图

由图 5-69 再来理解一下这个问题："A 已经发生的条件下，B 发生的概率。" 在这句话中，"A 已经发生" 就相当于已经把样本的可选范围限制在了集合 A 中，等价于："在集合 A 中，B 发生的概率。"显然 $P(B|A)$ 就等于 A、B 交集中样本的数目除以 A 的样本数目。

5. 全概率公式

设 B 是可以在任何 n 个事件（$A1$，$A2$，$A3$，…，An）之后发生的事件。如上所定义：

$$P(Ai\cap B)= P(Ai)P(B|Ai),\ i\in[1,n]$$

事件 $A1$，$A2$，$A3$，…，An 相互排斥，不能同时发生，我们可以通过 $A1$ 或 $A2$ 或 $A3$ …… An 到达 B。因此，用和的表达如下：

$$P(B)= P(A1\cap B)+P(A2\cap B)+P(A3\cap B)+\cdots+P(An\cap B)$$

进而：

$$P(B)= P(A1)\cdot P(B|A1)+P(A2)\cdot P(B|A2)+\cdots+P(An)\cdot P(B|An)$$

可以形象地把全概率公式看作 "由原因推结果"，每个原因对结果的发生有一定的 "作用"，即结果发生的可能性与各种原因的 "作用" 大小有关。全概率公式表达了它们之间的关系。

在图 5-70 中，某一实验所有的可能的样本的集合为 Ω，集合 B 代表事件 B 所能囊括的所有样本，把总集合 Ω 分为 n 个小集合，依次为 $A1$，$A2$，…，An，这些小集合两两互斥，那么显然，A 的样本数可以通过与 Bi 的交集来获得，即 A 的样本数 =（$B\cap A1$ 的样本数）+（$B\cap A2$ 的样本数）+…+（$B\cap An$ 的样本数）。

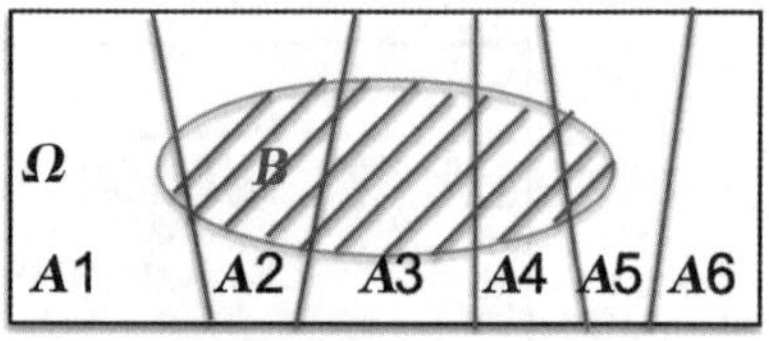

图5-70 概率公式的韦恩图

6. 贝叶斯公式

与全概率公式解决的问题相反，贝叶斯公式基于条件概率寻找事件发生的原因（即大事件 B 已经发生的条件下，分割中的小事件 Ai 的概率），设 $A1$，$A2$，…是样本空间 Ω 的一个划分，则对任一事件 $B(P(B)>0)$，有

$$P(Ai|B)= \frac{P(Ai)P(B|Ai)}{\sum_{j=1}^{n}P(Aj)P(B|Aj)}$$

该公式即为贝叶斯公式，也称后验概率公式、逆概率公式。其中：

Ai 常被视为导致试验结果 B 发生的"原因"，$P(Ai)(i=1，2，\cdots)$ 表示各种原因发生的可能性的大小，是根据以往经验和分析得到的概率，是先验概率；

$P(Ai|B)(i=1，2，\cdots)$ 则反映当产生了结果 B 之后，再对各种原因概率的新认识，故称后验概率。后验概率代表某事情已经发生，这件事情发生的原因是由某个因素引起的可能性的大小。

贝叶斯公式的韦恩图如图 5-71 所示。

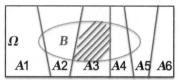

图 5-71　贝叶斯公式的韦恩图

5.8.2　贝叶斯可信网络的案例

我们先看一个最简单的贝叶斯网络（见图 5-72）。这是一个因果图，解释了产品质量好坏的水平取决于开发人员的经验水平。

如图 5-72 所示，项目组以新员工为主的概率为 0.7，以老员工为主的概率为 0.3。

产品质量分为好、一般、差三种水平。当以新员工为主完成一个项目时，质量为好、一般、差的概率分别为 0.3、0.4、0.3；当以老员工为主完成一个项目时，质量为好、一般、差的概率分别为 0.7、0.2、0.1，则可以得到表 5-25 所示的条件概率表。

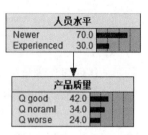

图 5-72　从人员水平到产品质量的贝叶斯网络

表 5-25　产品质量的条件概率表

	产品质量好	产品质量一般	产品质量差
新员工为主	0.3	0.4	0.3
老员工为主	0.7	0.2	0.1

我们可以根据条件概率表从原因推理出结果（见图 5-73），例如：

当项目组以新员工为主时，产品质量差的概率是 0.3。

我们也可以根据贝叶斯公式从结果推理出原因，例如：

当产品质量为差时，是以新员工为主开发项目的概率为 0.3×0.7/(0.3×0.7+0.1×0.3)=0.875。

形象地理解上述贝叶斯公式的计算过程可以参阅面积图（见图 5-74）。当产品质量为差时，以新员工为主的概率即为左侧阴影部分的面积/阴影部分的总面积。

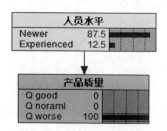

图 5-73　从产品质量到人员水平的贝叶斯网络推理结果

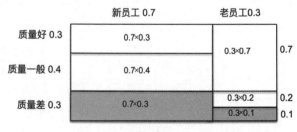

图 5-74　从产品质量到人员水平的推理面积图

产品质量的优劣不仅仅取决于人员的水平，还取决于实现的技术难度，我们把图 5-72 进化为图 5-75。

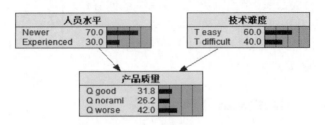

图5-75　从人员水平、技术难度到产品质量的贝叶斯网络

假如：

- 有 60% 的项目从技术上是易于实现的，有 40% 的项目是有难度的，这是先验概率；
- 更新后的产品质量条件概率表如表 5-26 所示。

表5-26　更新后的产品质量条件概率表

人员	技术	产品质量好	产品质量一般	产品质量差
新员工	易	0.3	0.4	0.3
新员工	难	0.02	0.08	0.9
老员工	易	0.7	0.2	0.1
老员工	难	0.5	0.3	0.2

我们可以根据条件概率公式从原因推理出结果，称为预测推理，例如：

当项目组以新员工为主时，产品质量差的概率是 0.6×0.3+0.4×0.9=0.54；

当项目组以新员工为主，且有技术难度时，产品质量差的概率是 0.9。

我们也可以根据贝叶斯公式从结果推理出原因，称为诊断推理（见图 5-76），例如：

当产品质量为差时，是以新员工为主开发项目的概率是

$$\frac{0.7\times 0.6\times 0.3+0.7\times 0.4\times 0.9}{0.7\times 0.6\times 0.3+0.7\times 0.4\times 0.9+0.3\times 0.6\times 0.1+0.3\times 0.4\times 0.2}=0.9$$

即图 5-76 中绿色与青色区域的面积之和除以所有彩色区域的总面积。

当产品质量为差时，有技术难度的概率是

$$\frac{0.7\times 0.4\times 0.9+0.3\times 0.4\times 0.2}{0.7\times 0.6\times 0.3+0.7\times 0.4\times 0.9+0.3\times 0.6\times 0.1+0.3\times 0.4\times 0.2}=0.657$$

即图 5-76 中青色与黄色区域的面积之和除以所有彩色区域的总面积。

当采用贝叶斯网络的工具时，上述的计算过程不需要手工执行，工具可以帮助我们自动进行计算。图 5-77 是通过 Netica 工具进行推理的结果，可以看出，手工计算的结果与工具的计算结果是一致的。

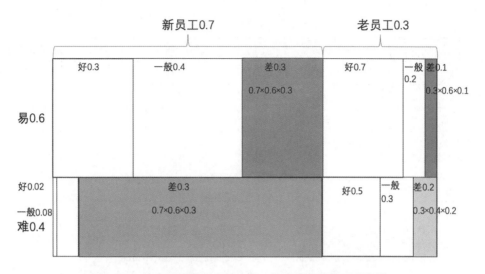

图5-76 从产品质量到人员水平、技术难度的推理面积图

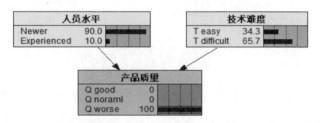

图5-77 从产品质量到人员水平、技术难度的贝叶斯网络推理结果

产品的质量与客户关系维持得好坏决定了产品验收是否能够通过，因此我们还可以构造稍微复杂一点的贝叶斯网络，如图5-78所示。

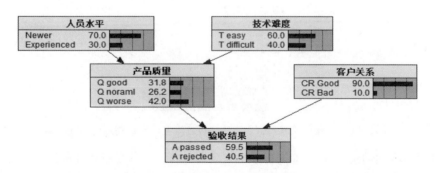

图5-78 从技术难度、人员水平、客户关系到验收结果的贝叶斯网络

能否通过验收的条件概率表如表5-27所示。

在工具中可以由原因自动推理出验收结果的概率，如当人员以新人为主，有技术难度，且客户关系比较差时，项目验收不通过的概率为0.891（见图5-79）。

表5-27 验收结果的条件概率表

产品质量	客户关系	验收通过	验收不通过
好	好	0.99	0.01
好	差	0.8	0.2
一般	好	0.9	0.1
一般	差	0.6	0.4
差	好	0.15	0.85
差	差	0.05	0.95

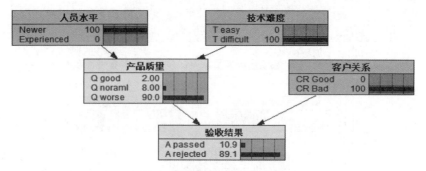

图5-79 从人员水平、技术难度、客户关系到验收结果的推理结果

也可以由验收结果自动推理出原因的概率分布，如图5-80所示。

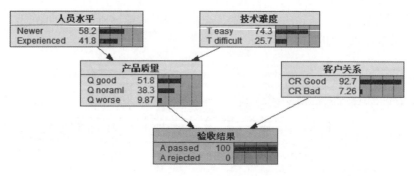

图5-80 从验收结果到人员水平、技术难度、客户关系的推理结果

我们也可以基于乘法公式计算人员水平为新人、客户关系好的联合概率等，如当验收通过时，以新员工为主、有技术难度、客户关系好的概率 =0.582×0.257×0.927=0.139。

构造贝叶斯网络需要基于大量的历史数据计算先验概率、条件概率。如果人工进行计算工作量很大且烦琐。Netica 提供了机器学习功能，可以自动计算条件概率，大大减少了手工计算的工作量，降低了贝叶斯网络的使用门槛。

5.9 建立性能模型时的常见问题

5.9.1 为什么无法建立模型

在实践中常见的原因有如下 9 种。

（1）原因 1：缺乏历史数据。

很多企业在积累历史数据时，仅仅收集了过程输出的历史数据，忽略了度量过程的输入与属性值。

（2）原因 2：数据不准确。

数据不准确的原因可能来自但不仅限于以下方面。

- 范围不准确：对于评审会议，可能有些参与人是来学习的，在统计人数和工作量时就不应该统计在内。
- 时机不准确：有些数据当时没有采集，靠事后回忆。
- 方法不准确：代码行数不是通过工具统计得到，而是靠人估计出来的。

（3）原因 3：过程不稳定。

过程不稳定的原因可以细分为以下 3 种。

① 过程定义不细致。

在过程定义中定义得不够细致，对于过程成功的要点没有定义清楚。例如，对于评审流程，为了保证评审过程的稳定，应该要求：

- 评审的时长不能超过 2 小时；
- QA 跟踪每次评审，控制会议不要过多讨论；
- 会议开始时要声明规则；
- 评审会与讨论会要分开。

② 过程执行不稳定。

在过程定义中有要求，但是实际执行时未做到位。例如：

- 评审会期间进行了大量的讨论，例如，在设计评审会上讨论设计方案的合理性，会议的工作量、时长都不准；
- 会议的时间超过了 2 小时，例如，4 小时的评审会议，后边 2 小时效率很低；
- 会议主持人在会议上没有对讨论的现场进行控制。

③ 过程的输入不稳定。

不同的项目在执行过程中投入差别太大，过程执行的前提条件不稳定，会导致过程的输出也不稳定。例如，测试过程投入的单位工作量，有的项目多，有的项目少。而这些输入如果没有被识别出来作为因子，方程就无法建立起来。

（4）原因 4：Y 与 x 识别得不合适。

- Y 的定义不合适，例如，对于测试过程的输出，可以选择缺陷个数、缺陷密度、缺陷逃逸率等作为度量元,不同的 Y 建模的结果不同。
- 在识别 Y 的影响因子时,未识别出关键影响因子,如测试过程的单位规模的测试工作量等。
- 识别了关键影响因子,但是不好量化表达,采集数据有难度,如人员的技术水平。

识别影响因子需要依据经验,通过假设检验,也可以进行实验设计。

(5)原因 5:过程过于庞大,影响因子太多,每个因子相关性都不大。

如果是对过大的过程建模,则可能存在如下问题:
- 影响因子多,每个因子的相关性都不强;
- 影响因子多,要求每个数据都很准确,采集数据有难度;
- 影响因子之间彼此有交互叠加的作用,存在相关性,建模困难。

例如,对整个项目的工期偏差率建立回归方程,由于影响因子太多,每个因子都有影响,但是影响都不强,这样就对采集数据、过程的稳定性等要求很高,很难建立回归方程。针对这种情况,可以建立每个阶段的工期偏差率模型;或者不去细致地分析影响因子,而是建立蒙特卡洛模拟模型;也可以区分不同类型的项目分类建立回归方程。

(6)原因 6:样本量太少。

样本量太少,即缺少数据点,而增加或删除一个样本对回归的结果影响很明显,则规律不具有典型性。例如,在图 5-81 中,如果删除右上角的一个点,则两个变量之间就不存在相关性了。如果删除了右下角的两个点,则两个变量之间就存在相关性。之所以出现这种现象,就是因为样本点太少。

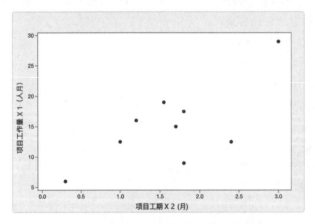

图 5-81　项目工作量与项目工期的散点图

如果是缺少数据,则可以通过图 5-82 所示的方法,尽可能多地采集历史数据。

例如:
- 通过挖掘历史数据,从组织中已完工的项目中重新收集数据,再次统计需求个数、代码行数或工作量等;
- 通过把研究对象细分也可以获得更多的数据点,如将大的需求或设计模块进一步分解为更细的模块,将原来按开发组或项目统计的人员工作量改为按个人统计等。

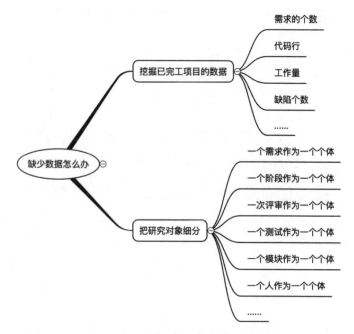

图 5-82　建模时缺少数据的处理办法

（7）原因 7：样本不随机。

以测试过程为例，我们的经验如下。

- 经验 1：高水平的测试人员找出的缺陷多，低水平的测试人员找出的缺陷少。
- 经验 2：高水平的开发人员犯的错误应该相对少，低水平的开发人员犯的错误应该相对多。

如果我们在实践中采用如下策略安排人员。

- 策略 1：复杂系统由高水平的开发人员开发，简单系统由低水平的开发人员开发。
- 策略 2：高水平的测试人员测试复杂系统，低水平的测试人员测试简单系统。

则对测试过程进行度量后，可能数据就无法验证经验 1 和经验 2 的成立。该场景的因果图如图 5-83 所示。

（8）原因 8：建模方法不合适。

要根据 Y 与 x 的刻度类型，以及历史数据的丰富程度选择合适的方法建模。参见前面每种建模方法的适用范围。

（9）原因 9：没有分类建立模型。

不同的部门、不同的开发平台、不同产品成熟度、不同的生命周期模型、不同类型的客户群体、不同的管理方式等都会导致过程性能产生不同的规律，如果不加以区分，则可能无法建立模型，或者建立的模型预测效果很差。

图 5-83　缺陷数的因果图

以上是无法建模的 9 个最常见的原因，这些原因在实际中克服起来并非易事。

5.9.2 为什么建立了性能基线还需要建立性能模型

对某个稳定的过程建立了性能基线后,为什么还需要建立性能模型?因为建立性能基线时并没有考虑过程的输入和属性的差别,即无论过程的输入和属性取什么值,我们通过基线预测的过程性能就在性能基线上。而模型则可以针对某个具体的输入或属性,给出关于过程性能的更准确的预测区间。下面通过案例进行说明。

【案例】某公司采集了 25 个项目系统测试过程的原始数据,如表 5-28 所示。

表5-28 系统测试投入与系统测试缺陷检出密度的原始数据

项目序号	系统测试投入(人时/功能点)	系统测试缺陷检出密度(个/功能点)
1	2.4738	0.1087
2	2.1013	0.0885
3	4.0095	0.131
4	5.491	0.1946
5	4.2446	0.121
6	5.2328	0.1827
7	3.3933	0.0942
8	0.0848	0.0437
9	2.7847	0.0908
10	3.6587	0.0946
11	2.5094	0.0961
12	2.9792	0.123
13	4.231	0.1705
14	1.3933	0.0505
15	5.3072	0.1483
16	6.2111	0.2192
17	2.2651	0.1184
18	5.7993	0.2322
19	1.067	0.028
20	3.8358	0.152
21	2.1117	0.1198
22	5.7887	0.2357
23	5.0091	0.1928
24	5.1397	0.1912
25	2.3328	0.0785

建立系统测试缺陷检出密度与系统测试投入之间的回归方程。如图 5-84 所示。

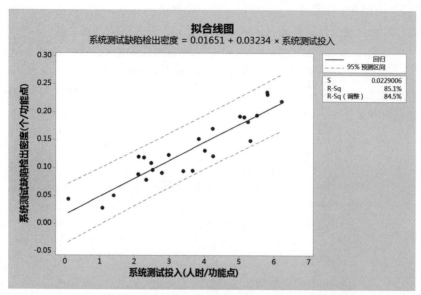

图 5-84　系统测试缺陷检出密度和系统测试投入拟合线图

对于系统测试缺陷检出密度，我们采用控制图法建立性能基线，如图 5-85 所示。

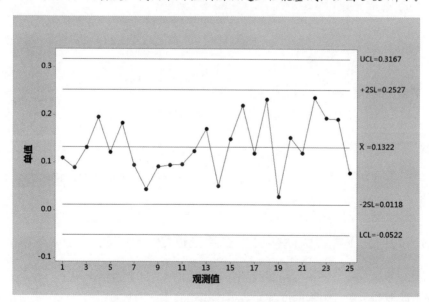

图 5-85　系统缺陷检出密度的单值控制图

为了便于比较，我们取均值 ±1.96 倍标准差作为控制限，则系统测试缺陷检出密度的性能基线为

上限: 0.2527，均值: 0.1322，下限: 0.0118

当系统测试投入工时为 3 人时 / 功能点时,我们采用性能基线预测系统测试缺陷检出密度的 95% 预测区间为(0.0118,0.2527)。

如果我们采用性能模型预测系统测试缺陷检出密度的 95% 预测区间,则

下限:0.01651+0.03234×3-1.96×0.0229006=0.0684

上限:0.01651+0.03234×3+1.96×0.0229006=0.1584

显然性能模型预测的区间(0.0684,0.1584)要比性能基线预测的区间(0.0118,0.2527)更窄,意味着在同等概率下,性能模型预测得更准。上述差别我们也可以通过图 5-86 进行直观比较。

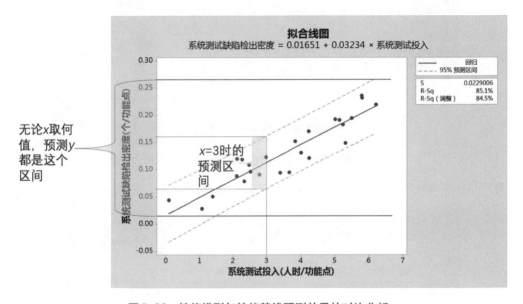

图 5-86　性能模型与性能基线预测效果的对比分析

特别提醒

对同一个 y 既有性能基线,也有性能模型时,性能模型计算出的预测区间通常比性能基线的区间更窄。

5.9.3　为什么不能"大海捞针"式建立模型

采用回归分析建立模型的前提是要找到与 y 相关的 x。部分组织采用了一种"大海捞针"式的建模方法,即罗列出所有采集的度量元数据,指定其中一个度量元作为 y,然后直接建立所有度量元与该 y 的相关性分析矩阵,从中选择出与该 y 相关的变量,再去尝试建立回归方程。

这种建立回归方程的方法费时费力,还未必正确,其突出的问题有如下几点。

(1)没有识别正确的因果关系。

相关性不等于因果关系。"大海捞针"式方法可以找到与 y 相关的因子,但是它与 y 未必存在

因果关系。而在模型中，某个 x 与 y 是一定要有因果关系的，y 是我们的管理目标，x 是影响目标达成的因子。因果关系要符合我们经验常识和常理，有时尽管两个数据之间存在相关性，但是它们可能是由另一个变量同时影响而导致的同步变化。

（2）可能漏识了某些非线性关系。

在进行相关性分析之前，应该先通过散点图识别是线性关系还是非线性关系，然后再进行相关性系数的计算。

如表 5-29 所示数据，通过散点图（见图 5-87），我们可以看到它们是曲线相关的。如果直接计算相关性系数则是违反使用条件、没有意义的。

表5-29　曲线相关的样例数据

x	y	x	y
3.8171	3	3.4372	4
6.9383	2	6.1831	2
10.5233	15	0.031	25
7.3391	3	1.8599	13
8.1004	7	5.417	2
2.3163	10	7.6447	4
10.6463	20	8.3212	7
1.8003	12	1.6018	15

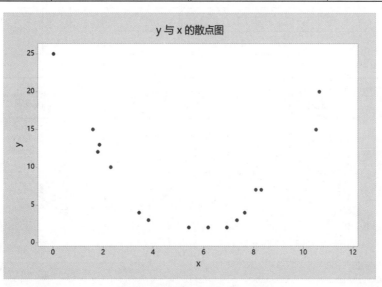

图 5-87　曲线相关的散点图

直接计算相关性系数，结果如图 5-88 所示。

> 相关：y, x
> y和x的Pearson相关系数=-0.225
> P值=0.402

图 5-88　直接计算相关性系数的结果

（3）相关性系数计算的前提是两个变量都服从正态分布。

直接计算相关性系数，而没有事先判断是否服从正态分布，即使计算出的 P 值＜0.05，也可能是不相关的。

例如，表 5-30 所示的一组数据，x 不服从正态分布，y 也不服从正态分布，x 与 y 也是不相关的（见图 5-89）。

表 5-30　不相关的样例数据

x	y	x	y
1	3	2	5
1	2	2	13
15	30	4	2
1	3	1	4
1	7	4	7
2	10	1	15
1	20	8	10
4	12	1	30
1	4	14	30
5	10	6	30

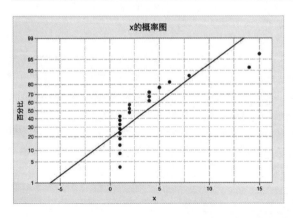 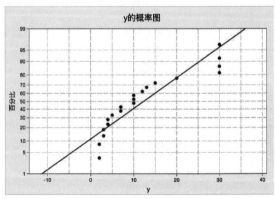

图 5-89　x、y 的概率图和 y 与 x 的散点图

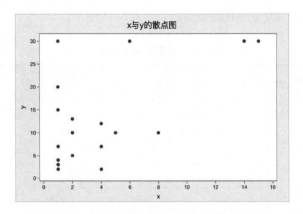

图 5-89 x、y 的概率图和 y 与 x 的散点图（续）

但是，如果我们进行相关性分析就会发现二者是相关的，如图 5-90 所示。

```
相关：x, y
x和y的Pearson相关系数 = 0.594
P值 = 0.006
```

图 5-90 x 与 y 的相关性分析

当我们做相关性分析时，正确的做法应该是
- 根据经验常识识别与 y 相关的候选 x；
- 采集 x 与 y 的历史数据；
- 对 x 与 y 画箱线图，删除异常点；
- 画散点图分析 x 与 y 的趋势，判断：
  - 二者是否相关；
  - 二者是线性相关还是曲线相关；
  - 有无趋势的异常点。
- 如果是曲线相关，则需要对 x 或 y 做变换，转换为线性相关；
- 如果不服从正态分布，则也需要对 x 或 y 做变换，要求这两个变量都必须服从正态分布；
- 然后计算相关性系数，判断是否显著，即是否 P 值 ≤ 0.05。

> **特别提醒**
>
> 建立性能模型时，不要过度拟合！基于目标识别 y，基于经验推理识别影响因子，通过回归分析验证经验，并非模型中的影响因子越多越好！

5.9.4 何时需要重建模型

当过程或过程的性能发生了显著变化时，需要重建模型。

【案例】 某公司收集了 2019 年的度量数据，如表 5-31 所示。

表 5-31　某公司度量数据表

需求评审时间（时）	需求评审人数（个）	需求文档规模（页）	需求评审缺陷数（个）	需求评审缺陷密度（个/页）	需求评审单位规模投入时间（人时/页）	时段
1.5	7	44	6	0.1364	0.2386	上半年
2.0	10	64	16	0.2500	0.3125	上半年
4.0	11	166	33	0.1988	0.2651	上半年
1.5	5	59	7	0.1186	0.1271	上半年
3.0	11	92	30	0.3261	0.3587	上半年
1.5	8	37	9	0.2432	0.3243	上半年
2.0	11	117	15	0.1282	0.1880	上半年
1.0	5	51	7	0.1373	0.0980	上半年
4.5	12	185	42	0.2270	0.2919	上半年
0.8	5	28	1	0.0357	0.1339	上半年
3.0	6	110	16	0.1455	0.1636	上半年
1.2	4	19	4	0.2105	0.2526	上半年
2.0	7	84	13	0.1548	0.1667	上半年
4.0	13	178	31	0.1742	0.2921	上半年
2.0	10	133	17	0.1278	0.1504	上半年
1.5	5	64	5	0.0781	0.1172	上半年
3.5	12	159	23	0.1447	0.2642	上半年
1.0	5	29	3	0.1034	0.1724	上半年
3.0	12	167	32	0.1916	0.2156	上半年
1.5	9	76	9	0.1184	0.1776	上半年
3.5	11	181	30	0.1657	0.2127	上半年
4.5	12	218	43	0.1972	0.2477	上半年
2.0	8	98	14	0.1429	0.1633	上半年
2.0	11	79	11	0.1392	0.2785	上半年
3.0	12	188	27	0.1436	0.1915	上半年
2.0	7	143	17	0.1189	0.8235	下半年
1.0	9	63	9	0.1429	1.0000	下半年
1.0	6	28	5	0.1786	1.2000	下半年

续表

需求评审时间（时）	需求评审人数（个）	需求文档规模（页）	需求评审缺陷数（个）	需求评审缺陷密度（个/页）	需求评审单位规模投入时间（人时/页）	时段
2.5	5	156	16	0.1026	0.7813	下半年
2.0	11	169	23	0.1361	0.9565	下半年
1.5	6	147	15	0.1020	0.6000	下半年
1.0	5	58	7	0.1207	0.7143	下半年
1.8	3	78	6	0.0769	0.9000	下半年
2.0	6	121	14	0.1157	0.8571	下半年
1.5	4	76	8	0.1053	0.7500	下半年
1.0	3	20	3	0.1500	1.0000	下半年
2.5	3	165	12	0.0727	0.6250	下半年

我们对上半年与下半年的数据分别画出散点图，如图 5-91 所示。

显然，由于此时过程性能发生了显著变化，所以应该根据下半年的数据重新建立模型。

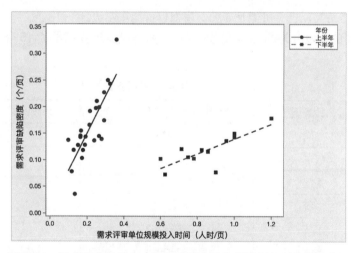

图 5-91　需求评审缺陷密度与需求评审单位规模投入时间的散点图

5.9.5　分类建立性能模型

如图 5-92 所示，缺陷逃逸率 y 与实际代码走查活动工作量 x 是弱相关的。但是注意，该图实际上类似一个扇面，扇把在右边，这种形状在 Alain Abran 的《软件项目估算》[①]一书中称为"楔

---

① 《软件项目估算》一书系统讲解了如何规模度量到工作量估算、成本估算及预算制定的原理、方法与工程实践，不仅仅是理论，更多的是一些具体的工程实践与案例。

形"。当出现这种形状的散点图时,要注意,很可能是多类项目的规律合在一起分析了。此时,应该建议客户观察图中两条线附近的点所代表的项目有何共同特征,看看如何对项目分类,针对不同类型项目分别建立方程,效果可能更好。

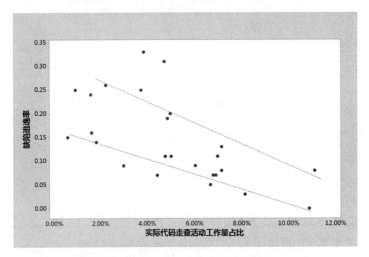

图5-92 缺陷逃逸率与实际代码走查活动工作量占比的散点图

注意:有可能是两类,也有可能是3类,扇把也可能在左边。

【案例】某公司的开发分为两类:系统与终端。系统测试过程积累了15个项目的历史数据,如表5-32所示。

表5-32 某公司系统与终端历史数据表

序号	产品类型	系统测试工作量(人天)	系统测试有效缺陷(个)
1	终端	1734	1215
2	终端	1690	1210
3	系统	1437.20125	228
4	系统	827.1475	262
5	系统	2879.83625	717
6	系统	979.2025	383
7	终端	1144.5	1161
8	终端	4377	3012
9	系统	270.4125	126
10	系统	5602.52625	789
11	终端	3304	2765
12	系统	1594.52	281

续表

序号	产品类型	系统测试工作量（人天）	系统测试有效缺陷（个）
13	终端	1988.5	1696
14	终端	2785	2764
15	系统	1033.9775	277

分类画出散点图，如图 5-93 所示。

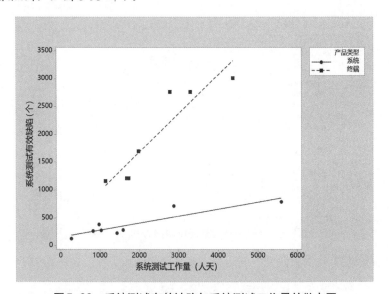

图 5-93　系统测试有效缺陷与系统测试工作量的散点图

图 5-93 所示图像呈现一个扇面，说明此时需要分类建立性能模型。

特别提醒

仔细观察散点图，当可以分类建立性能模型时，一定要分类建立性能模型！

5.9.6　回归方程的常量系数符号有异常时如何处理

某公司建立了图 5-94 所示的回归方程。

当两个自变量为 0 时，需求评审的缺陷密度也不应该为负数，但是方程的常量系数为负数，为什么呢？

- 样本数据中，自变量的取值没有足够小，没有接近 0，缺少实际的样本数据，导致 x 趋近 0 时，趋势不对；
- 自变量取值太大的点，扭曲了整体趋势；
- 自变量之间可能是强相关。

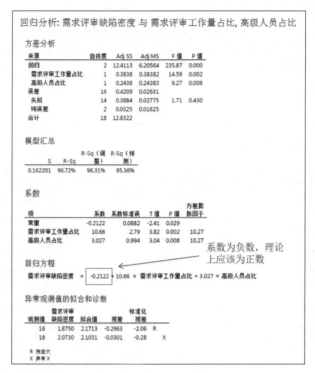

图5-94　某公司回归方程

到底是什么原因呢？我们来研究一下两个自变量之间的相关性，如图5-95所示。

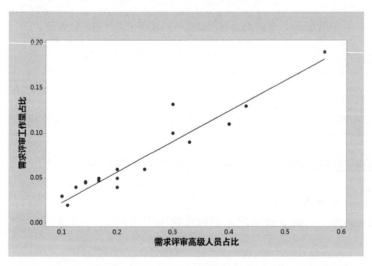

图5-95　需求评审工作量占比与需求评审高级人员占比的散点图

根据散点图我们可以看出，应该属于上述的第3种原因，x_1与x_2强相关，需要删除一个自变量，重新建模。

5.9.7 项目组也可以建立自己的性能模型

建模并非仅仅是组织级的行为，项目组也可以建立自己的性能模型。

【案例1】某项目对不同模块的设计做了技术评审，积累的历史数据如表5-33所示。

表5-33 某项目不同模块的设计技术评审表

评审日期	评审编号/名称	评审规模（页）	缺陷数量（个）	预审工作量（人天）	会议工作量（人天）	评审总工作量（人天）
2018/8/16	M1	34	6	10	1.6	11.6
2018/8/16	M2	47	8	12	1.8	13.8
2018/8/17	M3	30	11	15	2	17
2018/8/20	M4	12	9	9	1.5	10.5
2018/8/21	M5	7	18	12	1.6	13.6
2018/8/22	M6	87	12	13	1.8	14.8
2018/8/22	M7	15	25	15	2	17
2018/8/24	M8	33	17	15	1.2	16.2
2018/8/27	M9	12	59	20	1.4	21.4
2018/8/27	M10	34	17	12	1.5	13.5
2018/8/28	M11	5	1	3	1.6	4.6
2018/8/29	M12	10	14	10	2	12
2018/8/30	M13	11	3	6	1.5	7.5
2018/8/29	M14	48	12	6	1.6	7.6
2018/8/30	M15	12	3	6	1.8	7.8
2018/9/3	M16	12	11	10	2	12
2018/9/4	M17	28	6	5	2	7
2018/9/6	M18	19	3	4	1.5	5.5
2018/9/7	M19	9	2	6	1.6	7.6
2018/9/10	M20	21	22	14	1.8	15.8
2018/9/10	M21	85	11	10	2	12
2018/9/10	M22	14	3	2	2	4
2018/9/11	M23	16	10	10	1.5	11.5
2018/9/12	M24	43	15	5	1.6	6.6
2018/9/12	M25	22	4	3	1.8	4.8
2018/9/13	M26	18	4	4	2	6
2018/9/13	M27	18	6	6	1.2	7.2
2018/9/14	M28	16	23	10	1.4	11.4

使用散点图分析并建立拟合线，如图 5-96 所示。

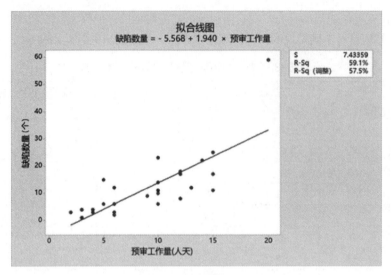

图5-96　拟合线图（1）

删除右上角的异常点后，重新使用散点图分析并建立拟合线，如图 5-97 所示。

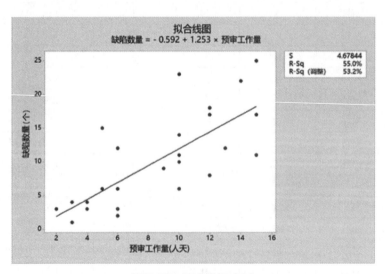

图5-97　拟合线图（2）

如果对于缺陷密度与评审投入的单位工作量进行分析，则得到图 5-98 所示的散点图。

项目组如果采用组织级的模型，也是可以在项目组中根据预测效果的优劣对组织级的模型进行调整的。

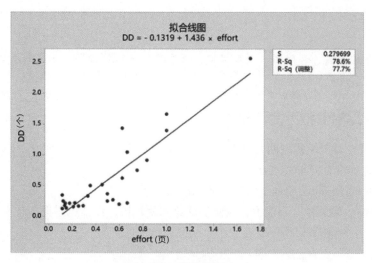

图5-98 拟合线图（3）

【案例2】 某公司在组织级建立了性能模型：代码人工走查缺陷密度 =2.537-0.00794× 代码人工走查效率。

某项目每周都进行代码走查，在该项目使用本模型时，预测的准确率却比较低，为什么呢？当我们用项目组20次代码走查的数据进行分析时，得到图 5-99 所示的散点图。

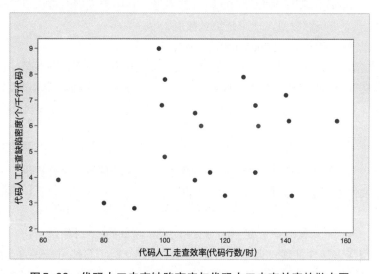

图5-99 代码人工走查缺陷密度与代码人工走查效率的散点图

我们可以看到，在本项目组中，代码人工走查缺陷密度与代码人工走查效率不存在相关性。

当项目使用组织级模型时，如果某个模型要在项目中使用多次，可以根据实际的应用效果对模型进行修订。要判断模型是否适用于本项目，如果不适用就要进行调整或放弃使用，不能一味照搬组织级的模型。

> **特别提醒**
>
> 我们可以在组织级、部门级、项目级建立性能基线与性能模型，如果有数据，甚至可以在个人级建立性能基线与性能模型！

5.9.8 常见的七种不合理模型

在建模时，应注意判断模型的合理性，常见的问题如下。

（1）x 与 Y 之间没有因果关系。

例如：设计评审效率 =2.59+4.3× 设计编写效率。

相关未必存在因果关系。看似设计越快设计评审就越快，设计越慢评审越慢，但其实二者并无因果关系，不能因为相关，所以就建立一个模型。

（2）识别的 x 中不包含 y 的主因。

例如：需求评审缺陷密度 =0.3+7.61× 每页需求的编写工作量。

需求评审缺陷密度是主要取决于需求开发的工作量，还是主要取决于需求评审投入的工作量、专家水平？哪个原因更主要呢？遇到这种情况，需要检查是否忽略了主要原因。

（3）识别的因果关系背离常识。

还是上面（2）中的模型：需求评审缺陷密度 =0.3+7.61× 每页需求的编写工作量。

需求写得越仔细，需求评审时发现的缺陷就越多吗？有悖于我们的常识吧？

（4）x 和 y，一个是相对数值，一个是绝对数值。

设计评审缺陷密度 =0.8735+0.006579× 设计评审工作量；

缺陷密度 = 缺陷数 / 规模，是一个相对数值，而设计工作量是一个绝对数值，没有除以机会域。

缺陷密度是与设计评审工作量相关，还是与设计评审工作量 / 文档规模相关呢？哪个更合理？

并非 x 和 y 一个是相对数值，一个是绝对数值，就一定不合理，但是遇到这种情况，要仔细思考，很多情况下是不合理的。

（5）建立的模型与管理目标无关。

所有模型应该与管理目标相关，否则建立的模型不为目标服务就没有价值。

（6）应该是曲线方程的，被建立成了直线方程。

例如：

$$测试缺陷密度 =0.07562+1.568× 测试的单位投入$$

理论上该模型应该是 S 曲线，但是绝大部分客户都建立成了直线方程，这是因为测试投入不足，还没有到达缺陷收敛的阶段。这种模型可用，但是要说明问题所在，指出风险和改进建议。

（7）建立的方程中系数不合理。

例如：

$$项目开发总工作量 =6500+10.85× 有效代码行数$$

在这个方程中，一个项目的固定成本为 6500 人天，是否需要改进，降低固定成本呢？

这个方程和问题（6）类似，虽然可用，但需要提出改进建议。

第 6 章

数往知来——量化地预测未来

凡事预则立，不预则废。在开始之前，设定目标、预测执行的结果、制订计划是基础性的工作。没有历史数据时，我们可以凭经验进行预测；有了历史数据后，我们可以基于历史规律预测未来的结果，并根据预测结果调整措施，以提升目标达成的概率。

设定目标时，要确保目标满足 SMART 原则：
- Specific，明确的、文档化的、可详细描述的、可拆分的；
- Measurable，量化表达的、可检测的；
- Attainable，可实现的、可行的、具有较高达成概率的；
- Relative，相关的、有源头的、有存在价值的；
- Time-bounded，有时间限制的。

如何判断设定的目标是否可实现呢？在管理实践中常用的有以下五种预测方法：
- 基于性能基线预测；
- 基于回归方程预测；
- 基于蒙特卡洛方法模拟预测；
- 一般趋势预测；
- 基于冈珀茨（Gompertz）曲线进行趋势预测。

本章将逐一介绍上述的五种方法。

6.1 采用性能基线预测目标的达成

将目标和历史性能基线进行对比，根据目标和历史性能的差异，判断目标的达成概率。所基于的历史性能数据的分布规律不同，采用的计算方法略有区别。

6.1.1 历史的性能数据近似服从正态分布

假设历史的性能数据服从正态分布 N（均值，标准差），设置的目标区间为 (x_1, x_2)，则实现目标的概率为

$$p=f(x_2)-f(x_1)$$

其中，$f(x)$ 为正态分布的概率分布函数。概率分布函数的含义请参见附录 A。

在 Excel 中可以通过函数来计算上述数值：
=NORM.DIST(x_2,均值,标准差,TRUE)-NORM.DIST(x_1,均值,标准差,TRUE)

在设定目标值时，有可能是双边的目标，即上下边界都有；也有可能是单边的目标，即只有上限或只有下限。目标区间一般称为规格限，如图6-1所示。

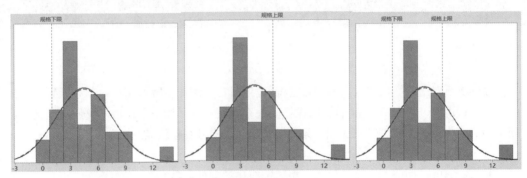

图6-1　目标区间图示

如果设置的目标区间大于等于 x_1，则计算公式为 $p=1-f(x_1)$。

在 Excel 中的计算公式为
=1-NORM.DIST（x_1,均值,标准差,TRUE）

如果设置的目标区间小于等于 x_1，则计算公式为 $p=f(x_1)$。

在 Excel 中的计算公式为
=NORM.DIST（x_1,均值,标准差,TRUE）

【案例1】工期目标预测。

某公司的整体进度偏差率服从正态分布，均值为 1.5%，标准差为 4%，某项目设定的进度偏差率目标为不超过 10%，则

目标达成概率 =NORM.DIST(10%，1.5%，4%，TRUE)=98.32%

【案例2】质量目标预测。

某公司的测试缺陷检出密度服从正态分布，均值为 2 个缺陷/功能点，标准差为 0.5 个缺陷/功能点，某项目设定的质量目标为系统测试缺陷密度不少于 3 个缺陷/功能点，则

目标达成概率 =1-NORM.DIST(3，2，0.5，TRUE)=2.275%

6.1.2　历史的性能数据左偏或右偏分布

方法1：采用概率分布函数计算。

概率分布函数计算方法类似正态分布方法，需要先拟合出历史数据的分布类型，然后才能根据概率累积分布函数进行计算。

相对于方法2，这种方法更加复杂，需要使用者学习和了解更多的统计学知识，适合专业人士使用，不适合推广到每个项目经理或质量经理使用。在估算精度不高时，可以忽略。

方法2：三角形分布近似法。

对于采用的数据是偏态分布的情况，简单方法是采用三角形分布来近似（见图6-2），即将所有的单峰的分布采用三角形分布来近似。三角分布的概率密度函数与概率分布函数公式如图6-3所示。

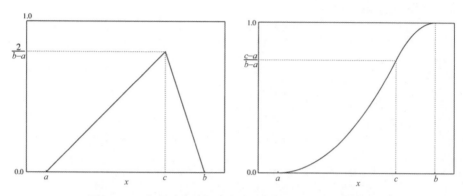

图6-2　三角形分布的概率密度函数与概率分布函数图示

例如，历史数据是偏态分布的，我们可以求得历史性能数据的规格下限、中位数或众数，以及规格上限，则我们可以视基线规格下限为 a，基线规格上限为 b，中位数或众数为 c，当我们设定了目标区间（LSL，USL）时，其中 $USL > LSL$，就可能存在如下十种情况：

$USL \leqslant a$，此时概率为 0；

$a < USL \leqslant c$，$LSL \leqslant a$，此时概率为 $(USL-a)^2/(b-a)(c-a)$；

$a < USL \leqslant c$，$a < LSL \leqslant c$，此时概率为 $(USL-a)^2/(b-a)(c-a)-(LSL-a)^2/(b-a)(c-a)$；

$c < USL < b$，$LSL \leqslant a$，此时概率为 $1-(b-USL)^2/(b-a)(b-c)$；

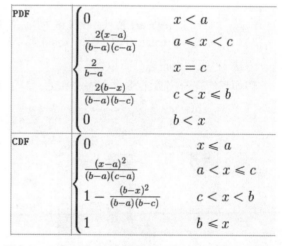

图6-3　三角形分布的概率密度函数与概率分布函数公式

$c < USL < b$，$a < LSL \leqslant c$，此时概率为 $1-(b-USL)^2/(b-a)(b-c)-(LSL-a)^2/(b-a)(c-a)$；

$c < USL < b$，$c < LSL < b$，此时概率为 $(b-LSL)^2/(b-a)(b-c)-(b-USL)^2/(b-a)(b-c)$；

$b \leqslant USL$，$LSL \leqslant a$，此时概率为 1；

$b \leqslant USL$，$a < LSL \leqslant c$，此时概率为 $1-(LSL-a)^2/(b-a)(c-a)$；

$b \leqslant USL$，$c < LSL < b$，此时概率为 $(b-LSL)^2/(b-a)(b-c)$；

$b \leqslant USL$，$b \leqslant LSL$，此时概率为 0。

注意：上面所说的概率为 1 或 0 应该理解为接近于 1 或 0，而非绝对的等于 1 或 0。可以在 Excel 中定义上述 10 种情况，让工具自动实现目标的概率。这种方法比较简单，而且能够对概率进行一个很好的估算。

注意：如果历史性能基线是单边有意义的，如按公式计算规格下限时小于0，而实际值不可能小于0，此时代入上方公式时，应该用原始的小于0的数值代入 a 的值。

在 Excel 中可以自定义求解函数：

```
Function triDist(x, lcl, mid, ucl)
'x
'lcl 规格下限
'mid 中位数
'ucl 规格上限
If x≤lcl Then triDist=0
If x＞lcl And x≤mid
Then triDist=(x-lcl)*(x-lcl)/((ucl-lcl)*(mid - lcl))
If x＞mid And x＜ucl
Then triDist=1-(ucl-x)*(ucl-x)/((ucl-lcl)*(ucl-mid))
If x>=ucl Then triDist=1
End Function
```

于是，求解目标区间为（LSL，USL）的实现概率公式为

triDist(USL, 基线规格下限, 基线中位数, 基线规格上限) −
triDist(LSL, 基线规格下限, 基线中位数, 基线规格上限)

方法3：采用双正态分布拟合。

假如我们有50个数据是非正态分布的，其汇总分析报告如图6-4所示。

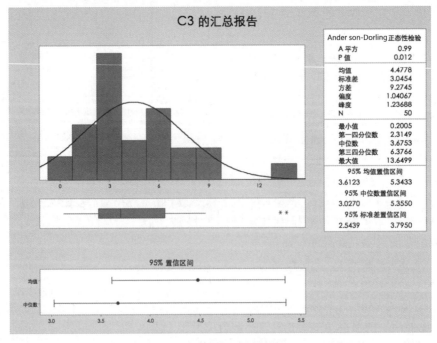

图6-4　C3的汇总分析报告

我们可以采用箱线图法建立基线：

$$Q1=2.3149，Q2=3.6753，Q3=6.3766$$
$$IQR=Q3-Q1=4.0617$$

于是

$$LCL=Q1-1.5IQR=-3.77765$$
$$UCL=Q3+1.5IQR=12.46915$$

采用双正态分布来拟合，即

- 我们假设在中位数左侧的数据服从一个正态分布 a，该正态分布以中位数为均值，以（$Q2-LCL$）/3 为标准差，但是我们的数据值范围规格上限为均值，即只取 a 的左半部分。
- 我们假设在中位数右侧的数据服从另一个正态分布 b，该正态分布以中位数为均值，以（$UCL-Q2$）/3 为标准差，但是我们的数据值范围规格下限为均值，即只取了 b 的右半部分。

在计算概率时，当 x 处于左半部分时，采用均值为 $Q2$，标准差为（$Q2-LCL$）/3 的分布函数计算；当 x 处于右半部分时，采用均值为 $Q2$，标准差为（$UCL-Q2$）/3 的分布函数计算。

6.1.3 基线规格下限为负数没有意义的场景

例如，某个公司的软件缺陷密度均值为 3，标准差为 2，缺陷密度不可能为 0（见图 6-5）。

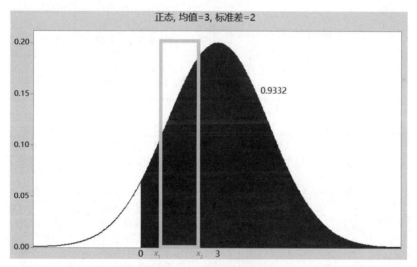

图6-5 缺陷密度分布

假设我们要计算在此分布下处在某区间的概率（如图 6-5 中矩形框所示），由于左半部分截取了小于 0 的部分，所以当计算落在 x_1 与 x_2 之间的概率时，需要用 x_1 与 x_2 之间的面积与图中深灰色部分面积相比,这是因为 x 小于 0 是不存在的。

如果存在右半部分不可能的取值,处理的算法与之类似。

6.1.4 各种场景的计算公式归纳整理

在计算实现的概率时,要考虑历史基线是否为正态分布、建立基线时小于 0 是否有实际意义等场景,而目标值可以是单边规格,也可以是双边规格。

表 6-1 归纳了采用三角形分布拟合非正态分布的计算公式。表 6-2 归纳了采用双正态分布拟合非正态分布的计算公式。表 6-3 是目标达成概率计算的案例数据。

表6-1 采用三角形分布拟合非正态分布的计算公式

历史基线		单边目标(单边规格限)		双边目标(双边规格限)
		大于 LSL	小于 USL	
近似正态分布(已知均值,标准差)	不需要截取0	$1-F(LSL)$ 1-NORM.DIST(LSL,均值,标准差,TRUE)	$F(USL)$ NORM.DIST(USL,均值,标准差,TRUE)	$F(USL)-F(LSL)$ NORM.DIST(USL,均值,标准差,TRUE)-NORM.DIST(LSL,均值,标准差,TRUE)
	基线的规格下限取为0,因为小于0没有意义。理论规格下限小于0	$[1-F(LSL)]/[1-F(0)]$ [1-NORM.DIST(LSL,均值,标准差,TRUE)]/[1-NORM.DIST(0,均值,标准差,TRUE)]	$[F(USL)-F(0)]/[1-F(0)]$ [NORM.DIST(USL,均值,标准差,TRUE)-NORM.DIST(0,均值,标准差,TRUE)]/[1-NORM.DIST(0,均值,标准差,TRUE)]	$[F(USL)-F(LSL)]/[1-F(0)]$ [NORM.DIST(USL,均值,标准差,TRUE)-NORM.DIST(LSL,均值,标准差,TRUE)]/[1-NORM.DIST(0,均值,标准差,TRUE)]
非正态分布(已知规格下限,中位数,规格上限)	不需要截取0	$1-T(LSL)$ 1-triDist(LSL,规格下限,中位数,规格上限)	$T(USL)$ triDist(USL,规格下限,中位数,规格上限)	$T(USL)-T(LSL)$ triDist(USL,规格下限,中位数,规格上限)-triDist(LSL,规格下限,中位数,规格上限)
	基线的规格下限取为0,因为小于0没有意义。理论规格下限小于0	$[1-T(LSL)]/[1-T(0)]$ [1-triDist(LSL,规格下限,中位数,规格上限)]/[1-triDist(0,规格下限,中位数,规格上限)]	$[T(USL)-T(0)]/[1-T(0)]$ [triDist(USL,规格下限,中位数,规格上限)-triDist(0,规格下限,中位数,规格上限)]/[1-triDist(0,规格下限,中位数,规格上限)]	$[T(USL)-T(LSL)]/[1-T(0)]$ (triDist(USL,规格下限,中位数,规格上限)-triDist(LSL,规格下限,中位数,规格上限))/(1-triDist(0,规格下限,中位数,规格上限))

表6-2 采用双正态分布拟合非正态分布的计算公式

历史基线	单边目标(单边规格限)				双边目标(双边规格限)		
	大于LSL		小于USL		LSL<CL, USL<CL	LSL<CL, USL≥CL	LSL≥CL, USL>CL
	LSL<CL	LSL≥CL	USL<CL	USL≥CL			
近似正态分布(已知均值、标准差)未截取0	$1-FL(LSL)$ $1-$NORM.DIST(LSL, 均值, 标准差R, TRUE)	$1-FR(LSL)$ $1-$NORM.DIST(LSL, 均值, 标准差R, TRUE)	$FL(USL)$ NORM.DIST(USL, 均值, 标准差L, TRUE)	$FR(USL)$ NORM.DIST(USL, 均值, 标准差R, TRUE)	$FL(USL)-FL(LSL)$ NORM.DIST(USL, 均值, 标准差R, TRUE)$-$NORM.DIST(LSL, 均值, 标准差L, TRUE)	$FR(USL)-FL(LSL)$ NORM.DIST(USL, 均值, 标准差R, TRUE)$-$NORM.DIST(LSL, 均值, 标准差L, TRUE)	$FR(USL)-FR(LSL)$ NORM.DIST(USL, 均值, 标准差R, TRUE)$-$NORM.DIST(LSL, 均值, 标准差R, TRUE)
非正态分布(已知中位数、规格下限、规格上限)基线的下限取为0, 因为小于0没有意义。理论下限小于0	$[1-FL(LSL)]/[1-FL(0)]$ $[1-$NORM.DIST(LSL, 均值, 标准差R, TRUE)$]/[1-$NORM.DIST(0, 均值, 标准差L, TRUE)$]$	$[1-FR(LSL)]/[1-FL(0)]$ $[1-$NORM.DIST(LSL, 均值, 标准差R, TRUE)$]/[1-$NORM.DIST(0, 均值, 标准差L, TRUE)$]$	$[FL(USL)-FL(0)]/[1-FL(0)]$ $[$NORM.DIST(USL, 均值, 标准差L, TRUE)$-$NORM.DIST(0, 均值, 标准差L, TRUE)$]/[1-$NORM.DIST(0, 均值, 标准差L, TRUE)$]$	$[FR(USL)-FL(0)]/[1-FR(0)]$ $[$NORM.DIST(USL, 均值, 标准差R, TRUE)$-$NORM.DIST(0, 均值, 标准差L, TRUE)$]/[1-$NORM.DIST(0, 均值, 标准差L, TRUE)$]$	$[FL(USL)-FL(LSL)]/[1-FL(0)]$ $[$NORM.DIST(USL, 均值, 标准差L, TRUE)$-$NORM.DIST(LSL, 均值, 标准差L, TRUE)$]/[1-$NORM.DIST(0, 均值, 标准差L, TRUE)$]$	$[FR(USL)-FL(LSL)]/[1-FL(0)]$ $[$NORM.DIST(USL, 均值, 标准差R, TRUE)$-$NORM.DIST(LSL, 均值, 标准差L, TRUE)$]/[1-$NORM.DIST(0, 均值, 标准差L, TRUE)$]$	$[FR(USL)-FR(LSL)]/[1-FL(0)]$ $[$NORM.DIST(USL, 均值, 标准差R, TRUE)$-$NORM.DIST(LSL, 均值, 标准差R, TRUE)$]/[1-$NORM.DIST(0, 均值, 标准差L, TRUE)$]$

表6-3 目标达成概率的计算案例

测试场景	性能				目标规格		达成概率	
	正态与否	下边界	截取0否	中心线	上边界	规格下限	规格上限	三角形分布拟合法（%）	双正态分布拟合法（%）
正态分布，未截取0，双边	0	-10	1	1	12	-8	0	38.55	38.55
	0	-10	1	1	12	-8	8	96.48	96.48
	0	-10	1	1	12	2	8	36.44	36.44
正态分布，未截取0，无规格下限	0	-10	1	1	12		11	99.68	99.68
正态分布，未截取0，无规格上限	0	-10	1	1	12	8		2.81	2.81
正态分布，截取0，双边	0	-10	0	1	12	0	8	95.37	95.37
正态分布，截取0，无规格上限	0	-10	0	1	12	7		8.38	8.38
正态分布，截取0，无规格下限	0	-10	0	1	12		9	97.60	97.60
非正态分布，未截取0，双边	1	-10	1	1	20	-8	0	29.09	38.55
	1	-10	1	1	20	-8	8	73.52	85.84
	1	-10	1	1	20	2	8	31.58	30.27
非正态分布，未截取0，无规格下限	1	-10	1	1	9		-7	4.31	1.46
	1	-10	1	1	9		3	76.32	77.34
非正态分布，未截取0，无规格上限	1	-10	1	1	9	-2		69.38	79.34
	1	-10	1	1	9	2		32.24	35.38
非正态分布，截取0，双边	1	-10	0	1	15	1	8	66.00	71.31
	1	-10	0	1	15	0.4	8	73.34	82.01
	1	-10	0	1	20	2	8	45.31	49.84
非正态分布，截取0，无规格上限	1	-10	0	1	20	3		72.75	61.91
非正态分布，截取0，无规格下限	1	-10	0	1	50		9	32.61	48.62

6.1.5 历史数据采用百分位法建立的性能基线

假设某企业采用百分位法建立了生产率（时/功能点）的性能基线，如表6-4所示。

表6-4 百分位法建立的性能基线案例

最小值	P10	P25	P50	P75	P90	最大值
1.2	1.8	4.0	13.4	26.5	50.3	63

某项目定义了自己的生产率目标为不超过 8 时 / 功能点，那么我们如何估算这个目标达成的概率呢？

因为 8 时 / 功能点处在 P25 和 P50 之间，我们假设 P25 和 P50 之间的分布为均匀分布，则其概率为

$$25\% + (50\% - 25\%) \times (8-4)/(13.4-4) = 35.64\%$$

如果定义的生产率目标为不超过 3 时 / 功能点，因为 3 时 / 功能点处在 P10 和 P25 之间，我们假设 P10 和 P25 之间的分布为均匀分布，则其概率为

$$10\% + (25\% - 10\%) \times (3-1.8)/(4-1.8) = 18.18\%$$

6.2 采用回归方程预测目标的达成

6.2.1 通过 x 预测 y 的取值

如果已经有了目标的回归方程，可利用该模型执行 what-if 分析。假设 x 的取值，计算出 y 的值，然后预测目标的达成概率。

【案例1】一元线性回归方程，单边目标。

有如下回归方程：$y = 0.674 + 0.1701x$，残差的标准差 $S = 6.52423$。假设 y 的目标值大于 50 即可，当 $x = 300$ 时，目标达成的概率有多大呢？

代入回归方程中，计算出 y 的均值为 51.704。

在 Excel 中计算目标达成概率 = 1-NORM.DIST（50, 51.704, 6.52423, TRUE）= 60.3%。

【案例2】二元线性回归方程，双边目标。

某公司建立了如下回归方程：

遗留缺陷密度 = 0.932 − 0.518× 代码走查覆盖率 − 0.825× 系统测试单位规模工作量投入

残差的标准差 $S = 0.0421817$。

某项目设定的缺陷密度的目标区间为（0.3，0.4），当计划的每千行代码系统测试投入为 0.25 人天，代码走查覆盖率为 66% 时，计算的遗留缺陷密度的均值为 0.38387 个缺陷 /KLOC，残差的标准差为 0.0421817，则可以参照公式：

= NORM.DIST（x_2, 均值, 标准差, TRUE）− NORM.DIST（x_1, 均值, 标准差, TRUE）

在 Excel 中计算目标达成概率：

= NORM.DIST（0.4, 0.38387, 0.0421817, TRUE）− NORM.DIST（0.3, 0.38387, 0.0421817, TRUE）
= 62.55%

6.2.2 通过 y 预测 x 的取值

有时候，在确定了目标 y 的取值范围之后，我们不想通过第 6.2.1 节的方法去尝试 x 的取值，从而找到一个合理的 x 值，而是希望通过回归方程逆推 x 的合理范围，此时应该如何推算呢？例如，某公司建立了回归方程：

$$y=0.1701x-0.674, S=6.52423$$

假设定义了 y 的目标区间为（40，100），那么 x 的取值是多少才能保证 y 落在目标区间内呢？

先看错误的做法：

根据 $y=0.1701x-0.674$ 逆推得到

$$x=(y+0.674)/0.1701$$

把 y=40 代入上述方程中，算得 x=239.12；

把 y=100 代入上述方程中，算得 x=591.85；

所以 x 的取值范围是（239.12，591.85）。

这种推理是错误的，错在哪里呢？

把 x=239.12 代入方程 $y=0.1701x-0.674$ 中，计算出 y=40，此时的 40 代表的是当 x=239.12 时 y 的所有可能取值的均值，而不是 y 一定等于 40，y 大概会以 95% 的概率落在（40-1.96×6.52423，40+1.06×6.52423）之间，这个区间是 x=239.12 的 95% 预测区间（27.21，52.79），此时和 y 的目标区间为（40，100）相比，27.21 已经在目标区间以外了，自然就无法达成目标了！

当我们定义了 y 的目标区间为（40，100）时，我们实际是希望 y 的预测区间落在（40，100）这个范围内，而不是 y 的均值落在（40，100）这个范围内，其原理参见图 6-6。

正确的做法是取 40 作为 y 的预测区间的规格下限，即 40=y-1.96S=y-1.96×6.52423，所以 y=40+1.96×6.52423=52.79。即 52.79=0.1701x-0.674，因此 x=(52.79+0.674)/0.1701=314.31。

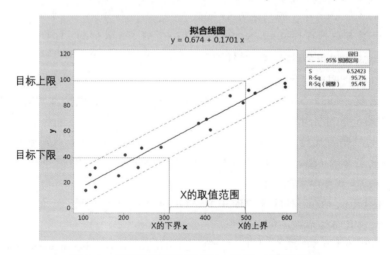

图 6-6 根据较宽的目标区间，推算 x 的取值范围

同理，取 100 作为预测区间的规格上限，可以求出 x 的规格上限为 516.67。

综上所述，对于方程：
$$y=0.1701x-0.674，S=6.52423$$

当 y 的目标区间为（40，100）时，x 的目标区间为（314.31，516.67），而不是（239.12，591.85）。如果目标区间定义得比较窄，此时有可能找不到确保目标达成的 x 的合理区间。如果设定 y 的目标区间为（80，100），如图 6-7 所示。

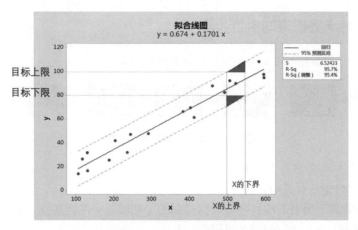

图 6-7　根据较窄的目标区间，推算 x 的取值范围

此时，计算 x 的下界为 549.47，甚至超出了 x 的上界 516.67，说明达成目标的概率不足 95%。如果将 $x=549.47$ 代入方程中计算出 y，再计算目标的达成概率，此时大概为 85.29%。

6.3　采用蒙特卡洛模拟预测目标的达成

6.3.1　蒙特卡洛模拟的基本原理

蒙特卡洛模拟是 20 世纪 40 年代中期，随着科学技术的发展和电子计算机的发明而提出的一种统计模拟方法。蒙特卡洛模拟是利用随机数进行数值模拟，从输入变量 x 的概率分布中重复抽样以计算输出变量 y 的分布，是一种数字模拟实验。这一方法源于美国第二次世界大战中的原子弹研制计划"曼哈顿计划"，该计划的主持人之一——数学家冯·诺伊曼用摩纳哥的一座城市的名称 Monte Carlo 来命名这种方法。

由概率定义可知，某事件的概率可以用大量试验中该事件发生的频率来估算，当样本容量足够大时，可以认为该事件的发生频率即为其概率，这就是伯努利大数定律的核心思想。因此可以先对自变量进行大量的随机抽样，然后把这些抽样值代入函数公式，从中求得因变量的分布概率。不管函数是否线性、自变量是否服从正态分布，只要模拟的次数足够多，就可得到因变量的一个较为精确的分布概率。

假定函数 $Y=f(x_1, x_2, \cdots, x_n)$，其中变量（$x_1, x_2, \cdots, x_n$）的概率分布为已知。但在实际问题中，$f(x_1, x_2, \cdots, x_n)$ 往往是未知的，或者是一个非常复杂的函数方程，一般难以用解析法求

解有关 Y 的概率分布及其数字特征。蒙特卡洛模拟利用一个随机数发生器，通过直接或间接的方式抽样每一组随机变量 $(x_1, x_2, \cdots, x_n)$ 的值 $(x_{1t}, x_{2t}, \cdots, x_{nt})$，然后按 Y 对于 $(x_1, x_2, \cdots, x_n)$ 的关系式确定函数 Y 的值 $Y_t = f(x_{1t}, x_{2t}, \cdots, x_{nt})$。

反复独立抽样（模拟）多次，便可以得到函数 Y 的一批抽样数据 $(Y_1, Y_2, \cdots, Y_n)$，当模拟次数足够多时，便可以给出与实际情况相近的函数 Y 的概率分布及其数字特征。

6.3.2 蒙特卡洛模拟的执行步骤

在使用蒙特卡洛模拟建模时，可以采用图 6-8 所示的步骤。

图6-8 蒙特卡洛模拟的步骤

图 6-8 所示的步骤也称为七步模拟建模方法。下面我们以一个简单的案例，使用水晶球（Crystal Ball）工具分别进行说明。

【案例】某企业基于历史的项目度量数据得到的工期偏差率性能基线，如表 6-5 所示。其中，工期偏差率 =（计划时间 - 实际时间）/ 计划时间。

表6-5 工期偏差率性能基线数据　　　　　　　　　　　　　　　　　　（单位：%）

阶段	工期偏差率性能基线				
	分布类型	标准差	规格下限	均值	规格上限
需求阶段	正态分布	2	-4	10	12
设计阶段	正态分布	5	-15	5	20
编码阶段	三角形分布		-5	10	15
交付阶段	三角形分布		-5	5	10

有某个项目在项目策划阶段估算了各阶段的计划工期与项目的总工期，如表 6-6 所示。

表6-6 某项目各阶段的计划工期数据

阶段	计划工期（天）
需求阶段	20
设计阶段	20
编码阶段	50
交付阶段	20
总工期	110

步骤 1：准备阶段。

确定假设变量（即自变量）$(x_1, x_2, \cdots, x_n)$，且 x_i 的分布、分布参数及取值范围已知。

分布，也称为概率分布，是描述变量取值的概率规律，如正态分布、二项分布、泊松分布、三角形分布等。分布参数可以描述这个分布的位置、离散程度或形状，如正态分布是具有两个参数 μ 和 σ^2 的连续型随机变量的分布。

本案例的假设变量如下。

x_1：需求阶段工期偏差率，服从正态分布。

x_2：设计阶段工期偏差率，服从正态分布。

x_3：编码阶段工期偏差率，服从三角形分布。

x_4：交付阶段工期偏差率，服从三角形分布。

当假设变量的分布未知时，可使用水晶球报表工具自动根据历史数据拟合假设变量的分布。

使用蒙特卡洛模拟需要确定假设变量的取值范围。如果假设变量的取值范围未知，可以将样本数据的最小值和最大值之间的区间作为该假设变量的取值范围。取值范围依据实际情况可以定为负无穷大至正无穷大。本案例的预测变量（即因变量）Y 是总工期。

步骤2：定义模型。

确定模型 $y = f(x_1, x_2, x_3, \cdots)$。

对于本案例，模型如下：

总工期 = 需求阶段计划工期 ×（1+ 需求阶段工期偏差率）+ 设计阶段计划工期 ×（1+ 设计阶段工期偏差率）+ 编码阶段计划工期 ×（1+ 编码阶段工期偏差率）+ 交付阶段计划工期 ×（1+ 交付阶段工期偏差率）

即

Y = 需求阶段计划工期 ×（1+x_1）+ 设计阶段计划工期 ×（1+x_2）+ 编码阶段计划工期 ×（1+x_3）+ 交付阶段计划工期 ×（1+x_4）

可以将上述的模型定义在水晶球报表工具中。

步骤3：定义假设变量 x。

在水晶球报表工具中，选中需要定义的 x 所在的单元格，将其定义为假设变量，并定义其分布与参数（见图6-9）。

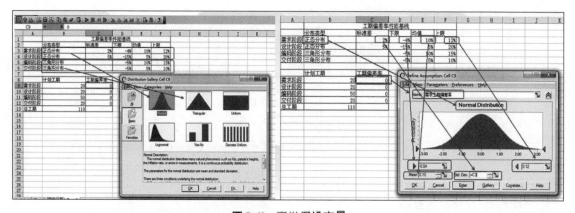

图6-9　定义假设变量

如果已知假设变量之间存在相关性，且相关性系数已知，则可以在工具中设置假设变量的相关关系（见图6-10）。

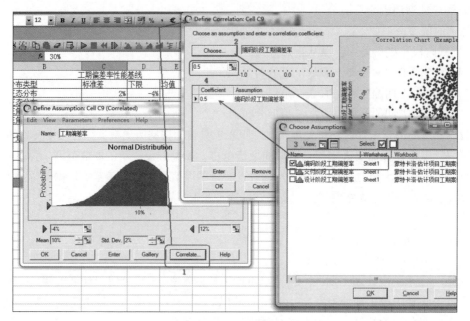

图6-10 定义相关关系

步骤4：定义预测变量 Y。

选中需定义的预测变量 Y 的单元格，在工具中设置预测变量（见图6-11）。

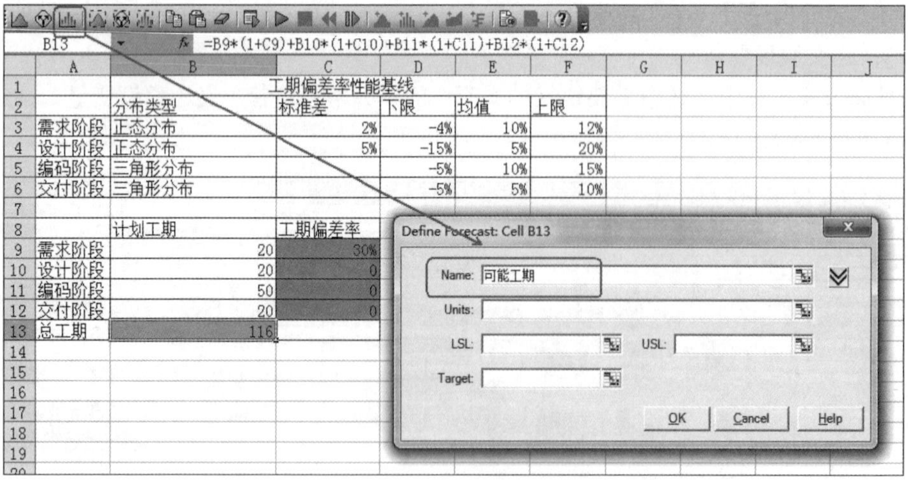

图6-11 定义预测变量

步骤5：设定模拟次数。

在进行模拟时，可以模拟多次，也可以在工具中设置模拟次数等参数（见图6-12）。

6.3 采用蒙特卡洛模拟预测目标的达成　171

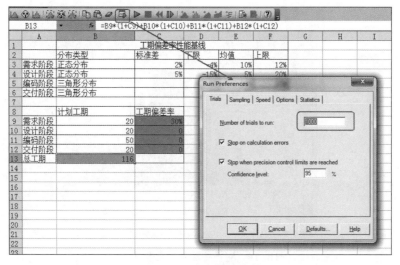

图 6-12　定义模拟次数

步骤 6：运行模拟。

当 x 与 y 之间的关系定义完成后，就可以执行模拟，以获得模型的执行结果（见图 6-13），明确该项目可能工期的分布情况。

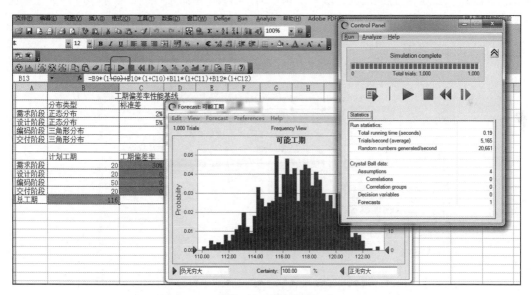

图 6-13　模拟结果

步骤 7：模拟结果分析。

模拟完成后，对模拟结果可以有多种分析方法。

（1）预测变量的分布情况。

可以预测 y 值在某个区间内的概率值（见图 6-14）。

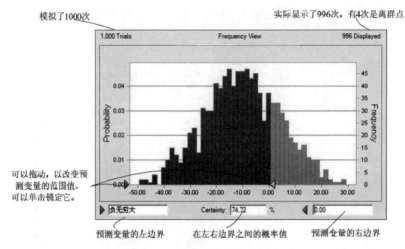

图6-14 对模拟结果的分析（1）

（2）敏感性分析。

灵敏度图：确定每个假设变量对预测变量的影响。

可以使用灵敏度图进行敏感性分析，以识别对 y 影响最大的 x。如图6-15所示，编码阶段工期偏差率对总工期的影响程度最大，敏感性系数为74.1%。由此可推断，对于该项目的工期控制而言，重点在于控制其编码阶段的进度。

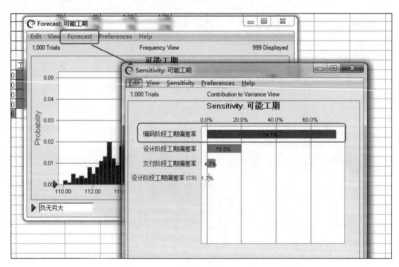

图6-15 对模拟结果的分析（2）

（3）其他可用分析。

水晶球报表工具还提供了图6-16所示的其他分析方法，如模拟分布等。

其中较为需要关注的是重叠图和趋势图。

重叠图：如果有多个预测变量，重叠图能将来自选定预测变量的频数数据叠加到一个图上，以便于比较它们之间可能不那么明显的异同。

趋势图：如果模拟涉及多个预测变量，可以在趋势图上观察所有预测值的确定性区域。在与时间有关的预测中趋势图特别有用。

图6-16 其他可用的分析方法

6.3.3 不同场景下的蒙特卡洛模拟

蒙特卡洛模拟可以用来预测工期、工作量、质量及其他度量元，举例说明如下。

【案例1】蒙特卡洛模拟预测项目工期。

在估算项目工期时可以参考图 6-17 所示的步骤。

（1）识别任务

为了达成项目目标，需要识别有哪些具体的任务。

（2）分配人员

根据项目组成员的特长与意愿，为每个任务安排责任人。

（3）识别任务的顺序关系

在给每个任务分配人员之后，识别任务与任务之间的先后顺序关系，如果同一个人同时做两件事情，则要分别定义投入的精力百分比。

（4）估计每个任务的工期

基于责任人的能力与其他约束条件估计每个任务的工期。

（5）识别关键路径

基于任务之间的先后顺序关系和每个任务的估计工期，识别关键路径，得到项目的总工期。

（6）优化进度计划

如果估计的项目总工期无法满足管理目标，则可以采用如下措施优化计划：

- 删减任务；
- 细分关键路径上的任务，增加任务并

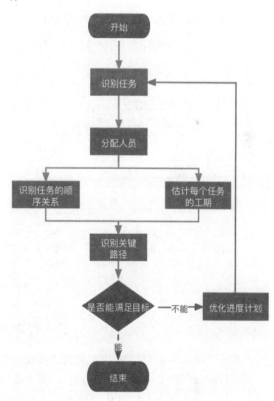

图6-17 工期估算的步骤

行,从而缩短关键路径;
- 增加人员,减少人员依赖;
- 调整人员分工,充分用人之长;
- 如果目标可以调整,也可以修改目标。

在步骤(4)中估计每个任务的工期时,可以估计每个任务工期的乐观值、悲观值、最可能值,然后对总工期进行蒙特卡洛模拟,从而提高计划的合理性。举例如下。

【案例2】某公司签订了一个旅游管理系统的开发与实施订单,识别出的任务、任务之间的先后顺序关系、每个任务的估计工期如表6-7所示。

表6-7　开发与实施旅游管理系统的任务列表　　　　　　　　（单位:天）

任务			估计工期(三角形分布)		
序号	任务	前项任务	乐观估计	最可能	悲观估计
A	需求调研		10	10	10
B	需求确认	A	3	7	10
C	系统设计	B	10	12	16
D	编码与单元测试	C	42	48	52
E	系统测试	D	11	13	15
F	基础数据准备	C	2	2	2
G	历史数据导入	E,F	2	3	4
H	系统试运行	G	2	4	5
I	用户培训	G	2	2	2
J	系统正式上线	H,I	1	1	1

这10个任务的先后顺序关系如图6-18所示。

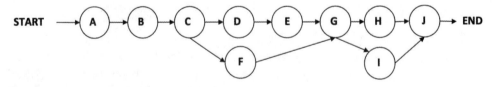

图6-18　开发与实施旅游管理系统的任务网络图

根据上述已知数据,可以在水晶球报表工具中构造模型,如图6-19所示。

执行模拟,结果如图6-20所示。从图中我们可以看到整个项目在100天完成的概率为81.89%,如果认为此概率是可以接受的,则不必采取调整措施,否则需要优化进度计划或调整目标。

(单位：天)

任务				估计工期（三角形分布）			计划工期		
序号	任务		前项任务	乐观估计	最可能	悲观估计	开始时间	活动时间	完成时间
A	需求调研			10	10	10	0	=F4	=H4+I4
B	需求确认		A	3	7	10	=J4	0	=H5+I5
C	系统设计		B	10	12	16	=J5	0	=H6+I6
D	编码与单元测试		C	42	48	52	=J6	0	=H7+I7
E	系统测试		D	11	13	15	=J7	0	=H8+I8
F	基础数据准备		C	2	2	2	=J7	=F9	=H9+I9
G	历史数据导入		E, F	2	3	4	=MAX(J8,J9)	0	=H10+I10
H	系统试运行		G	4	4	5	=J10	0	=H11+I11
I	用户培训		G	2	2	2	=J10	=F12	=H12+I12
J	系统正式上线		H, I	1	1	1	=MAX(J11,J12)	=F13	=H13+I13
项目完成时间									=J13

图 6-19 开发与实施旅游管理系统的模型设置

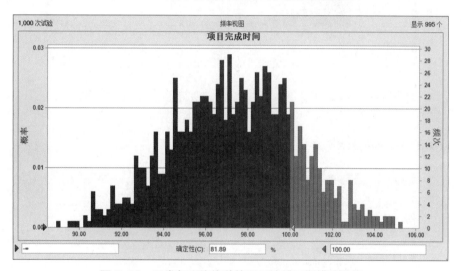

图 6-20 开发与实施旅游管理系统的工期模拟结果

【案例3】蒙特卡洛模拟预测人员离职率。

某公司统计了 171 位离职员工的司龄数据。某项目组有 10 位成员，每位成员入职时间不同，合同期限不同，在成立项目组时，项目经理拟量化分析项目组成员的离职风险，于是建立了蒙特卡洛模拟模型，如图 6-21 所示。

	A	B	C	D	E	F	G	H
10	角色	项目组成员	目前已在职月数	计划在未来几个月后撤离项目	计划应在职月数	司龄年数模拟（模拟的假设变量）	本项目期间是否在职	项目离职率（模拟的预测变量）
11	开发人员	甲	12	3	=C11+D11	0	=IF(F11>(E11/12), 1, 0)	
12	开发人员	乙	24	3	=C12+D12	0	=IF(F12>(E12/12), 1, 0)	
13	开发人员	丙	35	3	=C13+D13	0	=IF(F13>(E13/12), 1, 0)	
14	开发人员	丁	40	10	=C14+D14	0	=IF(F14>(E14/12), 1, 0)	
15	开发人员	戊	23	10	=C15+D15	0	=IF(F15>(E15/12), 1, 0)	
16	需求人员	己	46	10	=C16+D16	0	=IF(F16>(E16/12), 1, 0)	
17	需求人员	庚	34	10	=C17+D17	0	=IF(F17>(E17/12), 1, 0)	
18	测试人员	辛	15	12	=C18+D18	0	=IF(F18>(E18/12), 1, 0)	
19	测试人员	壬	18	12	=C19+D19	0	=IF(F19>(E19/12), 1, 0)	
20	测试人员	癸	19	12	=C20+D20	0	=IF(F20>(E20/12), 1, 0)	=COUNTIF(G11:G20, 0)/COUNTA(G11:G20)

图 6-21 模拟人员离职率的模型设置

对于司龄分布，可以在水晶球工具中进行参数设置，自动拟合，选择最合适的分布类型（见图 6-22）。

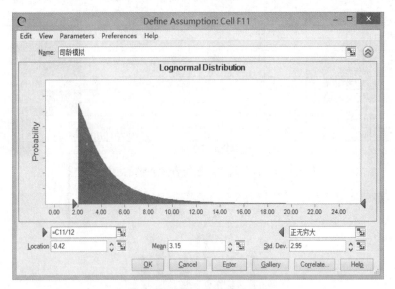

图 6-22　司龄分布参数设置

从模拟结果可以得出离职率超过 20% 的概率为 72.53%（见图 6-23）。

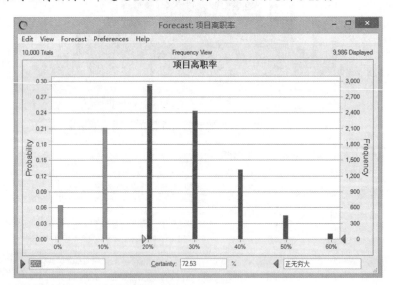

图 6-23　项目离职率模拟结果

【案例 4】蒙特卡洛模拟预测工作量与质量。

某公司建立了如下性能基线：
（1）每个需求的类个数；

（2）每个类的代码行数；

（3）每千行代码的缺陷个数；

（4）每小时开发的代码行数；

（5）缺陷检出率；

（6）缺陷修复单位工作量。

某项目有 20 个需求，基于上述的性能基线，建立了蒙特卡洛模拟模型，如图 6-24 所示。

	B	C	D	E	F	G	H	I	J	K	L	M	N
1	类/需求	类个数	LOC/类	LOC	个/KLOC	隐藏的缺陷总数	LOC/时	编码工作量	缺陷检出率	被发现的缺陷总数	缺陷修复单位工作量（人时/个）	缺陷修复工作量	总工作量
2	4	=B2	300	=C2*D2	3.5	=E2/1000*F2	125	=E2/H2	0.95	=G2*J2	2	=K2*L2	=I2+M2
3	4	=B3	300	=C3*D3	3.5	=E3/1000*F3	125	=E3/H3	0.95	=G3*J3	2	=K3*L3	=I3+M3
4	4	=B4	300	=C4*D4	3.5	=E4/1000*F4	125	=E4/H4	0.95	=G4*J4	2	=K4*L4	=I4+M4
5	4	=B5	300	=C5*D5	3.5	=E5/1000*F5	125	=E5/H5	0.95	=G5*J5	2	=K5*L5	=I5+M5
6	4	=B6	300	=C6*D6	3.5	=E6/1000*F6	125	=E6/H6	0.95	=G6*J6	2	=K6*L6	=I6+M6
7	4	=B7	300	=C7*D7	3.5	=E7/1000*F7	125	=E7/H7	0.95	=G7*J7	2	=K7*L7	=I7+M7
8	4	=B8	300	=C8*D8	3.5	=E8/1000*F8	125	=E8/H8	0.95	=G8*J8	2	=K8*L8	=I8+M8
9	4	=B9	300	=C9*D9	3.5	=E9/1000*F9	125	=E9/H9	0.95	=G9*J9	2	=K9*L9	=I9+M9
10	4	=B10	300	=C10*D10	3.5	=E10/1000*F10	125	=E10/H10	0.95	=G10*J10	2	=K10*L10	=I10+M10
11	4	=B11	300	=C11*D11	3.5	=E11/1000*F11	125	=E11/H11	0.95	=G11*J11	2	=K11*L11	=I11+M11
12	4	=B12	300	=C12*D12	3.5	=E12/1000*F12	125	=E12/H12	0.95	=G12*J12	2	=K12*L12	=I12+M12
13	4	=B13	300	=C13*D13	3.5	=E13/1000*F13	125	=E13/H13	0.95	=G13*J13	2	=K13*L13	=I13+M13
14	4	=B14	300	=C14*D14	3.5	=E14/1000*F14	125	=E14/H14	0.95	=G14*J14	2	=K14*L14	=I14+M14
15	4	=B15	300	=C15*D15	3.5	=E15/1000*F15	125	=E15/H15	0.95	=G15*J15	2	=K15*L15	=I15+M15
16	4	=B16	300	=C16*D16	3.5	=E16/1000*F16	125	=E16/H16	0.95	=G16*J16	2	=K16*L16	=I16+M16
17	4	=B17	300	=C17*D17	3.5	=E17/1000*F17	125	=E17/H17	0.95	=G17*J17	2	=K17*L17	=I17+M17
18	4	=B18	300	=C18*D18	3.5	=E18/1000*F18	125	=E18/H18	0.95	=G18*J18	2	=K18*L18	=I18+M18
19	4	=B19	300	=C19*D19	3.5	=E19/1000*F19	125	=E19/H19	0.95	=G19*J19	2	=K19*L19	=I19+M19
20	4	=B20	300	=C20*D20	3.5	=E20/1000*F20	125	=E20/H20	0.95	=G20*J20	2	=K20*L20	=I20+M20
21	4	=B21	300	=C21*D21	3.5	=E21/1000*F21	125	=E21/H21	0.95	=G21*J21	2	=K21*L21	=I21+M21
22						=SUM(G2:G21)				=SUM(K2:K21)			=SUM(N2:N21)

图 6-24　模拟工作量与质量的模型设置

对该项目隐藏的缺陷总数、被发现的缺陷总数及开发总工作量的模拟结果如图 6-25、图 6-26 和图 6-27 所示。

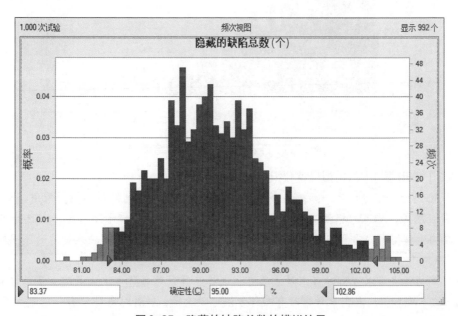

图 6-25　隐藏的缺陷总数的模拟结果

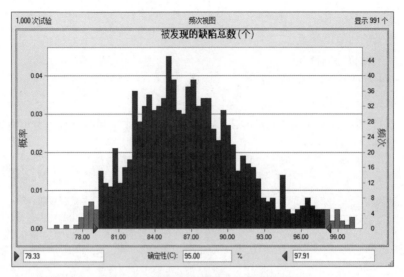

图6-26 被发现的缺陷总数的模拟结果

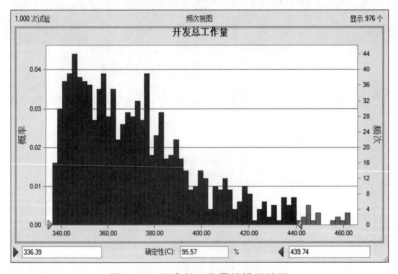

图6-27 开发总工作量的模拟结果

【案例5】采用蒙特卡洛模拟最优化组合过程。

在项目组进行过程定义时,如果某个过程存在多种选择,包括做与不做、采用哪种方法做、投入到什么程度等,都可以根据这些候选过程的性能基线进行蒙特卡洛模拟,以选择最优的做法。此时在构造模型时,需要识别离散决策变量,由蒙特卡洛模拟根据决策变量的不同取值进行模拟。

例如:某企业在需求分析时有三种方法可供选择,并针对每种方法分别建立了工作量、工期和质量的历史基线数据;在需求评审时有四种方法可供选择,并针对每种方法分别建立了工作量、工期和质量的基线数据。这些需求分析和需求评审的基线数据如表6-8所示。

表6-8 组织级的性能基线数据

需求分析		方案1			方案2			方案3			方案4		
需求开发		传统方法			KJ分析&QFD			原型法					
		规格上限	均值	规格下限	规格下限	均值	规格上限	规格下限	均值	规格上限			
	工作量	5	5	45	35	45	55	65	80	85			
	周期	15	20	25	30	35	40	50	60	70			
	质量	35	45	55	27	30	33	22	25	28			
需求评审		邮件评审			走查			审查			抽样审查		
		规格下限	均值	规格上限	规格下限	均值	规格上限	规格下限	均值	规格上限	规格下限	均值	规格上限
	工作量	1	4	7	7	10	13	18	20	22	8	10	12
	周期	1	2	3	1	4	7	1	5	9	2	3	4
	质量	25%	40%	55%	50%	55%	60%	80%	85%	90%	60%	65%	75%

如果项目的目标要求工期最短，那么当项目组在定义其需求工程的过程时，过程的定义共包括 3×4=12 种组合。

哪种组合最能满足项目的工期要求呢？此时可以通过蒙特卡洛模拟进行最优决策。

（1）执行蒙特卡洛模拟。

① 定义模型。

根据场景要求构造模型。由于本项目的质量目标为工期最短，所以模型的预测变量 Y 为总工期。

$$Y=y_1+y_2$$

其中，y_1 为需求开发工期，y_2 为需求评审工期。

由表 6-8 中的数据可知，当选择的需求开发方案不同时，需求开发工期所满足的分布也不同，即需求开发工期不同。因此需求开发工期取决于选择哪一种方案，而所选择的方案值称为决策变量。

在 Excel 表中，设定某个单元格为选择的方案值，如图 6-28 所示为单元格“P2”：

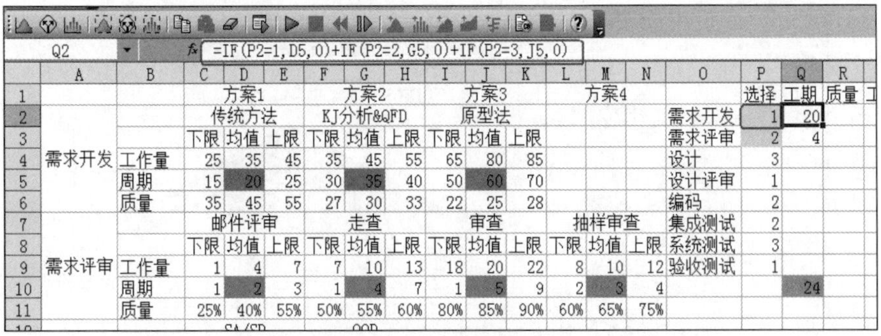

	A	B	C	D	E	F	G	H	I	J	K	L	M	N	O	P	Q	R
1				方案1			方案2			方案3			方案4			选择	工期	质量
2				传统方法			KJ分析&QFD			原型法					需求开发	1	20	
3			下限	均值	上限	下限	均值	上限	下限	均值	上限				需求评审	2	4	
4	需求开发	工作量	25	35	45	35	45	55	65	80	85				设计	3		
5		周期	15	20	25	30	35	40	50	60	70				设计评审	1		
6		质量	35	45	55	27	30	33	22	25	28				编码	2		
7				邮件评审			走查			审查			抽样审查		集成测试	2		
8			下限	均值	上限	下限	均值	上限	下限	均值	上限	下限	均值	上限	系统测试	3		
9	需求评审	工作量	1	4	7	7	10	13	18	20	22	8	10	12	验收测试	1		
10		周期	1	2	3	1	4	7	1	5	9	2	3	4			24	
11		质量	25%	40%	55%	50%	55%	60%	80%	85%	90%	60%	65%	75%				

图6-28 设置参数

- 当 P2=1 时,需求开发工期 = 需求开发方案 1 的工期;
- 当 P2=2 时,需求开发工期 = 需求开发方案 2 的工期;
- 当 P2=3 时,需求开发工期 = 需求开发方案 3 的工期。

在 Excel 表中设定上述需求开发工期 y_1 的公式(见图 6-28)。同理,设置 y_2 的公式,设置总工期 $Y=y_1+y_2$。

② 定义决策变量。

决策变量指需要选择适当的数值以满足目标的变量。通过在水晶球工具中设置决策变量,可以使用工具模拟各种可能的选择,以确定能够满足目标的值。

在本案例中,需要选择采取哪种需求开发和需求评审方案,以满足工期或质量的目标。因此,将我们所选择的方案值定义为决策变量,即图 6-28 所示表中单元格 "P2" 与单元格 "P3"(见图 6-29)。

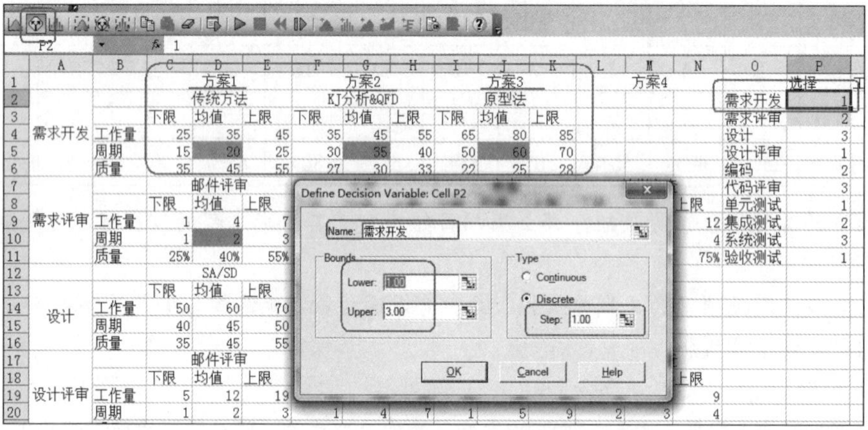

图 6-29 定义决策变量

③ 按照图 6-30 所示的方式定义假设变量 x。

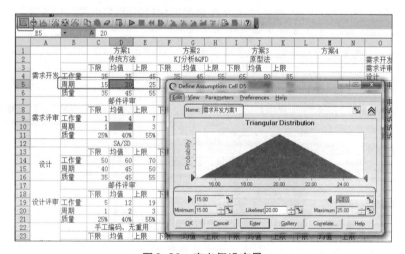

图 6-30 定义假设变量

④ 定义预测变量（Y），在工具中可以按照图 6-31 所示的方式进行设定。

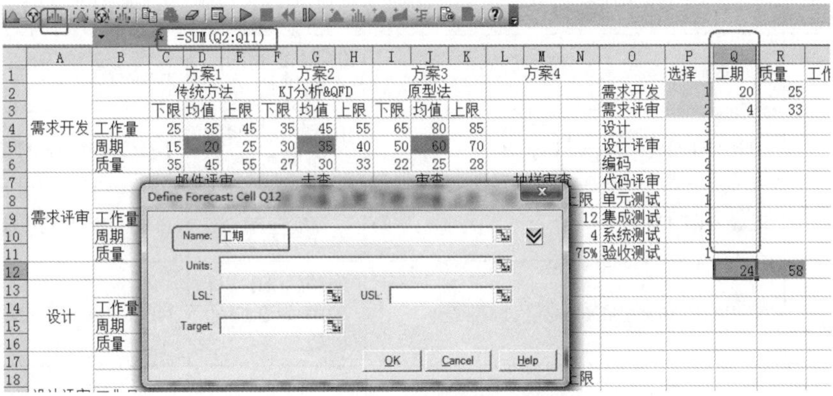

图 6-31 定义预测变量

（2）最优分析。

在水晶球中执行最优分析的结果如图 6-32 所示。从图 6-32 中可知，在工期最短的目标下，过程选择如下。

- 需求开发：选择方案 1——传统方法。
- 需求评审：选择方案 1——邮件评审。

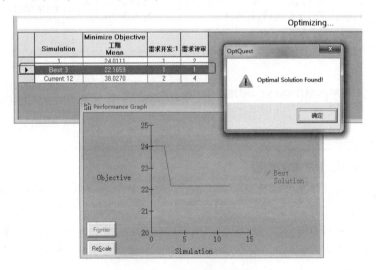

图 6-32 得出分析结果

6.3.4 在 Excel 中进行蒙特卡洛模拟的方法

如果我们不具备水晶球之类的工具，也可以在 Excel 中进行蒙特卡洛模拟。在 Excel 中常用的随机数生成方法如表 6-9 所示。

表6-9 在Excel中常用的随机数生成方法

随机数的要求	函数		举例
产生0到1之间的随机数	RAND()	0到1之间的一个随机数	RAND()
产生 a 到 b 之间的随机数	a+RAND()×(b−a)	10到30之间的一个随机数	10+(30−10)×RAND()
产生 a 到 b 之间的随机整数	RANDBETWEEN(a,b)	10到30之间的一个随机整数	RANDBETWEEN(10,30)
产生服从正态分布的随机数	NORMINV(RAND(),均值,标准差)	均值为10，标准差为2的随机数	NORMINV(RAND(),10,2)
产生在 a 和 b 之间，服从正态分布的随机数	NORMINV(NORMDIS(a,均值,标准差,TRUE)+RAND()×(NORMDIS(b,均值,标准差,TRUE)−NORMDIS(a,均值,标准差,TRUE)),均值,标准差)	大于3小于12，均值为10，标准差为2的随机数	NORMINV(NORMDIST(3,10,2,TRUE)+RAND()×(NORMDIST(12,10,2,TRUE)−NORMDIST(3,10,2,TRUE)),10,2)
产生大于 a 且服从正态分布的随机数	NORMINV(NORMDIS(a,均值,标准差,TRUE)+RAND()×(1−NORMDIS(a,均值,标准差,TRUE)),均值,标准差)	大于12，均值为10，标准差为2的随机数	NORMINV(NORMDIST(12,10,2,TRUE)+RAND()×(1−NORMDIST(12,10,2,TRUE)),10,2)
产生小于 b 且服从正态分布的随机数	NORMINV(RAND()×(NORMDIS(b,均值,标准差,TRUE),均值,标准差)	小于8，均值为10，标准差为2的随机数	NORMINV(RAND()×NORMDIST(8,10,2,TRUE),10,2)

【案例】对项目总体生产率的模拟。

某公司拟对项目的总体生产率进行管理，基于历史数据分析得到关于项目总体生产率的回归方程如下：

项目总体生产率 =0.35+0.014× 需求开发生产率 +0.15× 编码生产率 +0.0652× 系统测试生产率

其中需求开发生产率、编码生产率、系统测试生产率都建立了性能基线，如表6-10所示。

表6-10 三个度量元的性能基线

度量元	分布类型	平均值	标准差
需求开发生产率	正态分布	25	3.6
编码生产率	正态分布	5.8	3.3
系统测试生产率	正态分布	13.5	6.3

根据历史性能基线与性能模型，通过 Excel 生成随机数也可以实现蒙特卡洛模拟。在 Excel 中的具体相关配置如图 6-33 所示。

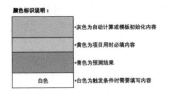

图 6-33　项目总体生产率模型（Excel）

在图 6-33 的配置中，定义了组织级的性能基线及对模型因子的取值范围的要求，从而对 x 取随机数时的公式做了分类，如表 6-11 所示。

表 6-11　随机数生成公式分类表

x 取值限制				x 逻辑上不可为负数	
x 只有最大值限制	1	NORMINV(NORMDIST(0,均值,标准差,TRUE)+RAND()×(NORMDIST(b,均值,标准差,TRUE)-NORMDIST(0,均值,标准差,TRUE)),均值,标准差)	5	NORMINV(RAND()×NORMDIST(b,均值,标准差,TRUE),均值,标准差)	
x 只有最小值限制	2	NORMINV(NORMDIST(a,均值,标准差,TRUE)+RAND()×(1-NORMDIST(a,均值,标准差,TRUE)),均值,标准差)	6	同 2	
x 既有最大值又有最小值限制	3	NORMINV(NORMDIST(a,均值,标准差,TRUE)+RAND()×(NORMDIST(b,均值,标准差,TRUE)-NORMDIST(a,均值,标准差,TRUE)),均值,标准差)	7	同 3	
x 无最大值最小值限制	4	NORMINV(NORMDIST(0,均值,标准差,TRUE)+RAND()×(1-NORMDIST(0,均值,标准差,TRUE)),均值,标准差)	8	NORMINV(RAND(),均值,标准差)	

根据表 6-11，定义了三个自变量的随机数生成公式，并进行了 2000 行模拟，如图 6-34 所示。

在项目初期，三个因变量都是未知数，当定义了目标之后，可以让工具自动模拟 x 的取值，从而得到 Y 的分布区间，判断 Y 的达成概率，如图 6-35 上半部分所示。当需求阶段结束后，x_1 已经实际已知，无须再模拟，x_2、x_3 未知，此时可以将 x_1 的实际值代入到方程中，对 x_2、x_3 的取值进行模拟，再次得到 Y 的分布区间，判断其达成概率，如图 6-35 的下半部分所示。

当编码阶段或测试阶段结束后，可以修改回归方程，重新模拟，计算 Y 达成的概率，如图 6-36 所示。

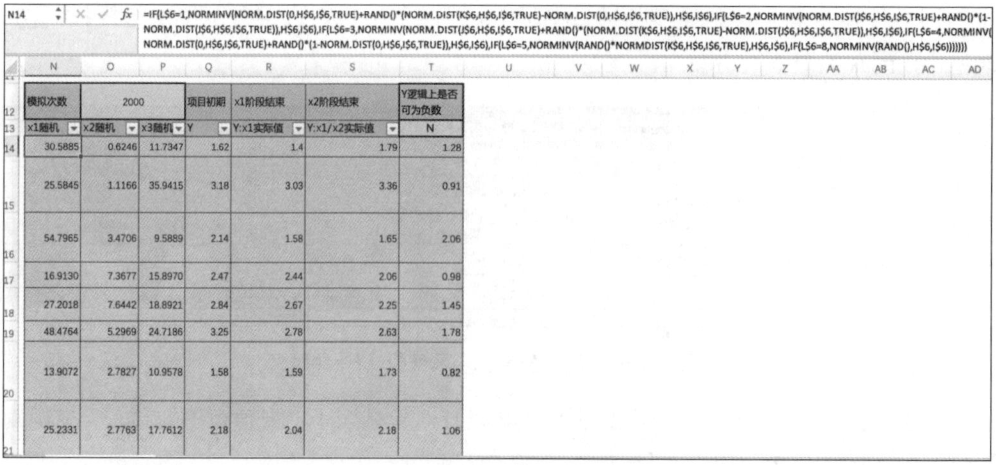

第 6 章 数往知来——量化地预测未来

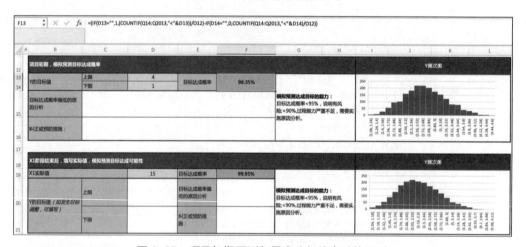

图 6-34 自变量的随机数生成

图 6-35 项目初期预测与需求分析结束后的预测

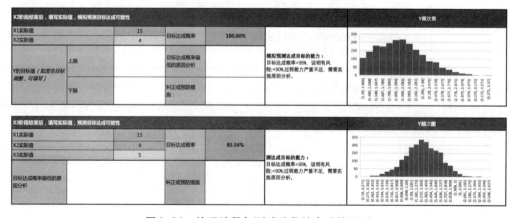

图 6-36 编码阶段与测试阶段结束后的预测

6.4 进行趋势预测

在跟踪目标达成时,可以根据已经发生的多个周期的目标实际数据进行趋势拟合,预测目标达成的情况。趋势拟合常用到以下 6 种方式。

线性:$y=ax+b$。

多项式:$y=a_0+a_1x_1+a_2x_2+\cdots+a_nx_n$。

对数:$y=a\ln x+b$。

指数:$y=ae^{bx}$。

乘幂:$y=ax^b$。

移动平均:$y=(x_1+x_2+\cdots+x_n)/n$。

例如,某项目每 4 周为一个迭代周期,我们收集了其项目进度数据(见表 6-12)并根据该数据画了迭代燃尽图(见图 6-37)。

表6-12 项目进度数据

序号	剩余估算(人时)	理想剩余(人时)
1	120	114.0
2	115	108.0
3	112	102.0
4	110	96.0
5	108	90.0
6	104	84.0
7	98	78.0
8	85	72.0
9	80	66.0
10	65	60.0
11	53	54.0
12	40	48.0
13		42.0
14		36.0
15		30.0
16		24.0
17		18.0
18		12.0
19		6.0
20		0.0

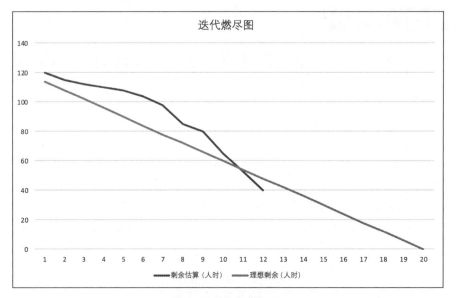

图6-37　迭代燃尽图

如果希望预测该迭代是否可以按期交付所有的需求，则可以在燃尽图上进行趋势分析。在 Excel 中选中该燃尽图，在"图表设计"选项下添加图表元素中的趋势线即可，如图 6-38 所示。

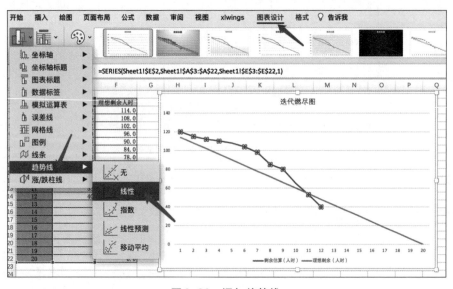

图6-38　添加趋势线

Excel 对前面所说的 6 种趋势预测均支持，其中多项式拟合可以选择 2 阶、3 阶或更高阶，移动平均拟合可以选择周期。每种趋势预测都可以显示所用的公式与 R 平方值，R 平方值越大说明拟合效果越好。可以对所有 6 种拟合结果都尝试一下，选择拟合效果最好的一种。趋势预测显示公式后，我们可以根据公式计算自己需要的某个时间点的预测值，如图 6-39 所示。

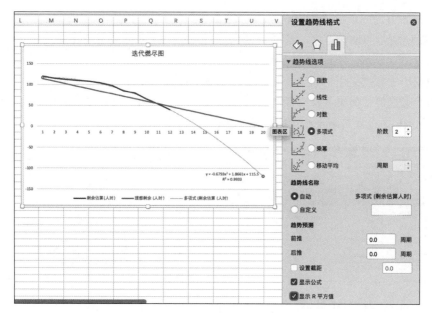

图 6-39　趋势的方程选择

6.5　使用 Gompertz 曲线预测缺陷

在预测软件的可靠性时，可以根据该软件多轮测试发现的缺陷个数来预测应该发现的总缺陷数。

在软件测试过程中，初期会呈现缺陷增长较快的趋势状态，随着测试的进行，测试难度加大，需要执行较多的测试用例才能发现一个缺陷。这时虽然继续投入测试，仍然会持续发现缺陷，但是缺陷的增长速度会减缓。同时软件中隐藏的缺陷是有限的，也限制了发现缺陷数的无限增长。在实践中，预测总缺陷数的常用方法是采用 Gompertz 模型，该模型的预测准确率很高，尤其当测试轮次超过总轮次的 1/3 之后更是如此。

其实 Gompertz 模型最初并非针对软件领域，而是用来预测人类的死亡概率，所以人们也称之为"Gompertz 人类死亡定律"。它由英国保险精算师 Benjamin Gompertz 于 1825 年首次提出：你认为你在明年死亡的概率是多少？试着用一个数字回答——百分之一？万分之一？不管是多少，这个数字将在 8 年后增长一倍！这意味着人们能活到某个特定年龄的概率是在不断加速下降的。该模型可以用来刻画这样的现象：初期增长缓慢，以后逐渐加快，当达到一定程度后，增长率又逐渐下降，最后接近一条渐近线（K 值）。现实中有许多现象符合 Gompertz 曲线，如软件缺陷的发现、一定时期的人口增长等，因而该曲线被广泛应用于现象的趋势变动研究。Gompertz 模型定义如下：

$$Y = Ka^{b^t}$$

其中：Y 表示随时间 t 发现的软件缺陷总数；

t 是自变量，代表时间，如测试轮次等；

K 是当 $t \to \infty$ 时可能发现的软件缺陷总数，即软件中所含的缺陷总数；

Ka 是当 $t \to 0$ 时发现的软件缺陷数,$a < 1$;

b 表示发现缺陷的增长速度,是形状参数,$0 < b < 1$,b 值越小增长速度越快,b 值越大增长的速度越慢。

可以根据历史数据采用三和法、三点法、高斯牛顿法等多种方法求出 K,a,b 的值,从而拟合该现象的发展趋势。如果不希望手动编程计算 K,a,b 的值,也可以采用专业的统计分析软件计算。在 Minitab 中进行 Gompertz 建模的步骤如图 6-40 所示。

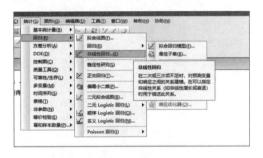

第1步:进行非线性拟合

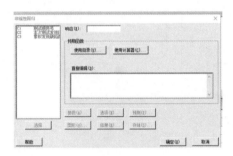

第2步:选择响应变量Y

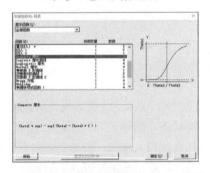

第3步:选中曲线类型为Gompertz增长

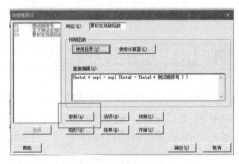

第4步:设置参数

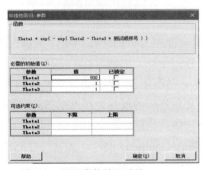

第5步:设置参数的初始值

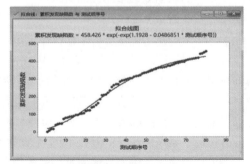

第6步:得到拟合结果

图 6-40　在 Minitab 中进行 Gompertz 建模的步骤

在 Minitab 中输出的结果表达方式与上方介绍的表达方式不一样,可以采用图 6-41 所示"备注"列的计算公式进行转换。

如果不采用 Minitab 工具，也可以采用国产的曲线拟合软件 1stOpt 进行拟合。在 1stOpt 软件中编写简单的脚本，即可模拟出 K，a，b 的值：

```
Title"Gompertz模型参数拟合";
//Parameters;
//-K为植入的总缺陷数
Parameter K [0,10000];
Parameter a [0,1];
Parameter b [0,1];
//Variable;
Variable x,y;
//Function;
Function y=K*a^(b^x);
//Data ;
```

Minitab下的结果		转换为K、a、b方式		备注
Theta1	458.426	K	458.426	theta1
Theta2	1.1928	a	0.03701996	exp(-exp(theta2))
Theta3	0.048685	b	0.95248102	exp(-theta3)

图 6-41　Gompertz 结果参数的转换公式

当知道 K，a，b 之后，即可基于当前的趋势及设定的质量目标，预测还需要再执行多少次测试才能达到发布的标准，如图 6-42 所示。

模型的3个参数值		缺陷目标值计算		实现目标的理想测试次数预测	
K（代表y的最大值）	466.69	遗留逃逸率目标	0.01	应发现的缺陷数（目标缺陷数）	=IF(OR(D3="",B3=""),"",ROUND(B3*(1-D3),0))
a	0.038914	已发现的累计缺陷数	=MAX(累计缺陷数)	距离目标缺陷数差距	=F3-D4
b	0.953918	应遗留的缺陷数	=IF(OR(F3="",B3=""),"",B3-F3)	还需测试轮次（天数）	=LN(LN(1-D3)/LN(B4))/LN(B5)-#REF!+1

图 6-42　Gompertz 模型的预测分析

我在 Excel 中采用 VBA 自编程计算了 K、a、b 的值，并定义了图 6-42 中的公式预测达到质量目标还需要的测试轮次。

某系统上线后连续 10 周每周发现的缺陷数如表 6-13 所示。

表 6-13　某系统上线后连续 10 周每周发现的缺陷数

周次	发现的缺陷数（个）
1	7
2	12
3	9
4	6
5	5
6	10
7	7
8	6
9	2
10	3

对这些数据进行 Gompertz 模型拟合，采用三和法计算：

$$K=80.4315$$
$$a=0.060828$$
$$b=0.753513$$

即

$$累计发现的缺陷数 =80.4315\times 0.060828^{0.753513^{周次}}$$

预测效果如图 6-43 所示。

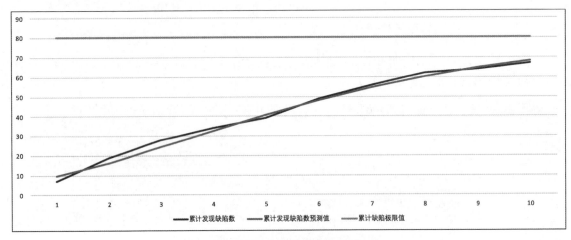

图 6-43　上线缺陷收敛趋势

根据上述公式预测软件中共包含 81 个缺陷，目前已发现 67 个缺陷，还隐藏了 14 个缺陷。按照上述方程预测，悲观估计还需要 13 周才能发现所有隐藏的 14 个缺陷。

Gompertz 模型在应用时有如下前提条件：
- 缺陷是互相独立的；
- 失效时间间隔是独立的；
- 在很短时间内可以消除发现的缺陷；
- 没有引入新的缺陷；
- 缺陷导致失效的可能性是相等的。

在实践中，我们在未严格检查是否满足这些前提条件的情况下，仍然有着很高的预测准确度。

特别提醒

上述各种方法都只是一种预测！不要过于计较预测结果的精度！小数点后数字的差异对我们的管理可能没有实际价值！

第 7 章

操之有度——量化地控制过程

在定义了目标之后,要管理过程使其结果达成目标。过程性能指对过程执行结果的量化刻画。过程管理可以分为以下两个层次。

层次 1:确保过程性能可预测。

层次 2:确保过程性能稳定地满足需求。

过程性能如果可预测,我们就称该过程是稳定的、可控的。过程是稳定的,即过程性能都围绕均值分布,没有异常点或者异常模式。在排除了异常点(层次 1)之后,如果过程性能不能满足需求,则需要优化过程的设计(层次 2);如果过程性能可以满足需求,则进行持续改进。

确保过程性能可预测的常用方法就是统计过程控制,通过画控制图识别异常点,找到其背后的原因,消除造成异常的原因,使过程趋于稳定。

7.1 控制图的基本原理

控制图(control chart)由美国质量管理大师 Walter A. Shewhart 博士于 1924 年首次提出。因其用法简单且效果显著,遂成为实施品质管理时不可缺少的主要工具之一。控制图是对生产过程的关键质量特性值进行测量、记录、评估并监测过程是否处于稳定状态的一种图形化方法。控制图的基本思想是,由以往的数据偏差范围设定控制限,然后判定每次测量结果是否超出设定的控制限,如果超出控制限即为异常点,对异常点从人、机、料、法、环、测等六个角度进行分析(见图 7-1),识别引起波动的异常原因,以便及时采取必要的纠正措施。

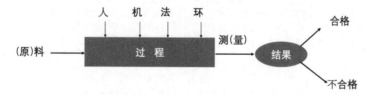

图 7-1 影响过程性能的六个方面

7.2 控制图的基本结构

控制图的基本结构如图 7-2 所示。它由三条平行于横轴的直线——中心线(Central Line,

CL）、上控制限（Upper Control Limit，UCL）和下控制限（Lower Control Limit，LCL），以及按时间顺序抽取的样本值的描点序列组成。

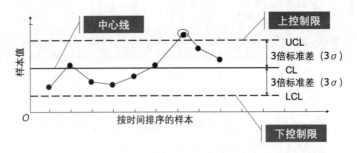

图7-2　控制图的基本结构

中心线是所控制的统计量的平均值，UCL 和 LCL 统称为控制限，是根据从运行过程得到的一组观察值计算后得出的估计值，通常上下控制限设定在均值 ±3 倍标准差（记为 σ）的位置，也可以取均值 ±1.96 倍标准差或均值 ±2 倍标准差。中心线和控制限不能任意赋值，因为它们预示着过程实际上能做什么（过程性能的当前水平），而不是要让过程做什么。

7.3　控制图的偏差源分类

控制图将过程性能的偏差分为两部分：上下限之间的偏差称为噪声或普通原因偏差；上下限之外的偏差称为信号或特殊原因偏差。普通原因偏差对过程来说是自然的、内在的，一个给定属性的所有度量，其偏差结果是共同的。特殊原因偏差是由特殊原因造成的，这些原因是可以预防的。偏差的普通原因与特殊原因的比较如表 7-1 所示。

表7-1　偏差的普通原因与特殊原因的比较

项目	普通原因	特殊原因
定义	普通原因指持续作用于过程的多种偏差源。过程中的普通原因会随着时间的推移产生稳定且可重复的分布，我们称之为"处于统计控制状态""受统计控制"，有时也简称"受控"	特殊原因（通常也称可查明原因）指造成不是始终作用于过程的偏差的原因，即当它们出现时将造成（整个）过程的分布改变。除非所有的特殊原因都被查出并且采取了措施，否则它们将继续用不可预测的方式来影响过程的输出。如果系统内存在偏差的特殊原因，随着时间的推移，过程的输出将不稳定
影响范围	持续地影响过程，是具有稳定的、会影响过程输出的所有单值	偶然发生的、有时存在有时不存在、不会影响过程输出的所有单值
影响因子的数量	由很多个单独因素产生	由一个或几个单独因素产生
影响因子的力量	单个因素对过程结果产生的影响很小	任何一个因素都会让过程结果产生巨大的偏差
作用时间	长期	短期或间断

续表

项目	普通原因	特殊原因
可预测性	可预测	不可预测，有偶然性
点的表现	点是随机的	超出控制限或非随机的
有害/有利	有害	有害，需查出原因，消除 有益，需查出原因，保持
消除成本	成本高，时间长	成本低，时间短
消除的责任	管理者	过程直接操作者
采取的措施	系统措施：需要修改过程的定义、入口准则、属性取值范围	局部措施：需要符合过程的定义、入口准则、属性取值范围
措施的影响范围	约80%的问题	约20%的问题
示例	人员能力差异，需求复杂度不同，估算水平的差异	投入未达标，人员缺乏培训，临时停电，人员离职

7.4 控制图的判读

7.4.1 判异的原则

在控制图中识别异常点时遵循以下两类规则：

- 点出界规则；
- 趋势异常规则。

点出界规则指超出上下控制限的点即为异常点。

趋势异常规则有多种，如连续9个点在中心线的同一侧等。

在一般的统计工具中，可以自由选择判异时采用哪些规则。例如，Minitab支持定制规则，如图7-3所示。

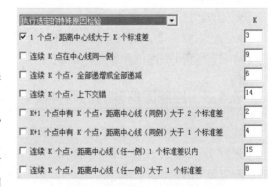

图7-3　Minitab中的判异规则设置

不要使用全部8种判异规则，应只选择那些用来侦测重要不稳定性的规则。应用的规则越多，误判的概率越大。在软件项目管理中，常用的4条判异规则如图7-4所示。

- 规则1：1个点距离中心线超过3个标准差。
- 规则2：3个连续的点中至少有2个点落在中心线同侧，且距离中心线超过2个标准差。
- 规则3：5个连续的点中至少有4个点落在中心线同侧，且距离中心线超过1个标准差。
- 规则4：至少9个连续的点落在中心线同侧。

规则1为判定点出界规则，规则2、规则3、规则4为趋势异常规则。

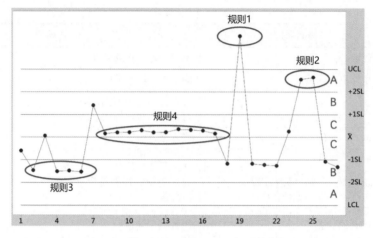

图7-4 软件管理中常用的4条判异规则

7.4.2 判稳的原则

连续出现 $m(m > 1)$ 个点未出界，则可以判定过程稳定，即使有个别点偶然出界，过程仍可看作是稳态的。过程稳定即过程是受控的。

休哈特控制图的国际标准 ISO 8258 给出了判稳准则。在点随机排列的情况下，符合下列原则之一即可判稳：

- 连续 25 个点，界外点数 $d=0$；
- 连续 35 个点，界外点数 $d \leq 1$；
- 连续 100 个点，界外点数 $d \leq 2$。

7.4.3 控制图解读时的两种误判

在解读控制图时可能会有以下两种误判。

误判 1：在仅存在普通原因的情况下，由于点落在控制限外从而判断过程发生变化，即将正常判断为异常的错误。

这种情况属于虚发警报。由于徒劳地查找原因并为此采取了相应的措施，从而造成损失。例如，早上上班，某天上班迟到是由于晚出门 2 分钟 + 错过刚走的一趟公交车 + 路上赶上每个红灯。

误判 2：当过程具有某种特殊原因影响，致使过程发生不同程度的变化时，由于此变化相应的一些点落在控制限内，从而有可能发生判断过程未发生变化的错误。

这种情况属于漏发警报，过程已经处于不稳定状态，但并未采取相应的措施，造成不合格品增加，同样会造成损失。

对于以上误判，解决措施要根据具体分析结果来决定。

- 若异常点的后果重大，会造成严重损失，如航天飞机的控制程序，则第二类误判不宜过大，可以使用较窄的控制限，如 ±2.5σ 或 ±2σ；
- 若两类错误都很重要，都不能轻视，则应同时减小两类误判的概率，可以考虑增加每次取样点样本的容量，如 n =10、15 甚至 20。

特别提醒

小概率事件实际不可能原理、中心极限定理是统计过程控制的理论基础。

7.5 控制图的用途

控制图依用途又可分为分析用控制图和控制用控制图。

分析用控制图先有实际的数据点，再求控制限。多用于过程判稳、过程参数未知、确定过程管理方针、过程能力研究和过程控制准备。本书第 4.1 节中采用控制图法建立性能基线实际上就是在使用分析用控制图。

分析用控制图主要完成两项工作：
- 使过程受控；
- 使过程能力指数 C_p 或 C_{pk} 能达到客户要求，如 $C_{pk} > 1$ 或 $C_{pk} \geq 1.33$ 等。

一旦过程实现了以上两点，就可以延长控制限作为控制用控制图，进入控制用阶段。通过分析，可以将每个过程分类为四种状态，从而确定管理方针。过程的四种状态如表 7-2 所示。

表 7-2 过程的四种状态

四种组合		技术状态	
		技术满足/符合规格（在范围内）	技术不满足/不符合规格（超出范围）
统计状态	过程受控/稳定	Ⅰ	Ⅱ
	过程不受控/不稳定	Ⅲ	Ⅳ

状态Ⅰ：过程稳定且满足要求，这是最理想的状态，此时维持住当前水平即可。

状态Ⅱ：过程稳定，但是不能满足要求，此时需要从普通原因着手优化过程定义与执行，使其满足需求。

状态Ⅲ：过程不稳定，但是可以满足需求，此时需要消除特殊原因造成的偏差，提高过程的可预测性。

状态Ⅳ：过程不稳定，且不能满足需求，这是最差的状态，此时既要消除特殊原因的偏差，也要改进流程，消除普通原因的偏差。

控制用控制图先有控制限，再描点判异，追查不正常原因，迅速消除此项原因和研究防止再发的措施。

7.6 控制图的种类

划分控制图的种类要先从识别度量的数据分类开始。度量的数据根据其特征分为以下两类。

(1) 计量型数据。

计量型数据也称变量数据，可以通过工具或仪表测量得到，取给定范围内的任何一个可能的连续性数值（可以出现小数），如流逝的时间、开发工作量、返工工作量、CPU 利用率、工作年限等。

(2) 计数型数据

计数型数据也称属性数据，不能通过工具或仪表测量得到，指在某个范围内（机会域）关于事件的发生次数或一组特性的统计非连续性的正整数值。其值可以取一组特定的数值，而不能取这些数值之间的数值，如缺陷个数，我们可以说发现 6 个缺陷、7 个缺陷，但是不能说发现 6.1 个缺陷。缺陷个数就是计数型数据。再如，模块或测试中的缺陷个数、注释代码的行数、重要客户投诉数、测试人员的百分比、验收通过率、活动或者过程输出中的不一致产品百分比等，都是计数型数据。

当属性数据直接用于比较时，必须基于一致的"机会域"，例如：
- 缺陷数依赖模块规模，则所有规模必须几乎相等；
- 缺陷概率依赖审查或者测试所花费的时间，则所花费时间必须几乎相同；

通常，当观察特定事件的机会域不相等或者有差别时，对事件观察的变化会不一致。对于这种情况，在进行有效比较之前，必须进行规格化，即用出现次数除以其机会域的规模。

计量型数据与计数型数据的对比如表 7-3 所示。

表7-3　计量型数据与计数型数据的对比

计量型数据	计数型数据
连续现象的度量数据	统计符合与不符合规范的项
值可以取给定范围内的任何一个可能的数值	值可以取一组特定的数值，而不能取这些数值之间的数值
无法列举区间内的每一个取值	可以穷举区间内的每一个值
软件环境中的示例： • 经历的时间 • 花费的工作量 • 有几年经验 • 内存利用率 • CPU 利用率 • 返工成本	软件环境中的示例： • 发现的缺陷数 • 发现的次品项个数 • n 个模块的注释行数 • 项目组中具有某种技能或者经验人员的数目 • 项目采用正式代码审查的个数

需要注意的是，计数型数据统计的是满足某规范的项，如果是要统计研究对象的总体规模，即便数据是非连续的，也应该识别为计量型数据。例如，需求总数、代码总行数、接收的变更请求数、项目组人数等。

控制图按照其使用的度量数据的分类又可以分为计量型控制图和计数型控制图。两种类型控制图又可以分别细分为多种控制图。控制图的常见类型如表 7-4 所示。

表 7-4 控制图的常见类型

计量型	$\bar{X}$-R(均值-极差图) $\bar{X}$-S(均值-标准差图) I-MR(单值-移动极差图)	正态分布
计数型	p(不合格品率图) np(不合格品数图)	二项分布
	c(不合格数图) u(单位产品不合格数图)	泊松分布

同一组数据,如果采用不同的控制图,其均值与标准差是不同的。即
- $UCL=\mu+3\sigma$;
- $CL=\mu$;
- $LCL=\mu-3\sigma$。

其中 μ 和 σ 是总体参数。总体参数不能与样本统计量混为一谈。总体包括历史、现在和未来的过程执行,样本是历史的一部分。总体参数的数值不可能精确知道,只能通过历史数据进行估算,而样本统计量值是已知的。各种控制图是对总体参数的不同估算方法。

7.7 计量型控制图

7.7.1 均值-极差控制图

均值-极差控制图也称 $\bar{X}$-R 图,主要用于在一个短时间段内,在基本相同的条件下以较高的频率采集多个度量值,将度量值分成一些相互一致的分组,并假定这些分组内只包含普通原因偏差,然后利用分组结果计算过程控制限。

其中,$\bar{X}$ 图是描绘度量数据分组平均值 $\bar{X}$ 的变化情况的图,主要解决如下问题:
- 过程的中心趋势是什么;
- 从总体上,分组间出现了多少偏差;
- 是否受到特殊原因的影响(稳定性测试规则)。

R 图是描绘分组内数据最大差值 R(极差)变化情况的图,主要解决如下问题:
- 分组内的偏差(离中趋势);
- 是否受到了特殊原因的影响(稳定性测试规则)。

同时使用 $\bar{X}$ 图和 R 图,可以确定过程失控点。

$\bar{X}$-R 图控制限的计算公式如图 7-5 所示。

$\bar{X}$-R 图的计算控制限常量如表 7-5 所示。

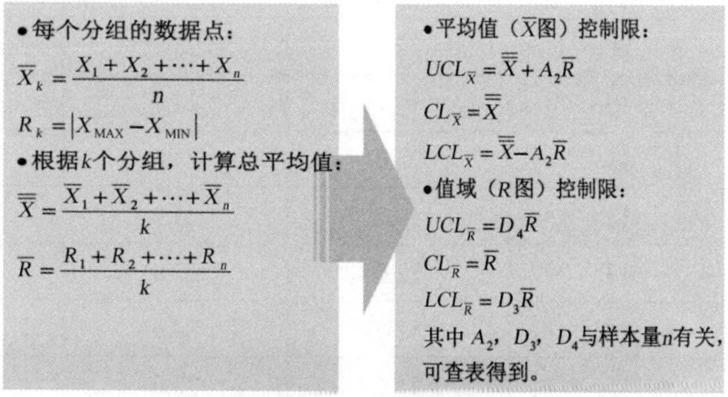

- 每个分组的数据点:
$$\bar{X}_k = \frac{X_1 + X_2 + \cdots + X_n}{n}$$
$$R_k = |X_{MAX} - X_{MIN}|$$
- 根据k个分组,计算总平均值:
$$\bar{\bar{X}} = \frac{\bar{X}_1 + \bar{X}_2 + \cdots + \bar{X}_n}{k}$$
$$\bar{R} = \frac{R_1 + R_2 + \cdots + R_n}{k}$$

- 平均值($\bar{X}$图)控制限:
$UCL_{\bar{X}} = \bar{\bar{X}} + A_2\bar{R}$
$CL_{\bar{X}} = \bar{\bar{X}}$
$LCL_{\bar{X}} = \bar{\bar{X}} - A_2\bar{R}$
- 值域(R图)控制限:
$UCL_{\bar{R}} = D_4\bar{R}$
$CL_{\bar{R}} = \bar{R}$
$LCL_{\bar{R}} = D_3\bar{R}$

其中 A_2, D_3, D_4 与样本量n有关,可查表得到。

图7-5 $\bar{X}$-R 图控制限的计算公式

表7-5 $\bar{X}$-R 图的计算控制限常量

n	D_2	A_2	D_3	D_4
2	1.128	1.88	—	3.268
3	1.693	1.023	—	2.574
4	2.059	0.729	—	2.282
5	2.326	0.577	—	2.114
6	2.534	0.483	—	2.004
7	2.704	0.719	0.076	1.924
8	2.847	0.373	0.136	1.864
9	2.97	0.337	0.184	1.816
10	3.078	0.308	0.223	1.777

【案例】项目投入工作量分析。

某项目组有4名开发人员，希望监控项目组在开发过程中是否受到太多外部干扰。他们记录了连续15周每天投入在开发中的实际工作量，如表7-6所示。

表7-6 某项目连续15周每天投入工作量　　　　　　　　　　（单位：人时）

周次	周一	周二	周三	周四	周五
1	25.3	21.6	24.7	23.3	28.6
2	26.8	25.7	26.8	22.0	23.1
3	19.9	26.3	26.5	29.2	22.5
4	25.0	25.2	27.8	23.4	24.8
5	21.7	26.9	27.3	22.4	24.7
6	24.4	25.8	21.0	25.0	24.0
7	23.0	22.4	24.7	29.9	26.7
8	21.8	25.7	29.0	23.6	27.3
9	24.7	26.2	19.3	27.1	24.7
10	19.7	24.7	26.1	29.6	20.5
11	25.6	24.6	21.9	22.9	27.5
12	23.7	25.2	28.6	26.8	26.9
13	22.0	22.0	26.5	27.8	22.9
14	17.5	24.6	27.7	24.2	27.6
15	21.6	22.6	20.2	24.8	24.8

对表 7-6 中的数据画 $\bar{X}$-R 图，如图 7-6 所示。

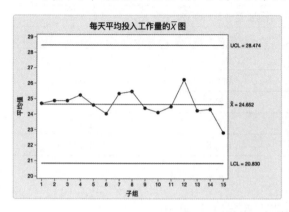
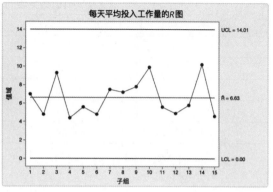

图7-6 每周日平均投入工作量的 $\bar{X}$-R 图

由图 7-6 可以看到，在连续 15 周中，每周的日平均投入工作量并无异常。

7.7.2 均值－标准差控制图

均值－标准差控制图也称 $\bar{X}$-S 图。当分组大小（n）超过 10 或 12 时，极差图方法效果降低，而对于 n＞10 的组，基于组内平均标准差的 S 图能够给出更为紧凑的控制限。

S 图控制限计算公式如图 7-7 所示。

$\bar{X}$-S 图的计算控制限常数表：

当 n≤15 时，使用表 7-7 所示的常数表。

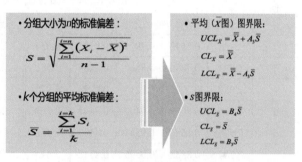

图7-7 S 图控制限计算公式

表7-7 $\bar{X}$-S 图当 n≤15 时的平均标准差常数表

大小为n的数据组的平均标准差（$\bar{S}$）常数			
n	A_3	B_3	B_4
2	2.659	—	3.267
3	1.954	—	2.568
4	1.628	—	2.266
5	1.427	—	2.089
6	1.287	0.030	1.970
7	1.182	0.118	1.882
8	1.099	0.185	1.815
9	1.032	0.239	1.761
10	0.975	0.284	1.716

续表

n	大小为n的数据组的平均标准差（$\bar{S}$）常数		
	A_3	B_3	B_4
11	0.927	0.322	1.678
12	0.886	0.354	1.648
13	0.850	0.382	1.619
14	0.817	0.407	1.593
15	0.789	0.428	1.572

当 $n > 15$ 时，按下面的公式计算：

$$A_3 = \frac{3}{C_4\sqrt{n}}, B_3 = 1 - \frac{3}{C_4}\sqrt{1-(C_4)^2}, B_4 = 1 + \frac{3}{C_4}\sqrt{1-(C_4)^2}$$

其中：C_4 常数可以在表 7-8 中查到。

表 7-8　$\bar{X}$-S 图的 C_4 常数偏差矫正因子表

n	D_2	C_2	C_4	D_3	D_4	n	D_2	C_2	C_4	D_3	D_4
2	1.128	0.5642	0.7979	0.8525	0.954	21	3.778	0.9638	0.9876	0.7272	3.730
3	1.693	0.7236	0.8862	0.8884	1.588	22	3.819	0.9655	0.9882	0.7119	3.771
4	2.059	0.7979	0.9213	0.8798	1.978	23	3.858	0.9670	0.9887	0.7159	3.811
5	2.326	0.8407	0.9400	0.8641	2.257	24	3.895	0.9684	0.9892	0.7121	3.847
6	2.534	0.8686	0.9515	0.8480	2.472	25	3.931	0.9695	0.9896	0.7084	3.883
7	2.704	0.8882	0.9595	0.8332	2.645	30	4.086	0.9748	0.9915	0.6927	4.037
8	2.847	0.9027	0.9650	0.8198	2.791	35	4.213	0.9784	0.9927	0.6799	4.166
9	2.970	0.9139	0.9693	0.8078	2.915	40	4.322	0.9811	0.9936	0.6692	4.274
10	3.078	0.9227	0.9727	0.7971	3.024	45	4.415	0.9832	0.9943	0.6601	4.372
11	3.173	0.9300	0.9754	0.7873	3.121	50	4.498	0.9849	0.9949	0.6521	4.450
12	3.258	0.9359	0.9776	0.7785	3.207	60	4.639	0.9874	0.9957	0.6389	4.591
13	3.336	0.9410.	0.9794	0.7704	3.285	70	4.755	0.9892	0.9963	0.6283	4.707
14	3.407	0.9453	0.9810	0.7630	3.356	80	4.854	0.9806	0.9968	0.6194	4.806
15	3.472	0.9490	0.9823	0.7562	3.422	90	4.939	0.9916	0.9972	0.6118	4.892
16	3.532	0.9523	0.9835	0.7499	3.482	100	5.015	0.9925	0.9975	0.6052	4.968
17	3.588	0.9551	0.9845	0.7441	3.538						
18	3.640	0.9576	0.9854	0.7386	3.591						
19	3.689	0.9599	0.9862	0.7335	3.640						
20	3.735	0.9619	0.9869	0.7287	3.686						

在分组规模的选定时，应遵循以下要求：
- n 越大，保证分组的同质性越困难；
- n 越大，需要越高的数据采集代价；
- n 越大，其控制限越窄，从而增加了对特殊原因的敏感性。

从控制图的可靠性考虑，分组规模的选择应该：
- 首先受分组的相似性的支配；
- 其次由分组大小 n 决定。

即小组个数越多越好，小组内的样本点越多越好。

7.7.3 单值–移动极差控制图

单值–移动极差控制图通常简写为 I-MR 图或 XMR 图。其中：
- I 图或 X 图是单点观测值 X 的变化图。
- MR 图是相继两个观测值 X 之差即两点移动极差 MR 的变化图。

如果度量值在时间上跨度很大，或者要用每个度量值本身来评价或控制过程，当分组很可能包含非随机的成分时，使用 I-MR 图可以尽可能缩小分组，使非随机作用对 σ 估计的影响减到最小，最小的可能分组规模是 1。

计算 I-MR 图的控制限：

k 个度量提供（$k–1=r$）个两点移动极差。

第 i 个移动极差：

$$MR_i = |X_{i+1} - X_i|, 1 \leqslant i \leqslant k-1$$

单点平均移动极差：

$$\overline{MR} = \frac{1}{r}\sum_{i=1}^{i=r} MR_i$$

自然控制限：

$$UNPL_X = \overline{X} + \frac{3\overline{MR}}{D_2} = \overline{X} + 2.660\overline{MR}$$

$$CL_X = \overline{X} = \frac{1}{k}\sum_{i=1}^{i=r} X_i$$

$$LNPL_X = \overline{X} - \frac{3\overline{MR}}{D_2} = \overline{X} - 2.660\overline{MR}$$

移动极差（MR）图控制限：

$$CL_{\overline{mR}} = \overline{MR}$$
$$ULC_{\overline{MR}} = D_4 \times \overline{MR} = 3.268\overline{MR}$$

其中 D_2 与 D_4 均查表 7-5 获得。

【案例】某项目组度量了每周实际投入工作量的度量数据（见表7-9）。

表7-9 某项目组每周实际投入工作量

周次	每周投入工作量（人时）	周次	每周投入工作量（人时）	周次	每周投入工作量（人时）
1	74	8	110	15	142
2	121	9	115	16	129
3	162	10	113	17	154
4	82.5	11	105	18	165
5	76	12	134	19	156
6	88	13	123	20	164
7	79	14	137	21	149

根据表7-9的数据画 I-MR 图，如图7-8所示。

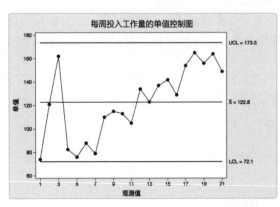
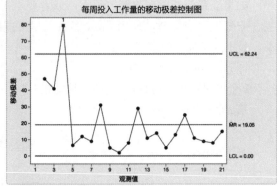

图7-8 每周投入工作量的 I-MR 图

在 MR 图中发现了异常点，需要分析特殊原因是什么。

7.8 计数型控制图

计数型控制图主要包括 c 图、u 图、p 图、np 图，此外也可以采用 I-MR 图。本节将对常用的 c 图、u 图、I-MR 图进行举例介绍，p 图与 np 图在软件管理实践中应用场景较少，读者可以自行查阅相关资料研究，本书不做详细介绍。

7.8.1 c 图

c 图（c 控制图）描述的是样本内的缺陷总数，结果是数值。c 图依赖泊松分布，即

- 事件的发生一定要彼此独立；

- 相对于事件发生的机会，事件必须是不常发生的；
- 基于离散事件统计；
- 离散事件必须发生在定义明确的空间、时间和产品有限域内；
- 均数与方差相等。

c 图控制限计算公式：

$$\bar{c} = \frac{采样事件缺陷总数}{采样事件和}$$

控制上限 $UCL_c = \bar{c} + 3\sqrt{c}$

中心线 $= \bar{c}$

控制下限 $LCL_c = \bar{c} - 3\sqrt{c}$

【案例】每天遇到的问题个数。

某个项目组每天都会召开例会，并在会议上报告自己遇到的无法解决的、需要他人帮忙的问题，连续36天的数据统计如表7-10所示。

表7-10 某项目每天遇到的障碍个数

序号	障碍个数	序号	障碍个数	序号	障碍个数	序号	障碍个数
1	0	10	0	19	3	28	1
2	1	11	1	20	0	29	0
3	0	12	1	21	0	30	0
4	1	13	0	22	0	31	1
5	0	14	0	23	0	32	0
6	0	15	0	24	0	33	0
7	2	16	1	25	0	34	1
8	0	17	1	26	1	35	0
9	0	18	0	27	1	36	0

根据 c 图控制限的计算公式：

$$\bar{c} = \frac{采样事件总数}{采样事件和} = \frac{16}{36} = 0.444$$

$$UCL = \bar{c} + 3\sqrt{c} = 2.444$$

$$LCL = \bar{c} - 3\sqrt{c} = 0$$

对上述数据画 c 图，如图7-9所示。

从控制图看，在36天中出现了一次特殊情况，需要采取纠正行动避免这个诱因再次产生，以稳定障碍次数。

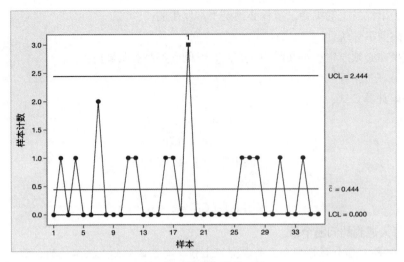

图7-9 障碍个数的c图

7.8.2 u图

u图（u控制图）描述的是单位产品上的缺陷数。u图同c图一样，也依赖泊松分布。u图比c图灵活，对机会域不等的情况可以进行规格化（变换成比率形式），如将缺陷个数除以产生这些缺陷的代码行数。即

$$u_i = \frac{c_i}{a_i}$$

其中：c_i 表示第 i 个统计数值；

a_i 表示第 i 个统计数值的机会域；

u_i 表示得到的比率。

u图控制界限计算公式：

$$\bar{u} = \frac{\sum c_i}{\sum a_i}$$

其中 $u_i = \frac{c_i}{a_i}$ 是 u 图中的采样点。

$$上控制限 UCL_u = \bar{u} + 3\sqrt{\frac{\bar{u}}{a_i}}$$

$$中心线 CL_u = \bar{u}$$

$$下控制限 LCL_u = \bar{u} - 3\sqrt{\frac{\bar{u}}{a_i}}$$

在u图的控制限计算公式中，出现的机会域 a_i 意味着对每一个不同的机会域，界限是不同的，i 为机会域序号。

【案例】代码审查的缺陷个数分析。

某项目对 18 个软件模块进行了代码走查,记录了代码走查的缺陷个数与代码规模(千行代码),如表 7-11 所示。

表 7-11 项目缺陷数与模块规模数据

模块号	代码走查缺陷个数	千行代码	模块号	代码走查缺陷个数	千行代码
1	11	5.1	10	15	7.23
2	5	3.2	11	17	6.22
3	8	4.33	12	13	5.34
4	9	4.25	13	19	8.22
5	6	3.5	14	14	5.42
6	7	3.02	15	4	3.78
7	20	9.8	16	7	4.92
8	10	3.5	17	9	4.23
9	20	4.5	18	11	5.01

项目组希望判断代码走查的过程是否稳定,查出的缺陷数是否在以往的范围之内。
缺陷的多少与以下因素有关:
- 评审专家的表现;
- 不同模块的代码质量不同;
- 当缺陷少时,审查组可能很难发现它们(而不能归因于审查组的表现)。

若要确定代码走查过程是否稳定,则需计算控制限。
先计算中线值:

$$\bar{u} = \frac{发现的缺陷总数}{代码总规模} = \frac{205}{91.57} = 2.239$$

再针对每个模块的缺陷个数分别计算上下控制限,第一个点的机会域和上控制限为

$$a_1 = 5.1$$

$$UCL_{u1} = \bar{u} + 3\sqrt{\frac{\bar{u}}{a_1}} = 2.239 + 3\sqrt{\frac{2.239}{5.1}} = 2.239 + 1.988 = 4.226$$

其余点也依法计算即可。最终绘制的代码走查缺陷个数的 u 图如图 7-10 所示。
从控制图结果看:
- 第 9 个点落在上控制限的上方,这说明过程中存在失控现象,可能存在一个特殊原因,应调查失控原因;
- 如果找出了特殊原因,并且过程作了变更,使将来不会再出现这种失控状态,则可以舍弃所有受该特殊原因影响的点,并重新计算中心线和控制限,得出更加精确的刻画过程性能的 u 图。

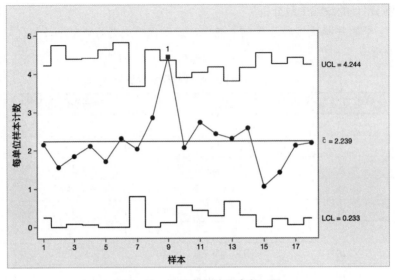

图7-10　代码走查缺陷个数u图

- 当去掉第9个点后，重新计算控制限，并画图（见图7-11）。

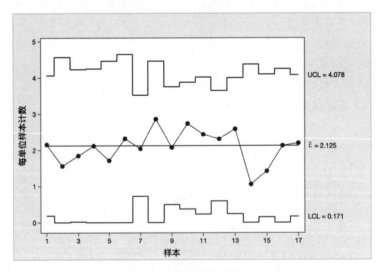

图7-11　删除异常点后的代码审查缺陷个数的u图

现在所有的单点值都在界限之内，并且平均缺陷率已经减少到每千行代码2.125个缺陷。

在这里，中心线降低的原因是去掉了引起不稳定的那个点。而去掉这个点后，如果不再出现导致超限点的情况，则认为删除该点就是合理的。如果第9个模块的高缺陷率是由于模块本身的质量问题或生产该模块的过程问题而导致的，那么示例就是正确的。需要进一步去发现造成高缺陷率模块的根源，并防止再次出现。如果高缺陷率模块9是因为改变了代码走查的方法，从而提高了走查质量，那么就应该抛弃其他点，优化代码走查过程，重新进行度量。

7.8.3 离散数据的单值-移动极差图

当离散度量的可能取值多于 5 个不同的数据时，通常将其作为连续数据对待，此时便可采用 $\bar{X}$-R 图或 I-MR 图。

【案例】 每周 QA（质量保证工程师）发现的不符合项个数分析。

某项目记录了每周 QA 发现的不符合项个数，并积累了连续 33 周的度量数据，如表 7-12 所示。

表 7-12 某项目 QA 发现的不符合项个数

周次	不符合项个数	周次	不符合项个数	周次	不符合项个数
1	0	12	9	23	8
2	7	13	6	24	1
3	0	14	4	25	9
4	0	15	1	26	16
5	4	16	0	27	4
6	1	17	8	28	1
7	9	18	5	29	2
8	4	19	2	30	2
9	9	20	6	31	3
10	2	21	8	32	7
11	1	22	7	33	0

QA 觉得第 26 周有些异常，为了判定是否有异常从而画了其单值-移动极差图，如图 7-12 所示。

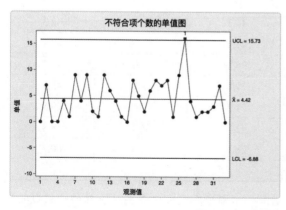
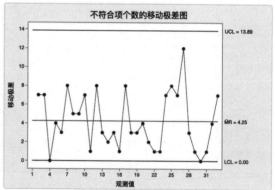

图 7-12 不符合项个数的 I-MR 图

由图 7-12 可以发现第 26 周是异常点，需要分析其背后的特殊原因，以采取纠正措施。

> **特别提醒**
>
> 对于缺陷数据，可以既画 u 图或 c 图，也画 I-MR 图。

7.9 控制图的注意事项

7.9.1 控制图的数据一定要按时间排序

在画控制图时，数据点一定要按时间排序。数据点的顺序直接影响着计算结果。

【案例】某企业收集了系统测试工作量占比的数据（见表7-13）。表中，第1、4列为原始数据；第2、5列为我们任意调整了第1、4列数据的顺序后得到的数据；第3、6列为直接对第1、4列数据按升序排序后得到的数据。

表7-13　系统测试工作量占比的原始数据　　　　　　　（单位：%）

系统测试			系统测试		
原始数据	修改数据顺序后	排序后	原始数据	修改数据顺序后	排序后
31.8	31.8	19.8	29.4	30.1	35.1
25.8	37.2	20.6	32.7	42.3	35.4
27.1	20.6	21.2	40.9	42.4	35.6
41.0	49.5	21.9	35.6	30.3	37.2
29.0	26.0	25.8	60.7	19.8	40.9
35.1	21.9	26.0	42.9	21.2	41.0
58.8	28.9	27.1	30.1	42.7	41.2
37.2	35.4	28.1	42.3	28.1	42.3
20.6	41.2	28.9	42.4	25.8	42.4
49.5	29.4	29.0	30.3	27.1	42.7
26.0	32.7	29.4	19.8	41.0	42.9
21.9	40.9	30.1	21.2	29.0	49.5
28.9	35.6	30.3	42.7	35.1	58.8
35.4	60.7	31.8	28.1	58.8	60.7
41.2	42.9	32.7			

对表7-13中的列数据分别画控制图（见图7-13）。从图中我们可以看到，同样的一组数据，因排列顺序不同，控制图的差别很大。其主要原因是控制图的控制限计算与极差图的统计量有关，而数据的排列顺序影响了移动极差。

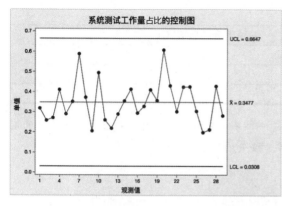
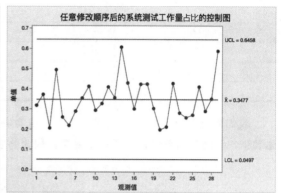
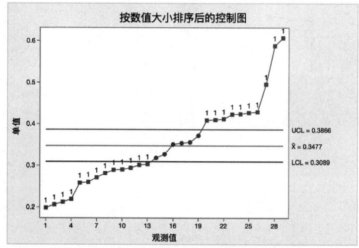

图 7-13 系统测试工作量占比各种顺序排列下的控制图

7.9.2 不要对聚合数据或大过程使用控制图

表 7-14 所示为某公司所有产品（包含多条产品线）上线后连续 9 个月的缺陷密度统计数据。对上线后的缺陷密度画 *I-MR* 图，如图 7-14 所示。

表 7-14 某公司产品上线后的缺陷密度

月份	缺陷密度（个/KLOC）
3	2.97
4	3.03
5	3.25
6	3.68
7	2.53
8	1.08

续表

月份	缺陷密度（个/KLOC）
9	0.71
10	2.11
11	1.65

我们发现在图 7-14 上未发现异常点，这其实是一种不当的做法，它其实是公司很多产品的汇总数据，汇总后的数据抹杀了很多异常，因为异常"被平均"了。

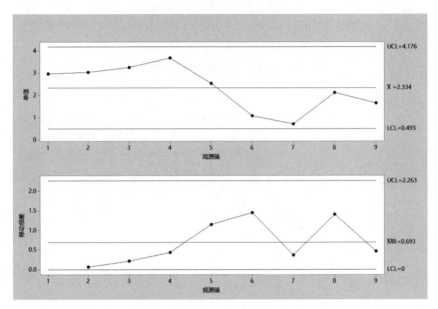

图 7-14　缺陷密度的 I-MR 图

因此对聚合数据画控制图很难发现异常点，即使发现了异常点，也难找到原因。

7.9.3　不要混淆规格限与控制限

规格限与控制限的区别：
- 控制限是基于历史过程性能数据统计分析得到的，是过程性能的历史刻画。
- 规格限是客户指定的，是客户的要求，是对过程性能的未来预期。

【案例】某公司针对某维护类项目统计了每月的需求评审缺陷密度原始数据（见表 7-15）。项目的目标为下限 0.05，均值 0.22，上限 0.84。针对该数据，项目组设计的需求评审缺陷密度指示器如图 7-15 所示。

该指示器将比对本项目的实际数据与规格限。此时，当存在异常点时，只能说某次活动（个例）未满足目标值，而不能说过程不稳定。如果要判断过程是否稳定，应该根据本项目的实际数据计算控制限，然后进行判异，如图 7-16 所示。

表 7-15　维护类项目需求评审缺陷密度原始数据　　　　　　（单位：个/KLOC）

月份	需求评审密度	月份	需求评审密度	月份	需求评审密度
1	0.60	5	0.00	9	0.84
2	0.22	6	0.05	10	0.05
3	0.00	7	0.23		
4	0.20	8	0.00		

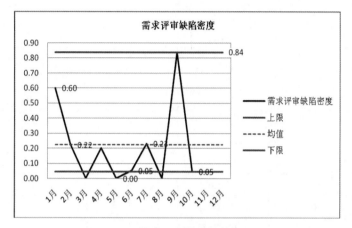

图 7-15　需求评审缺陷密度指示器

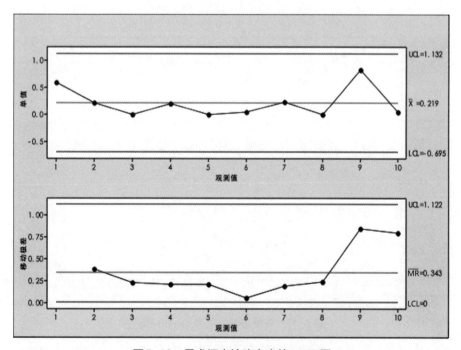

图 7-16　需求评审缺陷密度的 I-MR 图

7.9.4 不要对非独立样本画控制图

某公司开发进度偏差率的原始数据如表 7-16 所示，其 *I-MR* 图如图 7-17 所示。

表 7-16 开发进度偏差率原始数据

度量日期	开发进度偏差率（%）	度量日期	开发进度偏差率（%）	度量日期	开发进度偏差率（%）
05-14	-2	06-04	-21	06-23	-6
05-19	0	06-05	-27	06-24	-5
05-21	-1	06-06	-9	06-25	-4
05-22	-2	06-10	-9	06-26	-4
05-23	-2	06-11	-6	06-27	-3
05-26	-4	06-12	-4	06-30	-2
05-27	-5	06-13	-4	07-01	-2
05-28	-8	06-16	0	07-02	-1
05-29	-11	06-17	-5	07-03	-1
05-30	-12	06-18	-5	07-04	-1
06-02	-14	06-19	-5		
06-03	-15	06-20	-7		

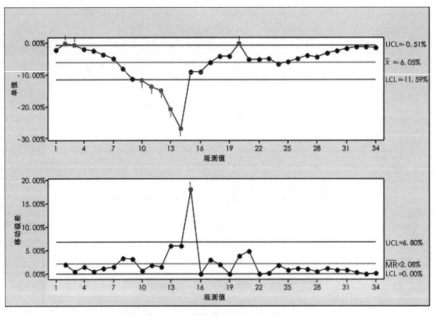

图 7-17 开发进度偏差率的 *I-MR* 图

从图 7-17 中可以发现多个异常点。其实，上述对控制图的应用是错误的，因为它违背了采样的基本前提——样本的独立性,前后两个采样点应该是独立的,而不应是相关的。

对表 7-16 中的原始数据进行自相关分析,得到表 7-17 所示的数据。然后对前后两天的开发进度偏差率画散点图(见图 7-18)。显然,前后两天的开发进度偏差率是相关的。

表 7-17 开发进度偏差率自相关分析得到的数据

前一天	前一天的开发进度偏差率(%)	后一天	后一天的开发进度偏差率(%)
05-14	−2.00	05-19	0.00
05-19	0.00	05-21	−0.50
05-21	−0.50	05-22	−1.90
05-22	−1.90	05-23	−2.40
05-23	−2.40	05-26	−3.50
05-26	−3.50	05-27	−4.90
05-27	−4.90	05-28	−8.10
05-28	−8.10	05-29	−11.20
05-29	−11.20	05-30	−11.80
05-30	−11.80	06-02	−13.60
06-02	−13.60	06-03	−15.00
06-03	−15.00	06-04	−21.00
06-04	−21.00	06-05	−27.00
06-05	−27.00	06-06	−9.00
06-06	−9.00	06-10	−9.00
06-10	−9.00	06-11	−6.00
06-11	−6.00	06-12	−4.00
06-12	−4.00	06-13	−4.00
06-13	−4.00	06-16	−0.20
06-16	−0.20	06-17	−5.00
06-17	−5.00	06-18	−5.00
06-18	−5.00	06-19	−4.90
06-19	−4.90	06-20	−6.60
06-20	−6.60	06-23	−5.80
06-23	−5.80	06-24	−4.70
06-24	−4.70	06-25	−3.80
06-25	−3.80	06-26	−4.20
06-26	−4.20	06-27	−3.10
06-27	−3.10	06-30	−2.30
06-30	−2.30	07-01	−1.50
07-01	1.50	07-02	−1.20

续表

前一天	前一天的开发进度偏差率（%）	后一天	后一天的开发进度偏差率（%）
07-02	−1.20	07-03	−1.20
07-03	−1.20	07-04	−1.30

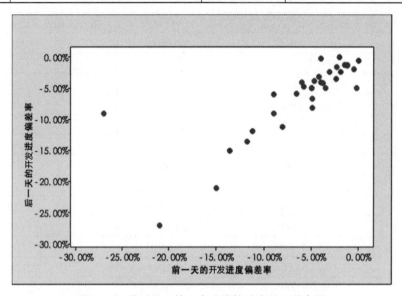

图 7-18　前后两天的开发进度偏差率关系散点图

7.10　过程能力指数的应用

7.10.1　C_{pk} 的含义与计算方法

对过程进行统计过程控制之后，在过程稳定的前提下，需要判定过程满足需求的能力，此时就用到了过程能力指数 C_{pk}（Complex Process Capability Index，见图 7-19）。过程能力指数的计算方法如下：

$$C_{pk} = \text{Min}(C_{pu}, C_{pl})$$

图 7-19 中的各参数说明如下。

USL：规格上限。

LSL：规格下限。

$\overline{x} = \dfrac{x_1 + x_2 + \cdots + x_n}{n}$：平均值。

$T = USL - LSL$：规格公差。

$M = \overline{x} = \dfrac{x_1 + x_2 + \cdots + x_n}{n}$：规格中心。

$$C_{pu} = \frac{|USL - \bar{x}|}{3\sigma}$$

$$C_{pl} = \frac{|USL - \bar{x}|}{3\sigma}$$

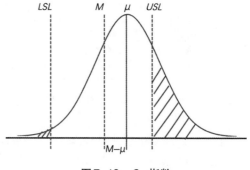

图 7-19 C_{pk} 指数

μ：过程中心。

规格即需求，规格又分为单边规格和双边规格。只有规格上限和规格中心或只有规格下限和规格中心的规格称为单边规格。同时拥有规格上下限和中心值，而规格上下限与中心值对称的规格称为双边规格。

根据上述计算公式，可以得到如下直观的结论：

- 控制限的双边都在规格限内，则 $C_{pk} > 1$，否则 $C_{pk} < 1$；
- 只要有一个控制限不在规格限内，则 $C_{pk} < 1$。

由 C_{pk} 的计算公式可以看出，提高 C_{pk} 有三种途径：

- 减小过程中心 μ 与规格中心 M 的偏离；
- 减小标准差 σ；
- 与客户协商，扩大规格限。

7.10.2 不同 C_{pk} 值的处理原则

C_{pk} 值越大表示质量越佳，代表实现目标的概率越大。在传统的生产管理领域中，一般要求 $C_{pk} > 1$，如果 $C_{pk} < 1$ 则认为过程能力需要改进。不同的 C_{pk} 值对应了不同的处理原则（见表 7-18）。

表 7-18 不同 C_{pk} 值的处理原则

C_{pk} 值	处理原则
$C_{pk} \geq 2.0$	特优，可考虑成本的降低
$2.0 > C_{pk} \geq 1.67$	优，应当保持它
$1.67 > C_{pk} \geq 1.33$	良，能力良好，状态稳定，但应尽力提升
$1.33 > C_{pk} \geq 1.0$	一般，过程因素稍有偏差即有产生过程不良的危险，应利用各种资源及方法将其提升
$1.0 > C_{pk} \geq 0.67$	差，过程不良较多，必须提升其能力
$0.67 > C_{pk}$	不可接受，其能力太差，应考虑重新整改设计过程

但是在项目管理领域中，是否也要求 $C_{pk} > 1$ 呢？我认为这应该是一个逐步改进的过程，达到 $C_{pk} > 1.33$ 是我们的长远目标，可以逐步提高过程能力。例如，我们可以先做到项目按期完成率达到 90%，即 C_{pk} 约为 0.55，再做到项目按期完成率达到 95%，即 C_{pk} 值约为 0.66，循序渐进地提高 C_{pk} 值。项目管理领域中可以不必照搬生产制造领域的原则。

【案例 1】组织级基线与项目目标对比——编码过程的性能预测。

表 7-19 为某公司组织级编码生产率基线和项目设置的编码生产率目标。

表7-19 某公司的编码生产率基线

组织级基线			本项目的目标值		
规格下限	均值	规格上限	规格下限	均值	规格上限
20.7	152.24	283.8	36.24	152.24	268.24

计算 C_{pk}=0.88，说明实现该目标有一定的风险；查阅 C_{pk} 与合格率的对应关系表，达成目标的概率大于99%，风险可承受。

【案例2】预测区间与目标对比——系统测试过程的性能管理。

某公司根据历史项目数据建立的测试过程的性能模型如下：

$$测试缺陷检出密度 = -0.284+2.37\times 测试投入单位工作量^{1/2}$$

某项目测试过程的目标：测试缺陷检出密度在区间（0，14.46）内，均值为6.71。调整项目计划的测试投入单位工作量为1，根据方程预测的缺陷密度如下。

均值：2.09。

规格上限：2.82。

规格下限：1.36。

于是，计算 C_{pk}=4.28，说明完全可以实现系统测试的目标。

【案例3】项目的基线与项目目标对比——代码走查过程的性能管理。

某公司建立了代码走查缺陷密度的目标基线。某项目在执行16次代码走查后得到的本项目相应过程性能基线数据如表7-20所示。

于是，计算 C_{pk}=1.35，说明本项目的过程能力可以满足目标的要求。

表7-20 某公司的代码走查缺陷密度基线

项目过程性能基线		公司过程性能基线	
均值	0.48	目标规格上限	0.66
规格上限	0.61	目标均值	0.38
规格下限	0.34	目标规格下限	0.10

7.10.3 C_{pk} 与合格率的关系

在 Excel 中，可以通过公式 2×NORMDIST（3C_{pk}，0，1，TRUE）-1 来计算 C_{pk} 对应的产品合格率或者是规格限达成概率。

C_{pk} 和产品合格率的换算如表7-21所示。

表7-21 C_{pk} 和产品合格率的换算表

C_{pk}	产品合格率（%）	C_{pk}	产品合格率（%）	C_{pk}	产品合格率（%）
0.51	87.3983	0.91	99.3667	1.31	99.9915
0.52	88.1240	0.92	99.4220	1.32	99.9925
0.53	88.8165	0.93	99.4729	1.33	99.9934

续表

C_{pk}	产品合格率（%）	C_{pk}	产品合格率（%）	C_{pk}	产品合格率（%）
0.54	89.4768	0.94	99.5198	1.34	99.9942
0.55	90.1057	0.95	99.5628	1.35	99.9949
0.56	90.7043	0.96	99.6023	1.36	99.9955
0.57	91.2734	0.97	99.6386	1.37	99.9960
0.58	91.8141	0.98	99.6718	1.38	99.9965
0.59	92.3273	0.99	99.7022	1.39	99.9970
0.6	92.8139	1	99.7300	1.4	99.9973
0.61	93.2750	1.01	99.7554	1.41	99.9977
0.62	93.7114	1.02	99.7787	1.42	99.9980
0.63	94.1242	1.03	99.7998	1.43	99.9982
0.64	94.5142	1.04	99.8191	1.44	99.9984
0.65	94.8824	1.05	99.8367	1.45	99.9986
0.66	95.2296	1.06	99.8527	1.46	99.9988
0.67	95.5569	1.07	99.8673	1.47	99.9990
0.68	95.8650	1.08	99.8805	1.48	99.9991
0.69	96.1548	1.09	99.8925	1.49	99.9992
0.7	96.4271	1.1	99.9033	1.5	99.9993
0.71	96.6828	1.11	99.9132	1.51	99.9994
0.72	96.9227	1.12	99.9221	1.52	99.9995
0.73	97.1476	1.13	99.9301	1.53	99.9996
0.74	97.3581	1.14	99.9374	1.54	99.9996
0.75	97.5551	1.15	99.9439	1.55	99.9997
0.76	97.7392	1.16	99.9499	1.56	99.9997
0.77	97.9112	1.17	99.9552	1.57	99.9998
0.78	98.0716	1.18	99.9600	1.58	99.9998
0.79	98.2212	1.19	99.9643	1.59	99.9998
0.8	98.3605	1.2	99.9682	1.6	99.9998
0.81	98.4901	1.21	99.9717	1.61	99.9999
0.82	98.6106	1.22	99.9748	1.62	99.9999
0.83	98.7226	1.23	99.9776	1.63	99.9999
0.84	98.8265	1.24	99.9801	1.64	99.9999
0.85	98.9228	1.25	99.9823	1.65	99.9999
0.86	99.0120	1.26	99.9843	1.66	99.9999
0.87	99.0946	1.27	99.9861	1.67	99.9999
0.88	99.1709	1.28	99.9877	1.68	100.0000
0.89	99.2415	1.29	99.9891	1.69	100.0000
0.9	99.3066	1.3	99.9904	1.7	100.0000

第 8 章

精益求精——量化地管理过程改进

在实施过程改进时,我们可以凭经验识别要改进的现象,可是经验判断未必正确可靠,量化数据可以客观地刻画事实,帮助我们精准地定位原因,少做无用功,避免浪费。在实践中,我们常常会遇到需求变更频繁、项目拖期严重、产品质量很差、开发效率太低等现象,这些现象都可以通过采集相关的度量数据进行精准分析。表 8-1 所示为常见问题的度量元设计。

表 8-1 常见问题的度量元

主观识别的问题	客观度量数据	
	现象究竟是什么	可能的原因是什么
需求变更频繁	1. 需求变更个数占比=需求变更个数/总的项目需求个数 2. 需求变更工作量占比=需求变更引起的返工工作量/项目总工作量	1. 各种需求变更原因的次数分布比例 2. 各种需求变更来源的次数分布分析
项目拖期严重	1.(实际工期-计划工期)/计划工期 2.(实际工作量-计划工作量)/计划工作量	1. 各阶段的工期比例 2. 返工工作量占比=返工工作量/项目总工作量 3. 需求变更工作量占比=需求变更引起的返工工作量/项目总工作量 4. 维护工作量占比=每月维护工作量/每月总上班工作量 5. 需求、设计、开发、测试等的工作量分布
产品质量很差	1. 缺陷逃逸率=交付后发现的缺陷数/总缺陷数 2. 返工工作量占比=返工工作量/项目总工作量	1. 质量投入占比=(测试工作量+评审工作量)/项目总工作量 2. 代码评审工作量占比=代码评审工作量/编码工作量 3. 设计评审工作量占比=设计评审工作量/设计工作量
开发效率太低	1. 开发生产率=功能点个数/项目总工作量 2. 编码生产率=代码行数/编码工作量 3. 测试用例生产率=测试用例设计工作量/测试用例个数 4. 缺陷发现效率=测试发现缺陷数/测试工作量	1. 返工工作量占比=返工工作量/项目总工作量 2. 需求变更工作量占比=需求变更引起的返工工作量/项目总工作量 3. 开发人员技能分布 4. 平均每日开发人员被中断次数 5. 维护工作量占比=每月维护工作量/每月总上班工作量

在过程改进时，有五个活动可以采用量化方法：
- 确定过程改进目标；
- 识别改进点；
- 识别现象背后的原因与改进措施；
- 评价改进效果；
- 量化确定推广范围。

如何量化确定过程改进目标可以参考第 6.1 节。本章主要讲解在后四种活动中如何应用量化技术。

8.1 量化识别改进点

量化识别待改进的领域可以让改进更具针对性，抓住主要矛盾，减少无用功。以下这些量化分析可以帮助我们识别改进点：
- 预测目标达成概率较低；
- 目标没有达成；
- 基线的控制限太宽；
- 模型体现的关系与常识不符；
- 模型的预测效果不佳；
- 异常点太多；
- 与业内标杆对比，性能不佳；
- ……

我们通过一些案例来说明上述的各种场景。

【案例 1】预测目标达成概率较低。

某公司 2020 年的人均产能（故事点/人天）基线为规格下限 0.4，均值 1.4，规格上限 2.4。2021 年希望提升到规格下限 1，均值 1.8，规格上限 2.6。采用第 6.1 节的方法计算，目标达成概率为 88.48%，C_{pk} 为 0.525。组织希望找到提升人均产能的改进领域，将目标达成概率提高到 95% 以上。

【案例 2】基线的控制限太宽。

某公司 2020 年缺陷密度（个/故事点）的基线为规格下限 0.02，均值 0.52，规格上限 1.02。公司认为历史数据产生的性能基线的控制限太宽，希望找到缩小离散程度的改进措施。

【案例 3】通过箱线图识别需要改进的质量控制活动。

某公司积累了 25 个项目各种评审与测试阶段的缺陷密度数据（见图 8-1），其中集成测试阶段缺陷密度最高，而代码评审与单元测试阶段缺陷密度比较低。缺陷几乎都遗留到集成测试阶段才被发现，因此需要提升前期质量控制措施的有效性。

【案例 4】通过箱线图分析缺陷消除率较低的阶段。

某公司积累了 53 个项目的缺陷消除率数据（缺陷消除率 = 本阶段发现的缺陷/本阶段应该发

现的缺陷），得到图 8-2 所示的箱线图。

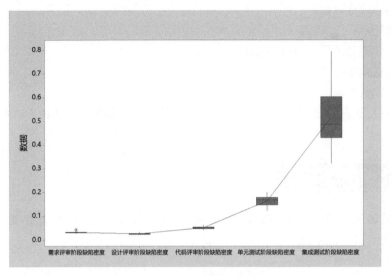

图 8-1　缺陷密度的变化趋势

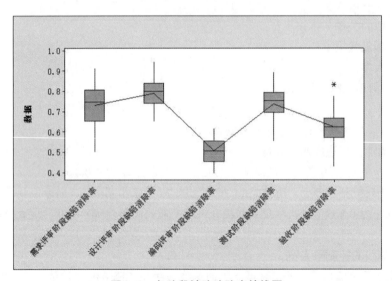

图 8-2　各阶段缺陷消除率箱线图

由图 8-2 可以发现：
- 各阶段的缺陷消除率都比较低，总体低于 90%；
- 代码评审的缺陷消除率最低，应该先提升代码评审的质量。

【案例 5】迭代开发的生产率与质量未持续提升。

某公司的一个项目采用了敏捷开发方法，每 2 周迭代一次，公司采集了每次迭代的人均产能与缺陷密度，并画了图 8-3 所示的 I-MR 控制图。

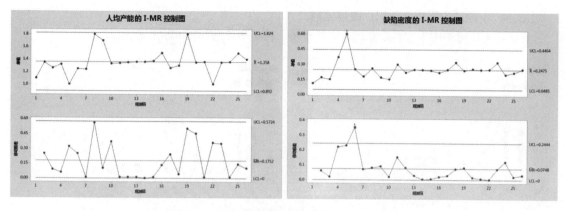

图8-3 人均产能及缺陷密度的 I-MR 控制图

在图 8-3 中我们得出以下结论：

- 人均产能与缺陷密度比较平稳，均无上升或下降趋势；
- 项目组在经历多次迭代以后，人均产能未得到提升，质量也未得到提升。

什么原因导致团队产能没有提升呢？迭代的回顾做得如何？迭代回顾后有无措施落地？在迭代回顾会议上有无讨论过如何提升产能与质量？

项目级是这样，如果度量每个人的产能与缺陷密度，随着迭代的进行，个人技能有无提升呢？

【案例6】通过回归方程发现要降低项目的固定成本。

某公司建立了工作量与工作项个数的回归方程，如图 8-4 所示。

从这个模型可以看出，该公司项目的固定成本为 79.487 人天。规模为 100 个工作项的项目，固定成本占总成本的 57%；规模为 60 个工作项的项目，固定成本占总成本的比例高达 68.9%；即使最大规模项目固定成本也占总成本的 39.9%。因此，模型提示我们：固定成本可能过高，需要识别改进机会。

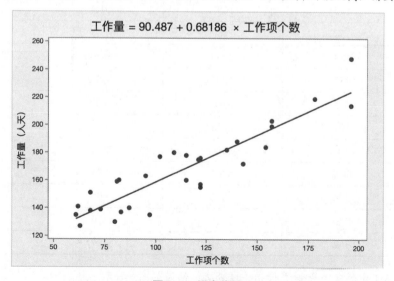

图8-4 拟合线图

【案例7】通过帕累托分析识别改进领域。

某公司连续两年统计了QA发现的不符合项,按类型汇总如图8-5所示。

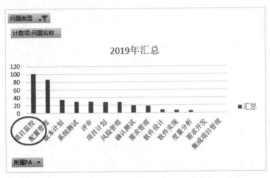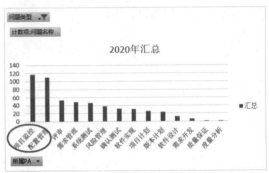

图8-5 不符合项的类型分布图

其中项目监控与配置管理类的问题连续两年位列前两位,说明公司在2020年没有有效规避这两类不符合项,2021年的改进重点应该是减少这两类问题的发生。

【案例8】通过相关性分析判断估算方法的合理性。

某公司使用代码行估计软件规模,然后考虑复用率与复杂度两个因子对代码行进行了调整,最后根据调整后的代码行规模估计了工作量。那么这种估计方法是否合理呢?该公司积累的11个版本的历史数据如表8-2所示。

表8-2 某公司历史数据表

版本号	版本工作量（人时）	实际规模（代码行）	折算后估计规模（代码行）	折算前估计规模（代码行）
5.0.9	180	1657	751.4	1005
4.8.1.0	158	1480	673.8	1370
5.1.0	488	2390	2382.4	2402
5.1.1	252	5293	5345.2	5380
4.9.4.0	435	3546	4180.8	3066
5.1.5.1	304	5136	5741.6	5275
4.3.9.0	154.5	3818	2370	3096
4.4.0.0	306.75	5703	5753	5721
4.3.2.0	278	5822	7605	7215
4.4.1.0	75	2028	1370	1790
4.3.8.0	352	7534	6787	7060

我们对表8-1中的4个变量进行相关性分析,结果如图8-6所示。

	版本工作量（人时）	实际规模(代码行)	折算后估计规模(代码行)
实际规模(代码行)	0.341 0.305		
折算后估计规模(代码行)	0.449 0.166	0.941 0.000	
折算前估计规模(代码行)	0.338 0.309	0.970 0.000	0.979 0.000
单元格内容 Pearson 相关系数 P 值			

图8-6　历史数据变量相关性分析结果

由相关性分析结果可以看到：

- 工作量与实际规模、折算前估计规模、折算后估计规模都不相关，因此通过代码行来估计工作量不可靠；
- 从规模估算的准确性看，折算前的估计规模比折算后估计规模与实际规模的相关性更好，而且折算前后的估计规模之间也是强相关的，因此折算估算的准确性并没有起到正向作用，反而增加了复杂度。

综上所述，这家公司的工作量估算方法不但复杂，而且还不准确，应该寻找其他更合理的估算方法。

8.2　量化识别改进原因

当我们进行改进时，需要针对主要改进原因采取有效措施。通过如下手段可以帮助我们定位主要原因：

- 散点图，发现相关性；
- 回归分析，识别量化的影响关系；
- 帕累托分析，识别最主要的成分；
- 敏感性分析，识别对结果变化影响最显著的因子；
- ……

以下我们通过几个案例来说明上述场景。

【案例1】通过帕累托分析查找主要原因。

某公司发现需求变更率未达成目标，如图8-7所示。

然后公司收集了25个项目，658次需求变更的数据，按照变更原因进行帕累托分析，得到图8-8所示的结果。

通过帕累托图，可以确定以下三类为需求变更的主要原因，需要重点消除：

- 需求边界未确认清楚；
- 未找到最终用户了解使用需求及使用习惯。

▶ 未找到甲方最高负责人确认完整需求；

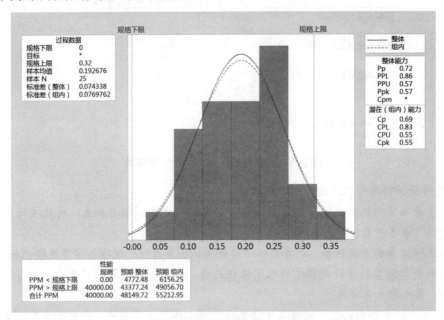

图8-7　编码阶段需求变更率的过程能力

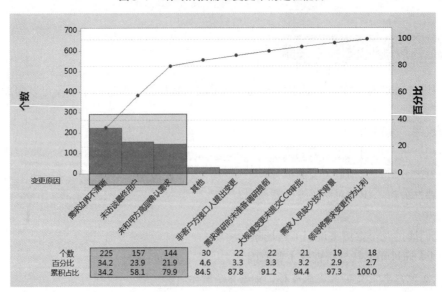

图8-8　变更原因的帕累托图

【案例2】通过箱线图对比与假设检验发现新员工编写的代码质量差。

某项目组测试时发现缺陷密度超出了组织级基线的规格上限，为此进行了原因分析。该团队有9位开发人员，有新员工也有老员工，新老员工的任务负载基本均衡。项目组度量了每个程序员产生的缺陷密度，如表8-3所示。

表8-3　某项目每名程序员产生的缺陷密度表

员工	员工水平	缺陷密度（个/KLOC）
甲	新员工	9.77
乙	老员工	2.27
丙	新员工	7.95
丁	老员工	3.64
戊	新员工	13.41
己	老员工	6.82
庚	新员工	6.82
辛	新员工	8.18
壬	老员工	4.77

根据表 8-3 所示数据画箱线图进行对比分析，如图 8-9 所示。

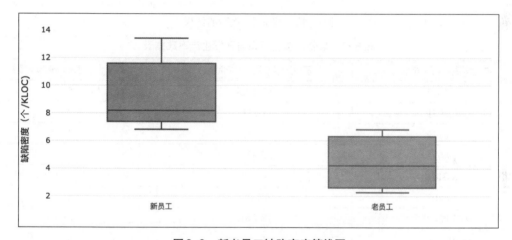

图8-9　新老员工缺陷密度箱线图

从箱线图中我们可以看到，新员工编写的代码明显问题较多。进行双样本 t 检验得到图 8-10 所示的结果，其中 P 值 =0.0176 < 0.05，说明人员水平对质量的影响是统计显著的。因此，需要采取措施，尽快提升新员工的水平。

【案例3】通过相关性分析发现开发经验是生产率的影响因子。

某公司积累了总生产率和开发生产率的数据（计量单位都是 FP/MM），记录了开发人员技术经验年限，原始数据如表 8-4 所示。

总生产率、开发生产率与开发人员技术经验年限都服从正态分布，做相关性分析后，得到图 8-11 所示的结果。其中，总生产率、开发生产率与开发人员技术经验年限都是正相关的，如果要提升生产率，则应该招聘更有经验的开发人员。

```
Method
μ₁: mean of 缺陷个数 when 员工水平 = 新员工
μ₂: mean of 缺陷个数 when 员工水平 = 老员工
Difference: μ₁ - μ₂

Equal variances are not assumed for this analysis.

Descriptive Statistics: 缺陷个数

员工水平    N    Mean    StDev    SE Mean
新员工      5    40.600  11.283   5.046
老员工      4    19.250   8.461   4.230


Estimation for Difference

Difference    95% CI for Difference
  21.350       (5.238, 37.462)


Test
Null hypothesis         H₀: μ₁ - μ₂ = 0
Alternative hypothesis  H₁: μ₁ - μ₂ ≠ 0

T-Value   DF   P-Value
  3.24     6    0.0176
```

图 8-10 双样本 t 检验的结果

表 8-4 某公司总生产率与开发生产率数据表

总生产率（FP/MM）	开发生产率（FP/MM）	开发人员技术经验年限
5.4632	17.9628	5
0.2951	1.211	2
5.0179	7.541	4
7.8022	20.0042	5
8.0441	9.1096	5
1.6803	6.7494	4
7.0842	18.7901	6
10.3991	11.3578	4
2.8141	6.7792	4
1.638	6.3742	3
8.392	10.6427	4
13.2546	14.2699	6
0.6871	1.3144	2
12.1355	12.7358	6
8.5302	10.9985	4
2.8762	7.1165	5
1.583	5.3426	3
0.7287	1.4808	3

续表

总生产率（FP/MM）	开发生产率（FP/MM）	开发人员技术经验年限
8.2618	9.7874	5
5.4001	15.3448	6
11.5025	11.9277	4
3.7886	7.486	5

```
                         总生产率（FP/MM）   开发生产率（FP/MM）
开发生产率（FP/MM）         0.674
                         0.001
开发人员技术经验年限        0.644              0.788
                         0.001              0.000

单元格内容
  Pearson 相关系数
  P 值
```

图 8-11　总生产率、开发生产率与开发人员技术经验年限的相关性分析图

【案例 4】通过散点图识别改进措施。

某公司积累了 48 次代码评审的缺陷密度（个/千行代码）、评审单位投入（人时/千行代码）数据，对其画散点图进行相关性分析，得到图 8-12 所示的图形。

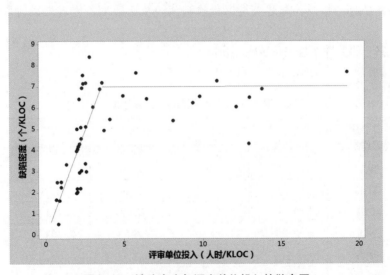

图 8-12　缺陷密度与评审单位投入的散点图

观察图中的散点分布可以发现，当每千行代码投入时间超过 4 人时后，缺陷密度就不再发生显著提升，因此可以据此要求代码评审的投入为每千行代码不少于 4 人时，不超过 5 人时。

【案例 5】在水晶球中进行敏感性分析从而识别主要的影响因子。

某企业建立了如下模型：

验收测试缺陷密度 =0.3-0.25× 代码走查的缺陷密度 -0.20× 系统测试的缺陷密度

其中，代码走查的缺陷密度与系统测试的缺陷密度均服从正态分布，其均值与标准差分别如表8-5所示。

表8-5 代码走查与系统测试的缺陷密度的均值及标准差

	代码走查的缺陷密度（个/功能点）	系统测试的缺陷密度（个/功能点）
均值	0.39	0.52
标准差	0.08	0.12

建立了回归方程后，可以在水晶球风险管理软件中进行蒙特卡洛模拟，以识别具体哪个 x 对 y 的影响比较显著，即进行敏感性分析，如图8-13所示。

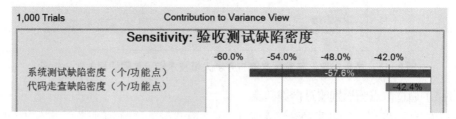

图8-13 验收测试缺陷密度

根据敏感性分析结果，如果想要降低验收测试的缺陷密度，则应先提高系统测试的缺陷密度。

【案例6】基于相关性系数进行敏感性分析。

某软件企业对软件成本比较敏感，积累了26个项目的数据（见表8-6）。

表8-6 26个项目的工作量数据　　　　　　　　　　（单位：人天）

项目序号	项目总工作量	需求投入工作量	设计投入工作量	开发投入工作量	测试投入工作量	需求设计投入工作量
1	39.13	7.67	0	22.67	2	7.67
2	85.37	3	11.89	26.68	13.8	14.89
3	716.71	28.6	115.59	328.97	92.87	144.19
4	624.92	79.75	29.21	281.4	73	108.96
5	91.73	5	8	75.53	34.2	13
6	38.53	3.6	2.67	27.47	2.13	6.27
7	60.94	6.93	2	38.47	3.67	8.93
8	203.29	25.67	6.07	140.75	59.53	31.74
9	328.4	45.67	27.67	46.87	9.8	73.34
10	108	20.67	6	70	32.67	26.67

续表

项目序号	项目总工作量	需求投入工作量	设计投入工作量	开发投入工作量	测试投入工作量	需求设计投入工作量
11	51.93	6.2	4	26.13	14.6	10.2
12	131.48	14.33	7.61	90.07	6.67	21.94
13	164.07	19.33	6	104.33	43.4	25.33
14	666.73	104.6	23.27	508.07	121	127.87
15	90.27	8.6	9.07	55.8	12.8	17.67
16	265.75	20.33	36	36	56	56.33
17	29.13	7.4	0.4	10.6	5.93	7.8
18	175.1	29.93	5.54	104.87	45.57	35.47
19	154.2	12.9	11	117.23	25.47	23.9
20	323.15	29.47	39.33	249.48	57.33	68.8
21	40.93	5.33	4.67	16.07	0.53	10
22	41.47	11.6	0	17.8	6.93	11.6
23	147.93	18.43	9.8	65.63	34.93	28.23
24	17.97	3.7	0	8.13	8.13	3.7
25	198.61	24.38	5.53	140.8	43.43	29.91
26	159.21	0	35.73	18.13	41	35.73
平均值	190.58	20.89	15.66	101.08	32.59	36.54

研究表 8-6 可以发现，有些项目需求阶段工作量为 0，有些项目设计阶段工作量为 0，经过澄清后发现有些项目未区分需求与设计的工作量。于是对这两个阶段的数据进行汇总得到最后一列：需求设计投入工作量。

如果我们按照传统的分析方法，先算出各阶段的工作量分布比例基线，然后归一化，比例最大的阶段应该是降低成本的重点阶段。这其实是想当然了。例如，看似开发阶段的工作量占比最大，如果我们降低了开发阶段的投入，是否就能最有效地降低总工作量呢？其实未必！此时正确的做法应该是进行敏感性分析！

在不使用水晶球风险管理软件时，进行敏感性分析的方法如下。

（1）首先对这三个阶段投入的工作量计算秩，即需求设计投入工作量的秩，开发投入工作量的秩，测试投入工作量的秩。

（2）计算秩相关性系数，可能为正，可能为负。本场景都是正数。

（3）计算秩相关性系数的平方，累积起来求和 S。

（4）计算敏感性系数：三个秩相关性系数的平方/S。

（5）对敏感性系数排序后画图展示。

秩相关性系数与敏感性系数的计算结果如表 8-7 所示。

表8-7 秩相关性系数与敏感性系数的计算结果

阶段投入	秩相关系数	秩相关系数的平方	敏感性系数（%）
开发投入	0.822222	0.67604902	28.64
测试投入	0.858462	0.73695701	31.22
需求设计投入	0.973333	0.94737713	40.14
合计		2.36038315	

注：如果秩相关性系数为负数，敏感性系数应该也是负数。

由图8-14可知：要想降低成本，先要从需求设计阶段投入入手，总工作量对其最敏感，其次是测试投入，最后才是开发投入！这与我们用帕累托分析得到的结果（见图8-15）是不同的！

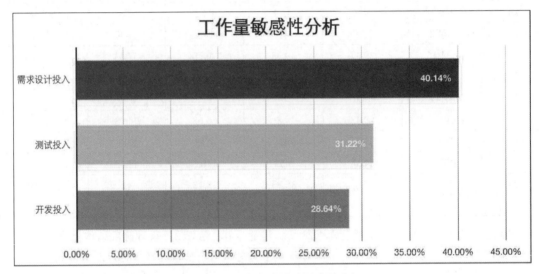

图8-14 阶段工作量的敏感性分析

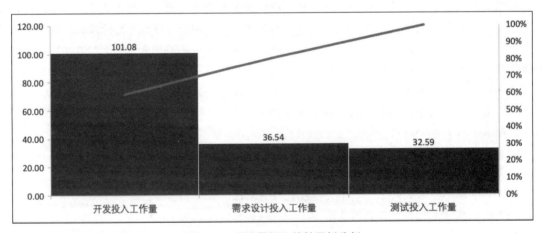

图8-15 工作量投入的帕累托分析

> **特别提醒**
>
> 相关性分析、敏感性分析、帕累托分析三种方法的区别如下。
> 相关性分析：x和y是否同步变化。
> 敏感性分析：影响y变化的$x_1, x_2, …, x_n$中对y的影响作用排序。
> 帕累托分析：构成y的各个成分中$y_1, y_2, …, y_n$的占比分布排序。

在我们通过量化技术识别原因之前，往往是先用经验进行推理，从经验上我们认为y的影响因子是x，然后希望通过定量的数据分析帮助验证这个经验，但是在实践中却常常发现应该具有因果关系的两个变量根据历史的数据却不能体现出来这种相关性，或者是应该正相关的数据却分析出了负相关的结论，原因何在呢？例如，我们加大缺陷预防的投入导致项目总成本增加，同时缺陷减少，缺陷返工的成本也会降低，从而造成项目总成本降低，两种影响对项目总成本的影响相互抵消，此时缺陷预防的投入与项目总成本之间就未必表现出相关性，如图8-16所示。

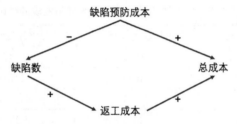

图8-16 缺陷预防成本对项目总成本的影响

> **特别提醒**
>
> 有相关关系，未必有因果关系！
> 有因果关系，也未必有相关性！

8.3 量化评价改进效果

在量化评价改进效果时需要从以下两个维度进行判断。

- 实际效果是否达到了预期。例如，改进目标是将缺陷逃逸率从3%降低到1%，评价时需判断是否真的降低到1%了。
- 是否统计显著，即是否有足够多的样本说明这种变化不是小概率事件，这种变化是值得信任的。

而过程改进的效果也会体现在基线与模型的变化上，如图8-17所示。

【案例1】通过模型的变化评价改进的效果。

某公司对需求评审过程进行了改进，记录了改进前与改进后的评审速度（页/时）与评审发现的缺陷密度（个/页）的数据，其中有19个是改进前的评审，有16个是改进后的评审，原始数据如表 8-8 所示。

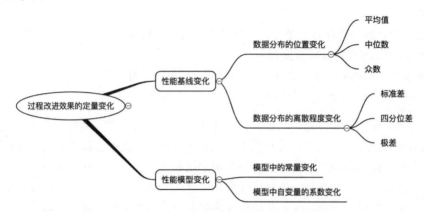

图 8-17 过程改进效果的量化变化

表 8-8 某公司改进前与改进后的评审速度与评审发现的缺陷密度的数据表

序号	时间段	评审速度（页/时）	缺陷密度（个/页）	ln 缺陷密度	ln 评审速度
1	改进前	24.12	0.19	-1.6607	3.1830
2	改进前	10.95	0.49	-0.7133	2.3933
3	改进前	7.39	0.73	-0.3147	2.0001
4	改进前	19.86	0.26	-1.3471	2.9887
5	改进前	5.66	1.05	0.0488	1.7334
6	改进前	15.76	0.33	-1.1087	2.7575
7	改进前	8.42	0.68	-0.3857	2.1306
8	改进前	28.22	0.17	-1.7720	3.3400
9	改进前	8.27	0.71	-0.3425	2.1126
10	改进前	11.34	0.51	-0.6733	2.4283
11	改进前	12.24	0.44	-0.8210	2.5047
12	改进前	15.05	0.38	-0.9676	2.7114
13	改进前	29.5	0.19	-1.6607	3.3844
14	改进前	16.33	0.32	-1.1394	2.7930
15	改进前	9.31	0.55	-0.5978	2.2311
16	改进前	13.75	0.31	-1.1712	2.6210
17	改进前	11.42	0.41	-0.8916	2.4354
18	改进前	9.19	0.6	-0.5108	2.2181
19	改进前	10.88	0.51	-0.6733	2.3869
20	改进后	8.13	1.05	0.0488	2.0956
21	改进后	7.29	1.41	0.3436	1.9865

续表

序号	时间段	评审速度（页/时）	缺陷密度（个/页）	ln 缺陷密度	ln 评审速度
22	改进后	13.57	0.69	−0.3711	2.6079
23	改进后	13.75	0.65	−0.4308	2.6210
24	改进后	8.42	1.3	0.2624	2.1306
25	改进后	5.51	1.12	0.1133	1.7066
26	改进后	12.89	0.71	−0.3425	2.5565
27	改进后	12.69	0.63	−0.4620	2.5408
28	改进后	12.05	0.9	−0.1054	2.4891
29	改进后	12.15	0.6	−0.5108	2.4973
30	改进后	4.28	2.01	0.6981	1.4540
31	改进后	14.17	0.53	−0.6349	2.6511
32	改进后	12.18	0.73	−0.3147	2.4998
33	改进后	3.31	2.76	1.0152	1.1969
34	改进后	17.78	0.52	−0.6539	2.8781
35	改进后	7.76	1.21	0.1906	2.0490

对评审前与评审后的数据画散点图进行对比分析，发现评审速度与缺陷密度是曲线相关的，如图 8-18 所示。

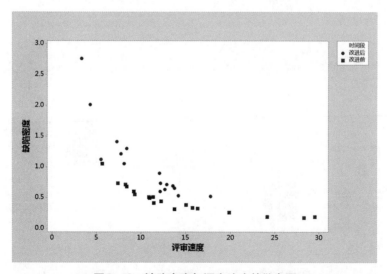

图 8-18　缺陷密度与评审速度的散点图

对缺陷密度与评审速度都取自然对数，重新画散点图，如图 8-19 所示。

从图 8-19 中可以明显地看到改进前后缺陷密度与评审速度之间的关系变化，改进后同样的评审速度比改进前找到了更多缺陷。其中：

改进前的模型 ln 缺陷密度 =1.8980 − 1.09124×ln 评审速度；
改进后的模型 ln 缺陷密度 =2.1208 − 0.97572×ln 评审速度。

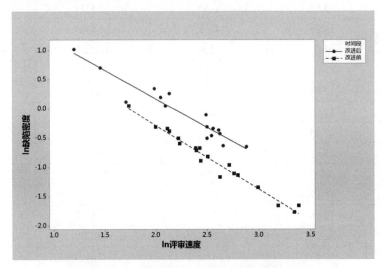

图 8-19　ln 缺陷密度与 ln 评审速度的散点图

【案例 2】通过箱线图与假设检验量化比较过程改进的效果。

某公司采取措施提高缺陷修复的及时率，2015 年积累了 28 个项目的历史数据，2016 年累积了 55 个项目的历史数据，2017 年累积了 48 个项目的历史数据，通过箱线图可以比较这三年的变化趋势，如图 8-20 所示。

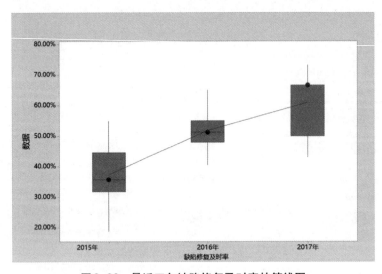

图 8-20　最近三年缺陷修复及时率的箱线图

也可以通过假设检验对均值或方差的变化是否统计显著进行判断。对于本例，执行单因子方差分析发现 P 值小于 0.05，说明缺陷修复及时率均值的变化是统计显著的（见图 8-21）。

图 8-21　单因子方差分析

【案例 3】通过控制图量化比较过程改进的效果。

某公司针对程序员的编程能力、编程方法推广了改进措施，旨在提升代码的内建质量。代码质量的持续提升可以通过推广前后静态扫描发现的问题密度进行对比分析。其原始数据如表 8-9 所示，画控制图（见图 8-22）展示代码质量的提升，从图中可发现问题密度的均值与标准差均在缩小。

表 8-9　某公司静态扫描发现的问题密度数据表

序号	静态扫描发现的问题密度（个/KLOC）	改进阶段
1	8.70	改进前
2	10.52	改进前
3	9.53	改进前
4	9.53	改进前
5	11.35	改进前
6	10.97	改进前
7	10.60	改进前
8	10.09	改进前
9	10.57	改进前
10	8.04	改进前
11	9.33	改进前
12	12.27	改进前
13	10.00	改进前
14	11.06	试点
15	10.71	试点

续表

序号	静态扫描发现的问题密度（个/KLOC）	改进阶段
16	9.15	试点
17	10.70	试点
18	10.93	试点
19	8.28	试点
20	8.60	试点
21	10.36	试点
22	9.12	试点
23	8.72	试点
24	10.15	推广
25	9.21	推广
26	10.38	推广
27	9.24	推广
28	9.56	推广
29	8.97	推广
30	10.06	推广

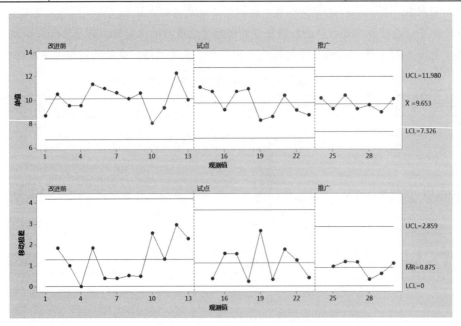

图8-22　静态扫描发现的问题按改进阶段的 I-MR 控制图

在量化评价改进效果时，需要特别注意系统反馈效应。如组织在优化代码走查措施时，优化初期找到的缺陷会增多，但是对这些缺陷的类型进行归纳总结并反馈给开发人员（见图8-23）之后，开发人员不再犯这些错误了，代码的内在质量就会提升，代码走查发现的缺陷数就会下降。

因此随着时间的推移，代码走查的缺陷数会下降（见图 8-24），直至进入一个稳定态，等待下一次的改进。如果改进了代码走查的方法，而发现的缺陷数持续上升，且一直未再下降，说明代码的内在质量没有得到真正的提升。

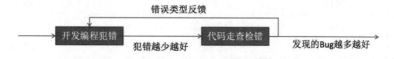

图 8-23　缺陷类型分类的反馈

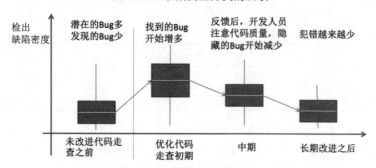

图 8-24　内在质量改进图

【案例 4】通过量化分析判断是否真的有改进。

某公司积累了两年 24 个项目缺陷发生率的历史数据（缺陷发生率＝系统测试发现的缺陷个数／开发的工作量），如表 8-10 所示。

表 8-10　某公司连续两年的缺陷发生率

项目序号	年份	开发方式	缺陷发生率（个/人月）
1	2012	全新开发	14.16
2	2012	全新开发	6.73
3	2012	全新开发	12.14
4	2012	全新开发	6.07
5	2012	全新开发	3.54
6	2012	全新开发	11.43
7	2012	全新开发	2.38
8	2012	全新开发	15.95
9	2012	修改	1.47
10	2012	修改	0.09
11	2012	修改	0.20
12	2012	修改	0.29
13	2013	修改	3.37
14	2013	修改	4.32

续表

项目序号	年份	开发方式	缺陷发生率（个/人月）
15	2013	全新开发	2.27
16	2013	全新开发	2.26
17	2013	全新开发	1.58
18	2013	修改	1.25
19	2013	修改	0.32
20	2013	修改	0.42
21	2013	修改	0.34
22	2013	修改	1.90
23	2013	修改	5.44
24	2013	修改	0.02

对上述历史数据，按年份画箱线图比较分析如下（见图 8-25）。

针对上述箱线图，质量管理部门希望依此下结论，说明 2013 年公司的开发质量提升了，质量管理部门推广的质量措施有效果。事实是否真的如此呢？其实未必。

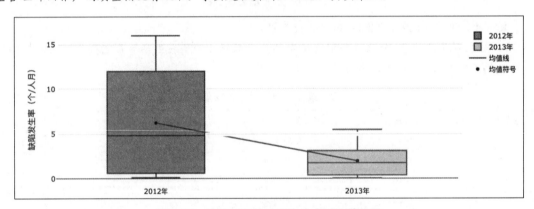

图 8-25　连续两年的缺陷发生率对比箱线图

如果对年份与项目的开发方式做卡方分析，则有图 8-26 所示的结论。

可以发现 2013 年是修改类项目多，全新开发类项目少，而 2012 年正相反。如果按照开发方式对项目分类，并画其箱线图，则可以发现全新开发的项目与修改类项目的缺陷发生率具有显著差别，如图 8-27 所示。

缺陷发生率的降低不是因为 2013 年比 2012 年质量改进手段更有效，而是由项目类型决定的！

如果我们有全新开发类项目与修改类项目的测试投入，也可以继续分析是否因为这两类项目的测试投入不同；或者有这两类项目的评审投入数据，也可以继续分析是否因为这两类项目前期评审投入有所不同，从而导致缺陷发生率的显著差别。总之，当数据给了我们一个客观现象的陈述之后，不应匆忙下结论，而应深入挖掘其潜在原因，不要被数据表象所迷惑！

```
         行：年份    列：开发方式

                    全新
                    开发    修改    全部

         2012年      8       4      12
         2013年      3       9      12
         全部        11      13     24

         单元格内容：       计数


         Pearson 卡方 = 4.196, DF = 1, P值 = 0.041
         似然率卡方 = 4.332, DF = 1, P值 = 0.037
```

图8-26　汇总统计量：年份，开发方式

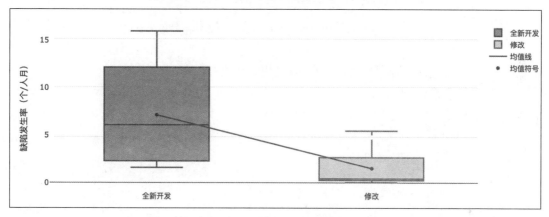

图8-27　全新开发与修改类项目缺陷发生率的对比

8.4　量化地确定推广范围

当改进措施在小范围证明有效后，可以向更大的范围进行推广。但在一个领域有效的措施未必适用于其他领域。举例如下。

【案例】根据相关性分析的结果确定措施的推广范围。

某项目在建立自身的开发生产率基线之后，发现其实际能力远高于组织级基线，这是一个"好"的现象。对此进行了根因分析得出的主要根因之一是，该项目定义了代码圈复杂度的上限并严格执行，这大大提升了代码的质量，减少了出错概率，进而提升了开发的生产率。

基于历史数据进行回归分析，发现对于应用软件研发存在图8-28所示的规律，即代码中圈复杂度超过10的函数比与静态检查缺陷密度是强相关的。

而对于嵌入式软件开发，圈复杂度的高低和静态检查的缺陷密度没有明显的相关性，如图8-29所示。

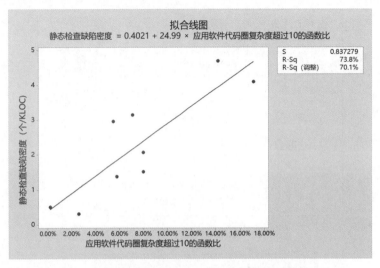

图 8-28 应用软件的圈复杂度比与静态检查缺陷密度的关系

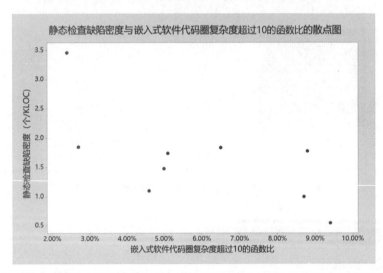

图 8-29 静态检查缺陷密度与嵌入式软件的圈复杂度超过 10 的函数比的关系

综上所述,组织决定在所有应用软件研发项目中推广限定代码圈复杂度上限的改进措施,暂缓在嵌入式软件开发中推广此措施。

特别提醒

量化管理并不排斥经验管理,而是基于经验管理的更精准的管理方式。如果经验管理可以高效地解决问题,则可以只进行经验管理。当我们在进行过程改进时,如果通过经验管理能很准确地找到问题、原因与改进措施,那么可以基于经验管理进行改进;只有当经验管理无法精准地定位现象与原因时,才需要用到量化管理。

第三部分

量化分析案例

第 9 章

融会贯通——量化分析案例

在前 8 章中，我们系统讲解了：

量化管理的基本概念；

如何定义、识别度量元；

如何设计指示器；

如何分析数据的分布规律；

如何分析数据中的因果规律；

如何预测目标达成的概率；

如何识别过程执行的异常；

如何量化识别现象背后的原因与措施；

如何量化评价改进的效果。

上述知识与技术需要我们在实践中强化训练，培养对数据的敏感性，以找到更有价值的管理结论，充分发挥数据的作用。本章由易到难、循序渐进地给出了 10 个案例，以帮助大家拓展思路，温习并巩固前 8 章的内容。

案例一 项目总体进展指示器的设计

某公司有些项目采用短周期迭代模式，有些项目采用传统瀑布模式，有些项目是新品开发，有些项目是软件维护。为了跟踪项目的进展，我为他们设计了一种适用于所有类型项目的指示器。该指示器计算简单、易于理解，既可以跟踪总体进展，也可以跟踪局部进展。该指示器用到了以下两个度量元。

（1）时间流逝百分比（Time Elapsed Percentage，TEP）。

$$时间流逝百分比 = 已经流逝的时间 / 项目计划总工期$$

例如，项目计划总工期为 100 天，到目前为止已经过去了 20 天，则 TEP 为 20%。

（2）任务完成百分比（Task Completion Percentage，TCP）。

$$任务完成百分比 = 已经完成的任务 / 项目计划总任务数$$

例如，项目任务分解完成后，计划的明细任务总数为 100 个，到当前位置已经完成了 30 个，则 TCP 为 30%。

某项目持续 15 周的项目总体进展的原始数据如表 9-1 所示。

表9-1 某项目持续15周的项目总体进展数据

周次	TEP(%)	TCP(%)	任务总数	当期完成任务数	累计完成任务数
1	6.67	8.00	100	8	8
2	13.33	18.00	100	10	18
3	20.00	19.09	110	3	21
4	26.67	23.64	110	5	26
5	33.33	27.50	120	7	33
6	40.00	34.17	120	8	41
7	46.67	40.80	125	10	51
8	53.33	52.80	125	15	66
9	60.00	62.31	130	15	81
10	66.67	64.44	135	6	87
11	73.33	67.14	140	7	94
12	80.00	75.86	145	16	110
13	86.67	86.67	150	20	130
14	93.33	96.67	150	15	145
15	100.00	100.00	150	5	150

基于上述数据设计的项目总体进展趋势图如图9-1所示。

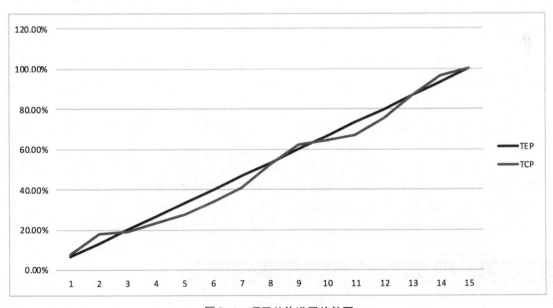

图9-1 项目总体进展趋势图

图 9-1 的横坐标为时间，可以是日期或周次；纵坐标为 TEP 与 TCP。TEP 为基准线，当 TCP 在 TEP 之下时，说明存在进度风险，二者距离越远，风险越大；当 TCP 在 TEP 之上时，项目进展顺利或估算太悲观。

案例二　缺陷清除率的简单对比分析

某项目采集了一个迭代周期内缺陷的注入与发现数据。如果把缺陷注入分为 3 个活动，把缺陷发现分为 4 个活动，一个月内的统计数据如表 9-2 所示。

表9-2　某项目的缺陷清除率数据

		缺陷发现（个）				
		迭代策划	设计与编码	代码评审	测试	小计
缺陷注入（个）	需求分析	4	5	3		12
	设计与编码			27	1	28
	测试				2	2
	小计	4	5	30	3	42
	缺陷清除率	33.30%	62.50%	96.80%		

其中缺陷清除率＝本阶段发现的缺陷个数/本阶段应该发现的缺陷个数。表 9-2 中的最后一行数据计算过程如下：

33.3%=4/12；

62.5%=5/(12-4)；

96.8%=30/(30+1)。

在此统计表中并没有采集到产品发布后的度量数据，仅包括了交付前的数据，因此测试阶段的缺陷清除率可以忽略。

由表 9-2 可以得出以下结论。

结论 1：迭代策划、设计与编码、代码评审三个活动的缺陷清除率依次升高，代码评审作为发现缺陷的手段是最有效的。

结论 2：需求分析时注入的缺陷，在迭代策划时发现的比较少，说明在这个活动中对需求的沟通、讨论不够充分，没有尽早发现需求的问题，这个活动的质量是迫切需要改进的。

结论 3：设计与编码活动中的缺陷清除率比较低，需要强化质量控制措施。

结论 4：在设计与编码阶段发现的编码缺陷没有度量数据，需要分析原因。

案例三　量化分析触发风险应急措施的阈值

某公司积累了 27 个项目的项目工期偏差率历史数据，如表 9-3 所示。

表 9-3　某公司 27 个项目工期偏差率历史数据

项目序号	上线工期偏差率	系统测试阶段工期偏差率
1	0	0.03
2	0.01	0.03
3	0.23	0.03
4	0.49	0.02
5	0.73	0.03
6	0.05	0.05
7	0.23	0.05
8	0.26	0.05
9	0.62	0.05
10	0.72	0.06
11	0	0.07
12	−0.1	0.08
13	0	0.08
14	0.22	0.08
15	0.73	0.08
16	0.09	0.1
17	0.09	0.11
18	0	0.13
19	0.51	0.14
20	0.71	0.2
21	0.24	0.23
22	0.49	0.27
23	1.05	0.29
24	0.22	0.35
25	1.05	0.4
26	0.3	0.33
27	0.42	0.36

我们试图去分析上线工期偏差率与系统测试阶段工期偏差率的关系，根据上述数据画出其散点图，如图 9-2 所示。

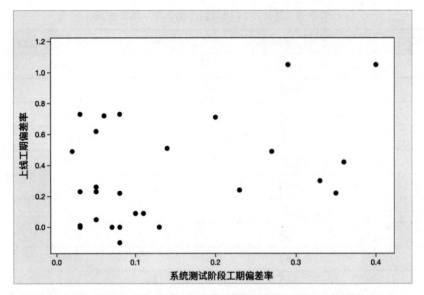

图9-2 上线工期偏差率与系统测试阶段工期偏差率的散点图

观察图 9-2，发现上线工期偏差率与系统测试阶段工期偏差率之间并没有明显的正相关关系，那是否就意味着我们未在此图中分析出有价值的管理结论呢？再仔细观察图 9-2，如果我们添加两条参考线（见图9-3），则可以发现以下规律：

- 当系统测试阶段工期偏差率未超过 0.15 时，上线阶段的偏差可能提前也可能延后；
- 当系统测试阶段工期偏差率超过 0.15 时，上线阶段的偏差会延后且往往延后很多。

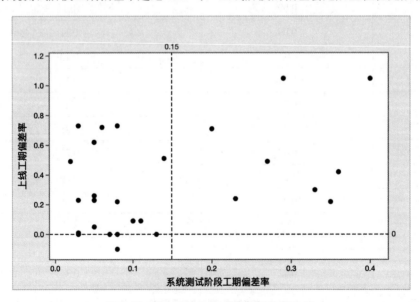

图9-3 图9-2添加了参考线后的散点图

由图 9-3 我们可以得到如下启发:

应该以 0.15 作为上线风险应急措施的触发条件或者项目上线时间变更申请的触发条件,而非临近上线了,再使用应急措施或变更申请。

案例四 量化评价故事点刻度的合理性

某公司采用故事点的方法度量软件的规模,并依此进行了工作量估算。该公司积累了 938 个故事的故事点数及开发工作量,故事点数的取值范围为(1,2,3,5,8),工作量的计量单位为工时。对这些数据应该如何分析呢?

我们可以针对每个故事点刻度的工作量画箱线图进行对比分析,如图 9-4 所示。

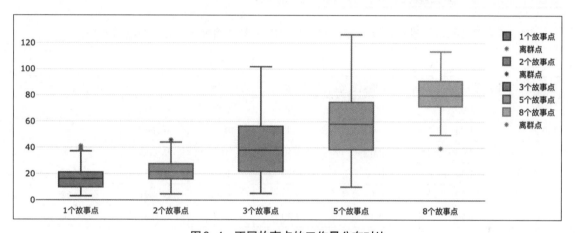

图 9-4 不同故事点的工作量分布对比

观察图 9-4 可以发现以下现象。

现象 1:3 个故事点与 5 个故事点的工作量波动范围比较大,8 个故事点的次之。

现象 2:规模从 1 个故事点变化到 8 个故事点,工作量并没有表现出 8 倍的变化。

现象 3:1 个故事点与 2 个故事点的工作量差别并不显著,二者波动的范围重叠较多。

现象 4:3 个故事点与 5 个故事点的工作量差别看上去也不是很显著,二者波动的范围重叠较多。

以上是通过直观的观察所看到的现象,我们也可以计算其分布规律进行对比分析,如表 9-4 所示。

在表 9-4 中,中位数规格化的数据是用每个刻度的工作量中位数除以 1 个故事点的工时中位数得到的,最后一列是每个故事点的工时数。通过表 9-4 的数据可以更准确地验证我们直观观察到的现象,即工时并非同随着规模的增加而比例地增加。由此也引发我们去思考:在这家公司把故事点定义为 5 个刻度是否合适?是否可以简化为 4 个刻度甚至 3 个刻度?是否有其他更合理的刻度定义?

表9-4 故事点刻度的统计数据

故事点	规格下限	Q1	Q2	Q3	规格上限	中位数规格化	工时的中位数
1个故事点	3.04	9.89	16.16	21.09	37.26	1.00	21.09
2个故事点	4.67	16.21	21.56	27.54	44.08	1.31	13.77
3个故事点	5.20	21.98	38.10	56.39	101.79	2.67	18.80
5个故事点	10.16	38.61	58.15	74.74	126.26	3.54	14.95
8个故事点	49.75	71.67	79.94	90.90	113.44	4.31	11.36

案例五 在敏捷开发中应用统计技术

某公司采用敏捷方法进行软件开发，在项目组中积累了如表9-5所示的度量数据。

表9-5 某项目的敏捷开发度量数据

迭代序号	用户故事就绪率	用户故事健康度	团队健康度	流程效率	计划完成率	交付速度（故事点）
1	1.05	0.10	3.30	0.55	0.6932	61
2	1.24	0.00	4.00	0.63	0.7647	65
3	2.03	0.05	3.50	0.7	0.8313	69
4	1.34	0.10	4.20	0.82	0.8553	65
5	1.22	0.15	4.50	0.43	0.9091	60
6	1.76	0.30	4.20	0.25	0.7143	50
7	1.47	0.44	3.70	0.52	1.2182	67
8	2.30	0.15	2.20	0.66	1.2182	67
9	3.20	0.00	2.60	0.57	1.0429	73
10	2.70	0.05	3.80	0.67	1.1642	78
11	2.25	0.10	4.50	0.76	1.1692	76
12	1.89	0.05	3.20	0.7	1.0789	82
13	2.25	0.23	2.70	0.62	0.9886	87
14	3.00	0.36	4.30	0.57	0.8553	65
15	3.50	0.20	2.50	0.67	1.1667	70
16	2.79	0.38	4.60	0.73	0.9714	68
17	2.90	0.15	3.80	0.8	1.1212	74
18	2.22	0.12	3.90	0.76	1.0000	76
19	1.45	0.00	4.30	0.69	0.9701	65
20	1.30	0.07	4.20	0.78	0.7792	60

其中每个度量元的含义如表 9-6 所示。

表9-6　表9-5中度量元的含义及其作用

	含义	作用
用户故事就绪率	进入就绪状态的用户故事数/本迭代内计划交付的用户故事数	公司要求在进入某次迭代之前，要准备好最近两次迭代的用户故事，以此数据来判断是否达成了公司的管理要求
用户故事健康度	第1周内产品经理确认的用户故事个数/本次迭代的总用户故事个数	在迭代的第1周内产品经理认可的需求越多，说明需求拆分的粒度越细，产品经理的参与度越高
团队健康度	在迭代回顾会议上，团队成员在1分到5分之内对项目的满意度进行打分，分值越高，满意度越高	了解团队成员的满意度
流程效率	用户故事增值时间/总开发时长的平均值	值越大说明在团队中的等待时间越短
计划完成率	实际交付的故事点个数/计划交付的故事点个数	用该数据判断本次迭代的估算合理性
交付速度	迭代实际交付的故事点数	用数据作为下次迭代策划时交付速度的参考

对表 9-5 中的 6 个度量元分别画控制图，如图 9-5 所示。

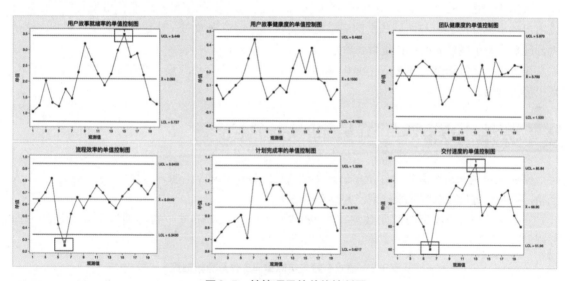

图9-5　敏捷项目的单值控制图

观察图 9-5 我们可以发现：
- 第 6 次迭代的流程效率与交付速度都很低，是异常点；
- 第 13 次迭代的交付速度特别高，是异常点；
- 第 15 次迭代的用户故事就绪率特别高，是异常点。

对于第 6 次、第 13 次、第 15 次迭代，我们需要进行原因分析。异常点并非都是坏事，我们应识别异常点背后的原因并采取相应的措施。

我们还可以对上述 6 个度量元进行相关性分析，如图 9-6 所示。

```
Correlations
                用户故事就绪率   用户故事健康度   团队健康度   流程效率   计划完成率
用户故事健康度    0.200982
                0.3955
团队健康度       -0.358097      0.147708
                0.1211         0.5343
流程效率         0.178236     -0.362777      0.014286
                0.4522        0.1159         0.9523
计划完成率       0.525728      0.114929     -0.374888   0.296885
                0.0173        0.6295        0.1034      0.2037
交付速度         0.441272     -0.182260    -0.387886   0.507009   0.598225
                0.0515        0.4418        0.0910     0.0225     0.0053

Cell Contents:  Pearson correlation
                P-Value
```

图 9-6　相关性分析

对于相关性分析的结果我们需要反思两个现象。

现象 1：用户故事健康度及团队健康度这两个度量元与其他度量元均没有相关关系，也就是说用户故事拆分的粒度与团队成员的满意度对交付速度、流程效率、计划完成率没有影响，这是否合理？这两个度量元的设计是否合理？

现象 2：交付速度与流程效率是中度相关的，为了加快交付速度，我们需要提高流程效率，减少等待时间！

案例六　需求个数与编码工作量之间的关系

某企业采用需求个数作为计量单位来度量软件的规模，对于需求，一般由开发人员基于个人经验，按照约定俗成的方法来确定，并没有严格定义。

在积累了 89 个项目的原始数据（见表 9-7）后，尝试对需求个数与编码工作量进行回归分析。

表 9-7　需求个数与实际编码工作量原始数据

序号	需求个数	编码工作量（人时）	序号	需求个数	编码工作量（人时）	序号	需求个数	编码工作量（人时）
1	78	574.19	4	20	71.20	7	20	103.06
2	45	227.40	5	107	845.85	8	142	709.06
3	13	60.13	6	40	208.16	9	104	456.25

续表

序号	需求个数	编码工作量（人时）	序号	需求个数	编码工作量（人时）	序号	需求个数	编码工作量（人时）
10	15	59.75	37	21	78.19	64	27	115.05
11	297	988.38	38	21	69.63	65	330	1354.69
12	152	497.50	39	15	88.31	66	60	224.94
13	63	173.64	40	151	872.46	67	71	265.08
14	23	200.08	41	30	164.44	68	52	193.66
15	14	89.75	42	30	139.38	69	85	305.63
16	12	66.31	43	425	1807.12	70	110	300.63
17	42	198.12	44	307	1224.83	71	290	1322.00
18	50	215.44	45	60	225.06	72	56	217.56
19	280	935.76	46	32	95.27	73	155	571.75
20	37	290.94	47	35	309.09	74	70	215.16
21	15	117.37	48	28	217.41	75	84	719.00
22	35	234.49	49	30	232.35	76	30	152.84
23	11	59.06	50	16	101.69	77	20	99.89
24	10	50.63	51	142	831.76	78	32	415.90
25	120	587.25	52	348	1511.26	79	6	70.00
26	28	118.75	53	2	26.94	80	4	20.00
27	50	186.34	54	48	128.26	81	66	330.00
28	63	173.64	55	26	390.51	82	135	638.83
29	192	514.12	56	117	1383.94	83	152	667.00
30	21	55.14	57	35	307.25	84	85	343.31
31	15	84.01	58	24	209.00	85	3	12.00
32	11	55.25	59	20	151.19	86	9	30.00
33	67	323.69	60	12	88.88	87	20	63.50
34	79	380.26	61	30	186.88	88	20	60.00
35	24	108.13	62	135	727.69	89	54	140.00
36	46	186.33	63	47	224.19			

用散点图分析相关性,发现编码工作量与需求个数之间存在相关性,如图 9-7 所示。

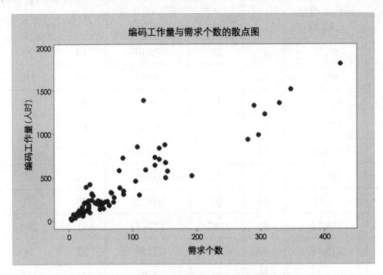

图 9-7　编码工作量与需求个数的关系

由于需求个数与编码工作量都不符合正态分布,所以对它们做自然对数变换。做对数变换后发现两者均符合正态分布,并通过散点图发现两者之间正相关,如图 9-8 所示。

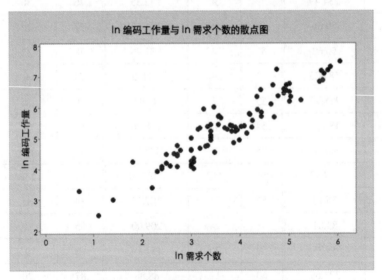

图 9-8　ln 编码工作量与 ln 需求个数的关系

对 ln 编码工作量与 ln 需求个数做回归分析,可以得到图 9-9 所示的结果。

```
                  回归分析：ln 编码工作量与 ln 需求个数
方差分析
  来源          自由度      Adj SS       AdjMS      F值       P值
  回归             1         83.510      83.5104    574.60    0.000
  ln需求个数       1         83.510      83.5104    574.60    0.000
  误差            87         12.644       0.1453
  失拟            61         11.000       0.1803     2.85     0.002
  纯误差          26          1.644       0.0632
  合计            88         96.155
模型汇总
        S         R-Sq       R-Sq(调整)     R-Sq(预测)
    0.381231     86.85%        86.70%         86.23%
系数
  项            系数     系数标准误     T值      P值     方差膨胀因子
  常量          1.992      0.145       13.70    0.000
  ln需求个数    0.8940     0.0373      23.97    0.000        1.00
回归方程
  ln编码工作量 = 1.992 + 0.8940×ln需求个数
异常观测值的拟合和诊断
  观测值    ln编码工作量    拟合值    残差      标准残差
    53        3.2936       2.6114    0.6822      1.89     X
    55        5.9675       4.9044    1.0631      2.81     R
    56        7.2327       6.2490    0.9837      2.61     R
    78        6.0304       5.0900    0.9404      2.48     R
    85        2.4849       2.9738   -0.4889     -1.34     X
  R  残差大
  X  异常 X
```

图 9-9　回归分析（1）

删除异常观测值后，继续回归，结果如图 9-10 所示。

```
                  回归分析：ln 编码工作量 与 ln 需求个数
方差分析
  来源          自由度      Adj SS      Adj MS      F值       P值
  回归             1         57.195     57.1951    594.42    0.000
  ln需求个数       1         57.195     57.1951    594.42    0.000
  误差            77          7.409      0.0962
  失拟            52          5.821      0.1119     1.76     0.062
  纯误差          25          1.588      0.0635
  合计            78         64.604
模型汇总
        S         R-Sq       R-Sq(调整)     R-Sq(预测)
    0.310192    88.53%        88.38%         88.03%
系数
  项           系数      系数标准误     T值      P值     方差膨胀因子
  常量         1.920       0.146       13.15    0.000
  ln求个数     0.9008      0.0369      24.38    0.000        1.00
```

图 9-10　回归分析（2）

回归方程如图 9-11 所示：

$$\ln 编码工作量 = 1.920 + 0.9008 \times \ln 需求个数$$

则编码工作量 $=6.82096 \times$ 需求个数$^{0.9008}$。

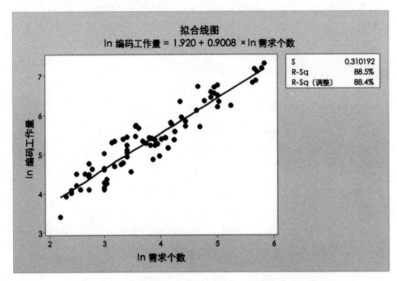

图 9-11　ln 编码工作量与 ln 需求个数的拟合线图

> **注意：**
>
> 在上述方程中，由于 0.9008<1，说明随着规模的增加存在规模经济现象，即规模越大，单位规模的编码工作量越低。

案例七　客户满意度的统计分析

某公司每个季度都会对 5 款自有产品的客户满意度进行调查，要求客户从以下 6 个维度对产品及其服务进行评价打分：

- 需求响应及时性；
- 产品稳定性；
- 功能满意度；
- 资料完备性；
- 问题解决速度；
- 问题解决质量。

计算上述 6 个指标的平均分作为该产品本季度的总体满意度分数。从 2020 年 4 季度到 2022 年 1 季度的客户满意度调查数据如表 9-8 所示。

表 9-8　某公司客户满意度数据　　　　　　　　　　　　（单位：分）

产品名称	时间	需求响应及时性	产品稳定性	功能满意度	资料完备性	问题解决速度	问题解决质量	总体满意度
产品1	2020Q4	89	81	95	80	97	81	87
产品2	2020Q4	96	88	86	86	99	94	92
产品3	2020Q4	89	85	98	90	95	98	93
产品4	2020Q4	86	98	80	92	92	94	90
产品5	2020Q4	90	87	82	86	93	83	87
产品1	2021Q1	90	95	95	90	90	90	92
产品2	2021Q1	81	89	90	92	91	90	89
产品3	2021Q1	92	91	92	90	89	85	90
产品4	2021Q1	85	92	91	88	90	80	88
产品5	2021Q1	91	95	89	95	85	90	91
产品1	2021Q2	85	88	88	85	90	85	87
产品2	2021Q2	85	85	91	90	85	85	87
产品3	2021Q2	85	85	89	90	85	80	86
产品4	2021Q2	83	83	88	93	83	83	86
产品5	2021Q2	85	82	90	90	85	85	86
产品1	2021Q3	86	90	95	95	85	85	89
产品2	2021Q3	84	85	90	89	90	80	86
产品3	2021Q3	87	84	90	91	85	83	87
产品4	2021Q3	83	86	93	92	85	81	87
产品5	2021Q3	86	83	92	88	85	80	86
产品1	2021Q4	80	88	91	90	85	85	87
产品2	2021Q4	84	81	85	95	90	85	87
产品3	2021Q4	90	85	90	95	85	90	89
产品4	2021Q4	85	85	95	90	85	85	88
产品5	2021Q4	90	90	95	90	85	90	90
产品1	2022Q1	86	95	95	95	91	85	91
产品2	2022Q1	92	85	90	96	89	90	90
产品3	2022Q1	91	92	95	94	92	92	93
产品4	2022Q1	90	91	95	90	89	88	91
产品5	2022Q1	95	90	90	95	92	90	92

那么如何分析上述数据呢？

分析一　总体分布趋势分析

我们可以先通过图 9-12 的箱线图观察客户满意度的总体分布情况。

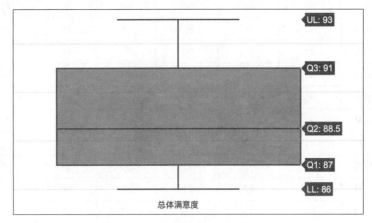

图 9-12　客户满意度的箱线图

由图 9-12 观察到客户满意度的分布规律：

- 25% 的产品季度客户满意度超过 91 分；
- 25% 的产品季度客户满意度在 88.5 分到 91 分之间；
- 25% 的产品季度客户满意度在 87 分到 88.5 分之间；
- 25% 的产品季度客户满意度在 87 分以下。

分析二　不同产品的总体客户满意度横向对比分析

我们可以分析一下不同产品的客户满意度是否有差别。我们画了五款产品的分类箱线图，如图 9-13 所示。

由图 9-13 可以发现：产品 3 的中位数、平均值、上四分位数、最大值都高于其他四款产品，是客户满意度最高的产品。其他四款产品的客户满意度并无显著差别。

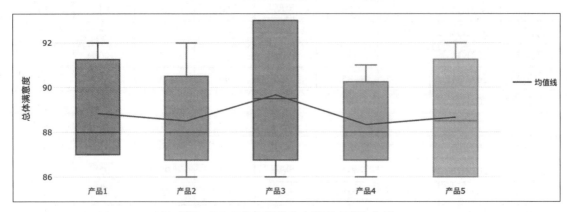

图 9-13　五款产品的客户满意度对比分析

分析三　不同季度的整体客户满意度纵向对比分析

整个公司随着时间的推移，客户满意度是否有所提升呢？

由图 9-14 可以发现：2021 年 2 季度客户满意度最低，然后开始逐步上升，2022 年 1 季度客户满意度最高。2020 年 4 季度，各款产品之间的客户满意度差别最大。

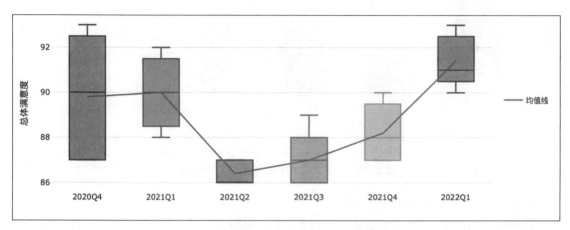

图 9-14　连续 6 个季度的客户满意度变化趋势

分析四　6 个满意度指标的横向对比分析

由图 9-15 可以发现：在 6 个客户满意度的评价指标中，资料完备性是波动范围最窄的，各款产品、各个季度之间的总体差异比较小。而问题解决质量在 6 个指标中表现最差，中位数、平均值、下四分位数都是最低的，是最需要提升的指标。

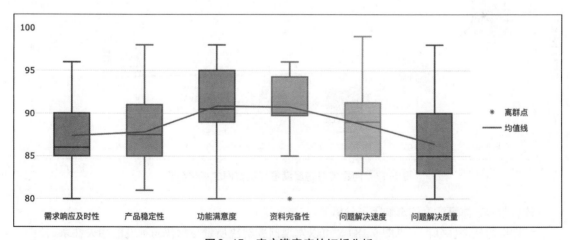

图 9-15　客户满意度的短板分析

分析五　某个指标的横向对比分析

由图 9-16 可以发现：对于产品的稳定性而言，产品 2 的客户满意度最低，上限、上四分位数、中位数与平均值在五款产品中都是最低的,因此产品2最应该提高产品稳定性。

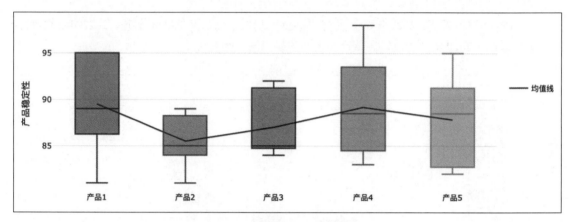

图9-16 五款产品的产品稳定性对比分析

分析六　某个指标的纵向对比分析

由图9-17可以发现,对问题解决速度的满意度从2020年4季度开始逐步下降,整个2021年问题解决速度的满意度都不是很高,到2022年1季度开始反弹,2022年问题解决速度的满意度仍未恢复到2020年4季度的水平,还需要继续提升。

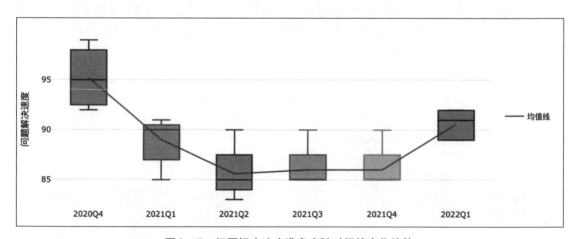

图9-17 问题解决速度满意度随时间的变化趋势

分析七　总体满意度的影响因子分析

通过进行相关性分析(见图9-18),可以发现问题解决质量与总体满意度的相关性系数最大,其次是需求响应及时度与产品稳定性,如果希望提升客户满意度应该从这3个指标的改进着手,这样能够最快地提升客户整体满意度。

```
Correlations
                      总体满意度   需求响应及时性  产品稳定性   功能满意度   资料完备性   问题解决速度
需求响应及时性    0.680344
                      <0.0001
产品稳定性         0.635957   0.250802
                      0.0002     0.1813
功能满意度         0.303363   0.047656   -0.007617
                      0.1032     0.8025     0.9681
资料完备性         0.315465   0.012178   0.259272   0.008672
                      0.0895     0.9491     0.1665     0.9637
问题解决速度     0.476880   0.462982   0.165781   -0.106942  -0.396125
                      0.0077     0.0100     0.3813     0.5738     0.0302
问题解决质量     0.826780   0.505027   0.412465   0.028717   0.306905   0.399063
                      <0.0001    0.0044     0.0235     0.8803     0.0990     0.0289

Cell Contents:  Pearson correlation
                P-Value
```

图 9-18　客户满意度影响因子相关性分析

案例八　工时数据的统计分析

有网友提供了表 9-9 所示的工时数据，希望我分析一下。

表 9-9　工时的原始数据

产品	需求数	任务数	人数	总工时	单位需求工时	单位任务工时	人均消耗工时	需求人均工时
A产品	164	1081	88	7099.1	43	6.6	81	0.5
B产品	121	676	81	3276.9	27	4.8	40	0.3
C产品	39	256	41	1554.9	40	6.1	38	1.0
D产品	43	191	18	1286.2	30	6.7	71	1.7
E产品	29	179	17	1251.4	43	7.0	74	2.5
F产品	44	203	32	916.5	21	4.5	29	0.7
G产品	18	172	21	878	49	5.1	42	2.3
H产品	20	201	25	813.8	41	4.0	33	1.6
I产品	28	111	23	724.3	26	6.5	31	1.1
J产品	22	116	18	486	22	4.2	27	1.2
K产品	4	115	25	485	121	4.2	19	4.9
L产品	14	70	15	426.3	30	6.1	28	2.0
M产品	7	16	11	121.5	17	7.6	11	1.6
N产品	6	13	9	83	14	6.4	9	1.5

我尝试分析如下。

1. 80-20 分析

对于单位需求工时进行80-20分析，如图9-19所示。可以发现K产品的单位需求工时特别高，可以识别原因；其次M、N两款产品的单位需求工时显著地少，也可以进行原因分析。

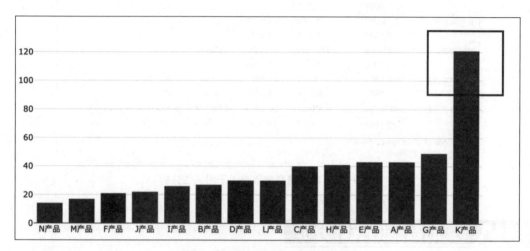

图9-19　单位需求工时的柱状图

其他度量元以此类推。

2. 识别异常点

先来分析第1列——需求数，即项目的规模。对需求数画箱线图分析其分布规律，如图9-20所示。

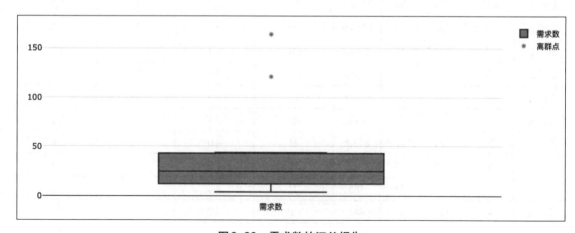

图9-20　需求数的汇总报告

可以看到有两个项目是异常点！说明这两个项目不具有代表性，不是普遍存在的现象，是例外，可以单独分析。

忽略这两个项目后，对其他度量元也做类似分析，可以发现：
（1）项目 C 的人数是异常点；
（2）项目 K 的单位需求工时、需求人均工时是异常点；
（3）项目 E 的人均消耗工时是异常点。
对于异常点，需要分析其原因，明确是数据错误、统计方法不一致，还是有其他原因。

3. 相关分析

（1）剔除异常点。

基于需求数识别出两个规模特别大的项目，将这两个项目作为异常点暂时剔除。

（2）观察散点图。

根据经验需求数决定任务数、投入的人数与总工时，任务数决定总工时，因此先画它们之间的散点图，如图 9-21 所示。

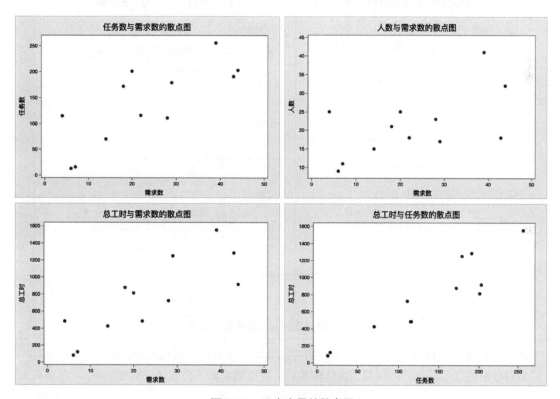

图 9-21　四个变量的散点图

（3）计算相关性系数。

观察图 9-21 可知，不存在趋势的异常点，可以进行相关性系数的计算，如图 9-22 所示。此处省略了正态分布的检验。

需求数、任务数、人数、总工时存在相关关系。本质上需求数决定了任务数、人数、总工时。人数与总工时的相关性相对较低，即使得到回归方程，实用价值也不大。

（4）得到回归方程。

对总工时与需求数、任务数进行回归分析，结果如图9-23所示。

（5）应用回归方程。

当知道了需求个数以后，如果需要估算项目的总工时，可以根据如下公式进行估算：

$$\text{总工时} = 136.7 + 26.96 \times \text{需求数} \qquad \text{公式（1）}$$

相关			
	需求数	任务数	人数
任务数	0.776		
	0.003		
人数	0.588	0.807	
	0.044	0.001	
总工时	0.826	0.924	0.678
	0.001	0.000	0.015

单元格内容
Pearson 相关系数
P 值

图9-22　相关性系数的计算

回归分析：总工时与需求数

方差分析

来源	自由度	Adj SS	Adj MS	F值	P值
回归	1	1584023	1584023	21.52	0.001
需求数	1	1584023	1584023	21.52	0.001
误差	10	736134	73613		
合计	11	2320157			

模型汇总

S	R-Sq	R-Sq（调整）	R-Sq（预测）
271.318	68.27%	65.10%	51.09%

系数

项	系数	系数标准误	T值	P值	方差膨胀因子
常量	137	154	0.89	0.396	
需求数	26.96	5.81	4.64	0.001	1.00

回归方程

总工时 = 137 + 26.96 × 需求数

回归分析：总工时与任务数

方差分析

来源	自由度	Adj SS	Adj MS	F值	P值
回归	1	1981401	1981401	58.49	0.000
任务数	1	1981401	1981401	58.49	0.000
误差	10	338757	33876		
合计	11	2320157			

模型汇总

S	R-Sq	R-Sq（调整）	R-Sq（预测）
184.053	85.40%	83.94%	80.15%

系数

项	系数	系数标准误	T值	P值	方差膨胀因子
常量	-6	112	-0.05	0.959	
任务数	5.537	0.724	7.65	0.000	1.00

回归方程

总工时 = -6 + 5.537 × 任务数

图9-23　进行回归分析后得到的结果

例如：某项目有10个需求，则总工时的可能平均值为136.7+26.96×10=306.3。

当对需求进行了拆分，并识别了具体任务后，可以根据如下公式进行估算：

$$\text{总工时} = -6 + 5.537 \times \text{任务数} \qquad \text{公式（2）}$$

需要注意的是，这两个公式的实际应用效果并不特别理想，为什么呢？因为残差的标准差 S 都比较大，公式（1）的 S 为271.318，公式（2）的 S 为184.053。两者计算出的预测区间都比较宽。

相对而言，公式（2）的相关性系数较大，S 较小，实用价值更大。这也可以理解，对任务做了细拆分以后对项目了解得更详细了，预测当然也更准确了。

综述如下。

（1）本案例中的数据量比较小，如果采集的样本点更多一些，结论会更有说服力。本案例的目的在于展示数据分析的方法，因此不要认为有过度分析之嫌。

（2）异常点要分析原因。

（3）人均消耗工时、需求人均工时的实际用途不具有代表性，因此未进行分析。

（4）需求数与任务数如果强相关，可以只保留一个度量元，因为二者可以互相替代，以减少数据采集与分析的成本。

案例九　缺陷状态的统计分析

表 9-10 是某网友提供的 11 个项目的缺陷状态数据，询问该如何分析。我觉得该案例很有代表性，试着进行了分析，以供大家参考。

表 9-10　11 个项目的缺陷状态原始数据　　　　　　　　　　（单位：个）

产品名称	未解决	设计如此	重复Bug	外部原因	已解决	无法重现	延期处理	不予解决	转为需求	总计
A产品	148	52	5	62	1701	20	14	8	8	2018
B产品	52	11	1	16	515	12	3	6	0	616
C产品	31	75	22	40	1621	37	38	103	33	2000
D产品	25	7	0	2	223	2	0	0	1	260
E产品	13	7	2	4	263	4	5	0	4	302
F产品	7	2	0	8	269	4	6	3	0	299
G产品	3	0	0	0	26	0	0	0	0	29
H产品	0	17	0	3	273	1	4	4	0	302
I产品	0	0	0	0	98	0	24	0	0	122
J产品	0	0	4	14	223	4	17	8	0	270
K产品	0	6	1	8	381	3	22	10	0	431

第 1 步：澄清数据的含义

问：设计如此是指设计缺陷吗？

答：设计如此包含了产品设计如此和技术设计如此。

问：第 2 列到第 10 列的数据之间不存在包含关系，可以累加得到最后一列，是这样吗？

答：是的，第 2 列到第 10 列的数据之间不存在包含关系。

问：不予解决是什么意思？

答：不予解决就是接受这个问题存在。

第 2 步：对数据做变换

为了确保不同项目之间的数据具有可比性，将绝对数值转换为相对数值。每列与合计列相除得到的缺陷状态占比如表 9-11 所示。

表9-11 归一化的数据

产品名称	未解决占比	设计如此占比	重复Bug占比	外部原因占比	已解决占比	无法重现占比	延期处理占比	不予解决占比	转为需求占比
A产品	0.0733	0.0258	0.0025	0.0307	0.8429	0.0099	0.0069	0.0040	0.0040
B产品	0.0844	0.0179	0.0016	0.0260	0.8360	0.0195	0.0049	0.0097	0.0000
C产品	0.0155	0.0375	0.0110	0.0200	0.8105	0.0185	0.0190	0.0515	0.0165
D产品	0.0962	0.0269	0.0000	0.0077	0.8577	0.0077	0.0000	0.0000	0.0038
E产品	0.0430	0.0232	0.0066	0.0132	0.8709	0.0132	0.0166	0.0000	0.0132
F产品	0.0234	0.0067	0.0000	0.0268	0.8997	0.0134	0.0201	0.0100	0.0000
G产品	0.1034	0.0000	0.0000	0.0000	0.8966	0.0000	0.0000	0.0000	0.0000
H产品	0.0000	0.0563	0.0000	0.0099	0.9040	0.0033	0.0132	0.0132	0.0000
I产品	0.0000	0.0000	0.0000	0.0000	0.8033	0.0000	0.1967	0.0000	0.0000
J产品	0.0000	0.0000	0.0148	0.0519	0.8259	0.0148	0.0630	0.0296	0.0000
K产品	0.0000	0.0139	0.0023	0.0186	0.8840	0.0070	0.0510	0.0232	0.0000

第3步：对数据进行横向或纵向对比分析

表9-11中的11个项目未注明时间的先后顺序，所以不可以进行纵向数据对比分析，可以进行横向对比分析，如对已解决占比进行对比分析。对这11个项目可以采用柱状图分析，分析时要先排序。排序后的已解决占比如表9-12所示。

表9-12 排序后的已解决占比

产品名称	已解决占比
I产品	0.8033
C产品	0.8105
J产品	0.8259
B产品	0.8360
A产品	0.8429
D产品	0.8577
E产品	0.8709
K产品	0.8840
G产品	0.8966
F产品	0.8997
H产品	0.9040

对于图 9-24，可以取排名最靠后的两款产品进行原因分析，即为什么产品 I 或 C 这两款产品已解决占比那么低？这两个项目未必一定是异常点，只是最低而已。

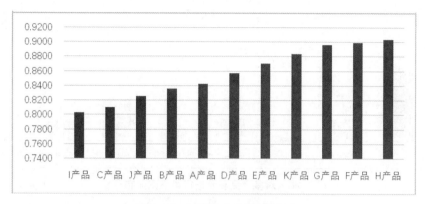

图 9-24　已解决占比的柱状图

对于其他度量元以此类推，也可以画柱状图进行分析。

第 4 步：通过统计的方法识别异常点

采用柱状图、条形图、饼图等是基于经验识别不合理的现象，但是未必很合理，有可能得到的结论是不科学的，此时我们可以借助统计方法来识别异常点，即识别小概率事件。小概率事件发生的概率很小，是特殊原因造成的。

对于本组数据，我们先对已解决占比画箱线图，如图 9-25 所示。

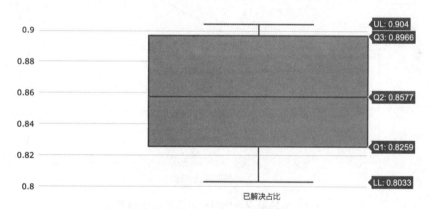

图 9-25　问题解决占比的箱线图

分析该度量元后未发现异常点，分析其他度量元，如图 9-26 所示。

我们发现产品 I 的延期处理占比是异常点，产品 C 和 E 的转为需求占比是异常点，对这 3 个项目应该进行原因分析！

第 5 步：分析数据之间的相关性

分析相关性的目的是识别因果规律，原因决定了结果。

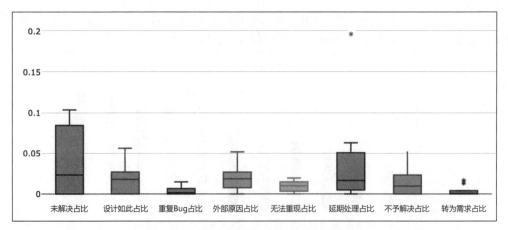

图9-26 对多个度量元进行箱线图分布分析

可以通过散点图观察两个变量之间的相关性。对于本组数据,画无法重现占比与外部原因占比的散点图,如图9-27所示。

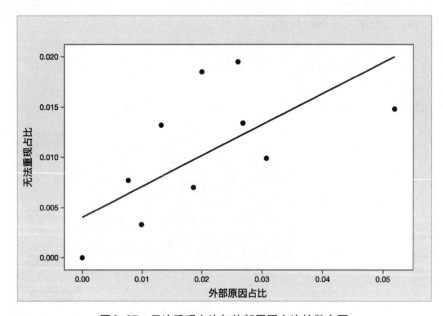

图9-27 无法重现占比与外部原因占比的散点图

观察图9-27,可以发现随着外部原因占比的增加,无法重现占比也随之增加,两者正相关!意味着很可能两者之间存在因果关系,或者它们都是因另一个因子影响而同步变化的!具体是哪种情况,需要继续和组织或产品组进行更多的沟通才能判定。

对上述数据,进行相关性检验的结果如图9-28所示。

我们找到了3组相关的度量元:重复Bug占比与外部原因占比、无法重现占比与外部原因占比、不予解决占比与重复Bug占比。

相关	未解决占比	设计如此占比	重复Bug占比	外部原因占比	已解决占比	无法重现占比	延期处理占比
设计如此占比	-0.079 0.816						
重复Bug占比	-0.363 0.272	-0.048 0.888					
外部原因占比	-0.234 0.488	-0.135 0.693	0.664 0.026				
已解决占比	0.135 0.692	0.168 0.621	-0.487 0.129	-0.238 0.482			
无法重现占比	-0.001 0.997	0.127 0.709	0.583 0.060	0.684 0.020	-0.326 0.327		
延期处理占比	-0.553 0.078	-0.442 0.174	0.004 0.990	-0.169 0.620	-0.515 0.105	-0.380 0.249	
不予解决占比	-0.514 0.106	0.233 0.491	0.706 0.015	0.464 0.150	-0.332 0.318	0.525 0.097	-0.059 0.863
转为需求占比	-0.006 0.986	0.403 0.219	0.485 0.131	-0.047 0.891	-0.304 0.363	0.453 0.162	-0.229 0.497

	不予解决占比
转为需求占比	0.401 0.222

单元格内容
Pearson 相关系数
P 值

图 9-28 进行相关性检验的结果

由于本组数据样本点比较少，我们还需要仔细观察散点图是否真的相关。通过观察图 9-27，我们认为无法重现占比与外部原因占比是中度相关的，相关性系数为 0.684。

仔细观察图 9-29，发现其中可能存在两个趋势，由于样本点少，不能轻易下结论，需要再次采集数据，重新观察。

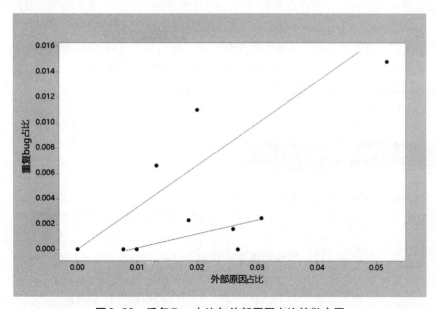

图 9-29 重复 Bug 占比与外部原因占比的散点图

仔细观察图 9-30，如果删除圆圈中的样本点，相关趋势是否还那么明显呢？

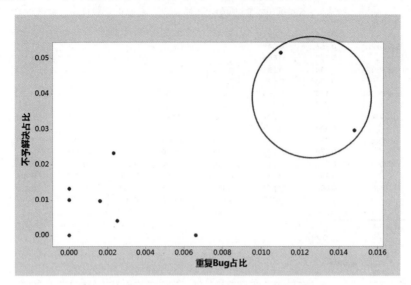

图 9-30　不予解决占比与重复 Bug 占比的散点图

该组数据只有 11 个点，相关性的趋势不是特别明显，需要重新继续采集数据进行分析，不能轻易下结论。

综述如下。

（1）简单数据分析可以只进行到第 3 步，并非一定要进行到第 4 步、第 5 步。

（2）根据图 9-29，我们怀疑存在两类项目，但是原始数据中没有给出每个项目的特征，如是否为新产品，采用的是迭代还是瀑布的生命周期模型，因此我们无法进行分类分析。

（3）第 3 步中，如果数据记录了发生的先后顺序，我们也可以通过控制图识别异常点。

（4）样本点多了，数据的分布规律与因果规律才是规律，不是偶然。

（5）如果同时拥有各产品的规模数据（如功能点数），就可以进行产品之间的质量水平横向对比，或计算缺陷密度的基准区间。

案例十　需求交付周期的分析

某公司需求交付的活动分为以下四个阶段。

（1）需求确认：当客户提出一个需求时，需要与客户沟通确认需求的真正含义，使双方理解达成一致。

（2）等待开发：需求确认后，等待安排开发计划。

（3）需求研发：实现需求，并完成测试。

（4）需求验收：在客户接收完成的功能之前，对完成的功能进行上线前的测试，并确认上线准备妥当。

需求交付周期为从客户提出需求到客户验收通过完成的功能为止,每个阶段都记录了其周期。公司的管理目标是快速交付需求,确保能够在 50 天内交付需求。为了量化管理该目标,公司收集了 316 个需求的交付周期,以及四个阶段的处理时长(天),这些数据分属于两条产品线,如表 9-13 所示。应该如何分析这些数据呢?

表 9-13 需求交付周期数据 (单位:天)

需求编号	产品线	交付周期	确认周期	等待周期	研发周期	验收周期
1	CP	30	15	2	9	4
2	CP	30	15	2	9	4
3	CP	30	15	2	9	4
4	CP	30	15	2	9	4
5	PV	41	14	1	10	16
6	PV	28	0	2	10	16
7	PV	28	0	2	10	16
8	PV	28	0	2	10	16
9	PV	28	0	2	10	16
10	PV	28	0	2	10	16
11	PV	28	0	2	10	16
12	CP	49	4	5	34	6
13	CP	49	4	5	34	6
14	PV	暂未验收	13	2	14	暂未验收
15	PV	43	3	8	21	11
⋮	⋮	⋮	⋮	⋮	⋮	⋮
310	PV	37	13	4	14	6
311	PV	37	13	4	14	6
312	CP	42	10	6	10	16
313	CP	42	10	6	10	16
314	CP	42	10	6	10	16
315	PV	17	2	7	6	2
316	CP	24	11	5	7	1

第 1 步:数据清洗

在这 316 个需求中,有些需求暂未验收,没有交付,可以将这些数据删除。有些需求某个阶段的处理时长为 0,需要探明原因,然后确定是否删除这些数据。经过数据清洗,删除第 14 行数据。

第 2 步:方差分析

这些需求分属于两类产品,需求交付工期与产品线是否相关呢?可以先画箱线图进行观察,如图 9-31 所示。

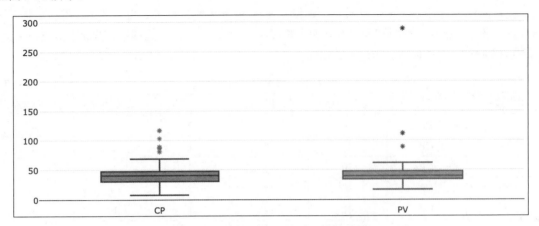

图 9-31　需求交付工期的分类箱线图

由图 9-31 没有发现两类产品线存在明显的差异。我们可以做单因子方差分析（见图 9-32）。

单因子方差分析

方法

原假设	所有均值都相等
备择假设	并非所有的均值都相等
显著性水平	α = 0.05

已针对此分析假定了相等方差。

因子信息

因子	水平数	值
产品线	2	CP,PV

方差分析

来源	自由度	Adj SS	Adj MS	F 值	P 值
产品线	1	42.353	42.353	0.0903	0.764
误差	302	141595.068	468.8578		
总计	303	141637.4211			

模型汇总

S	R-Sq	R-Sq (调整)	R-Sq (预测)
21.6531	0.0299%	0%	0%

均值

因子	N	均值	标准差	95% 置信区间
CP	155	42.5419	18.7025	(39.1194, 45.9644)
PV	149	43.2886	24.3467	(39.7978, 46.7794)

图 9-32　单因子方差分析结果

P值 >0.05，因此我们判断需求交付周期与产品线无关。

第3步：分布分析

把每个需求每个阶段的周期除以总的需求交付周期，可以得到每个阶段的工期占比，这样就可以对每个阶段的工期占比建立性能基线了。在建立性能基线时，要删除异常点。

由图9-33所示的性能基线可知，研发阶段工期占比最大。

那可不可以对每个阶段的工期直接建立性能基线呢？也可以尝试一下，但是有个前提，即不同需求的规模与复杂度应该相差不大，此时它们的工期才有可比性！

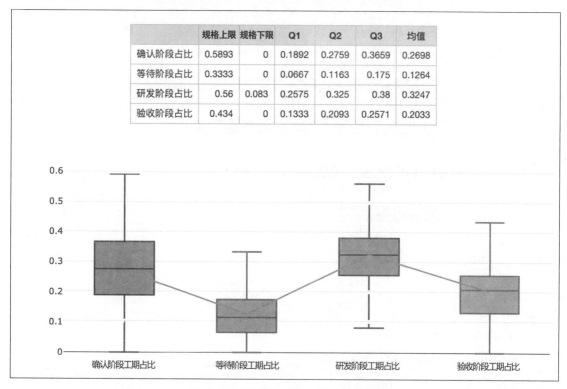

图9-33 各阶段工期占比的性能基线

第4步 敏感性分析

研发阶段工期占比最大，并不代表最应该从研发阶段着手进行改进，而是应该进行敏感性分析，查看总工期对哪个阶段最敏感。四个阶段与需求交付工期的秩相关分析结果如表9-14所示。

表9-14 秩相关分析结果

阶段	交付周期	确认周期	等待周期	研发周期
确认周期	0.540144 <0.0001			

续表

阶段	交付周期	确认周期	等待周期	研发周期
等待周期	0.311054 <0.0001	-0.004622 0.9360		
研发周期	0.478187 <0.0001	0.012678 0.8258	0.125039 0.0293	
验收周期	0.438494 <0.0001	-0.021525 0.7086	-0.113165 0.0487	0.101856 0.0762

对秩相关系数求平方并归一化后，可以得到需求交付周期的敏感度，如图9-34所示。

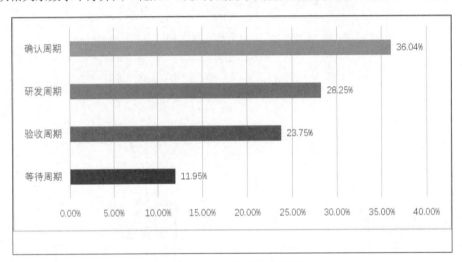

图9-34　需求交付周期的敏感度

综述如下。

（1）需求交付周期与产品线类型无关。

（2）虽然需求等待阶段的工期在进行占比分析与敏感度分析时均排名最靠后，但是需求等待是非增值的活动，是最应该缩短的！

（3）除了需求等待以外，需求确认周期是最应该采取措施缩短的。可以继续对需求确认阶段的活动进行细分，也可以进行价值流的分析，识别在这个阶段的等待，量化这个阶段的各个活动的工期，进行敏感性分析。

（4）可以通过各阶段工期占比识别异常点，当某个需求的某个阶段的工期为异常点时，可以识别特殊原因。

第四部分
本书内容总结

第 10 章

结语

10.1 量化管理失败常见原因

很多组织量化管理并不成功,原因何在呢?我总结了如下 6 种常见原因。

(1)管理者不重视量化管理。

很多管理者更愿意相信自己的经验,他们喜欢享受自己的经验决策带来的成就感,这种盲目的自信很可能导致失误而不自知,只有在有了深刻教训之后,这种情况才可能有所改观。

【案例】我们的咨询顾问在一家国际化大公司调研时,发现这家公司的质量部门每个月都给公司领导上报一个复杂的表格,里面有很完备的数据,但是公司领导从未针对该报告反馈过任何信息,也从未基于该报告下达过任何管理指令。于是,顾问就让质量部门测试一下,如果下个月不给领导上报该报告会有什么反应,结果连续多月不上报这些数据,领导也没有任何反馈,于是,质量部门也就不再给领导上报这些数据了。

【案例】深圳某客户定义了一条规则:项目经理在给上级领导汇报项目进展时,必须展示度量数据,不能仅仅通过主观陈述刻画项目进展。这样从上到下就养成了用数据说话的习惯,大家习惯于采用定量数据陈述事实。

(2)数据采集成本太高。

有些数据概念上很清晰,但实际采集时却很难保证准确性,例如,希望了解项目组返工工作量的比例,如果要采集这个数据,需要度量投入在项目上的总工作量、每次返工时花费的工作量。而开发人员往往一天要完成多项工作,有些是项目本身的任务,有些是项目以外的工作,每天花费在项目上的工作量难以准确记录。在返工时,也往往聚焦于返工活动本身,而没有记录工作量。所以我们在设计度量体系时,要充分考虑数据采集的简便性,降低数据采集的时间成本与精神负担,最好通过工具自动采集数据或者抽样采集数据。

(3)没有反馈分析结论给数据提供者。

数据采集也需要内驱力。管理者基于度量数据做出管理结论时,体会到了数据的价值,如果度量数据的分析结论没有反馈给数据提供者,久而久之,数据提供者无法感受到这些数据的价值,就会失去提供数据的兴趣,可能就不会认真对待数据采集了,有些数据就可能不准确了。所以,在组织内要把基于数据得到的结论及时进行发布广播,让大家知道数据是如何影响我们的日常工作的。有些公司建立了组织级看板,把度量数据通过图形展示在看板上,让所有人都能够看到,这样就会促进量化管理的推广落地。

(4) 有数据，没结论。

有些公司采集了很多度量数据，但是没有分析结论，或者没有从数据中分析出有价值的管理结论，没有识别出改进措施，这样数据就无法充分发挥作用，大家也就不重视度量了。数据分析是有方法论指导的，任何一个数据都可以进行纵向对比分析，观察随时间推移的变化；也可以进行横向对比分析，识别不同对象之间的差异，找到关键的少数；还可以分析一个数据的分布规律，识别其可能的取值范围，或者分析多个数据之间的相关性，识别它们之间的因果规律，找到可控因子。从数据中分析出结论，涉及分析方法的问题和分析者对数据的敏感性问题，这两者都可以通过反复训练来提升能力。

(5) 有结论，没行动。

在有了分析结论之后，要基于这些分析结论采取措施，从而影响项目组的行为，发挥数据的作用，形成管理闭环。有些企业的执行力比较差，不能将这些措施贯彻执行到位，仅仅把分析结论挂在口头上，没有落实到具体行为上。从数据到分析结论，从分析结论到改进行动，从改进行动到实际效果，形成一个闭环，才能充分发挥数据的作用。

【案例】某客户在进行静态扫描之后，通过分析 SonarQube 静态扫描报告中的数据，发现一个函数的圈复杂度与其隐藏的缺陷个数是强相关的，于是便要求任何一个函数的代码圈复杂度不能超过 10。经过一段时间的推广后，通过度量数据的对比分析，发现交付后的缺陷密度降低了，缺陷逃逸率也降低了，这就充分发挥了量化管理的作用。

(6) 考核驱动导致数据不准。

有些企业是为了考核而做度量，度量数据的数值影响到了数据提供者的业绩好坏，数据提供者就会美化数据，导致数据不准，失去了其参考价值。

【案例】我曾经给深圳某客户提供咨询服务，在一开始做现状调研时，客户提供了他们已有的度量数据。我发现整个公司工期偏差率达到 90% 多，而工作量偏差率只有 20% 多，我对这两个数据的巨大反差感到很奇怪，于是就问客户：为什么这两个数据反差如此之大？客户告诉我在他们公司对项目组的成本做了考核，对工期没有考核。因为工期的偏差可能有客户的很多原因在里面，不好判定是项目组的责任。由于对成本做了考核，项目组为了确保自己的考核业绩比较好，就会在估算项目的工作量时尽量多估，而在填报实际投入的工作量时尽量少报，于是就导致了工期偏差率与工作量偏差率的巨大反差。

在实践中无法规避量化考核的需求，在设计量化考核体系时，应该用以下原则为前提：不用被考核者提供的数据来考核他自己。

10.2 量化管理的基本原则

如何充分发挥量化管理的作用呢，我在实践中总结了如下 6 条原则。

(1) 先明确目标再采集数据。

基于目标驱动的方法识别度量元，采集度量数据。想解决什么管理问题，就采集什么数据，而不是有什么数据、能采集什么数据就采集什么数据。目标有宏观的业务目标，有微观的质量与性能目标。将目标进行整体部分拆分与因果关系拆分，识别所有重要的影响因子，基于这些目标和影响因子定义度量元，设计分析方法与指示器，搭建出度量体系。

目标始于战略，目标始于管理者，度量体系的搭建非常需要管理者参与。管理者参与才能确保定义准确的目标，才能确保度量体系的大方向不偏不倚，才不会做无用功。

有些公司定义了很多度量元，需要仔细反思这些度量元有啥作用。看看能否从这 5 个方面来思考其价值。

- 派生出了其他度量元。例如，采集了项目的规模数据，用于计算生产率和缺陷密度。
- 作为某个 y 的影响因子。例如，采集了评审的单位投入，可以作为回归方程缺陷密度的 x。
- 作为某个 y 的候选影响因子。例如，采集了评审专家能力水平，可以作为回归方程缺陷密度的候选 x，尝试建立性能模型。
- 有配套的指示器，可以得到管理结论，解决某些管理问题。例如，采集了每个迭代估计剩余工作量，可以画迭代的燃尽图跟踪项目的进展。
- 该度量元是管理目标。例如，采集了需求评审的缺陷密度，该度量元作为一个质量与过程性能目标而存在，该度量元有组织的性能基线与性能模型。

如果有某个度量元不具备上述的 5 个价值，则该度量元就没有采集的意义了，可以删除！如果删除了该度量元，则与之关联的其他度量元可能也需要删除！总之，度量一定是目标驱动的！任何度量数据都是服务于管理需要的！

（2）先度量全局再度量局部。

可以从全生命周期、阶段、过程等不同粒度进行度量，应该先进行端到端的度量，考察需求的整体交付性能、质量等，再对局部活动进行度量。全局最优胜过局部最优。选取全局结果指标用于评估能力，局部过程指标用于指导分析改进。例如，需求交付周期、需求吞吐量就是全局结果指标，可用于对交付效率进行整体评估；交付各阶段耗时、需求评审通过率就是局部过程指标，可用于定位问题，指导分析改进。

（3）先度量结果再度量原因。

先度量团队、项目、阶段、过程的产出，再度量形成这些结果的原因。一个项目的产出可以通过产出的规模、速度、质量、单位成本等来度量。结果是滞后性指标，原因是先导性指标，原因先发生，结果后发生，通过先导性指标进行事前预测与干预，通过滞后性指标进行事后复盘分析。例如，在制品数量是一个先导性指标，根据利特尔法则，在制品数量过多一定会导致后续的交付效率下降、交付周期变长；而上线后的缺陷密度是一个滞后性指标，线上缺陷已经发生了，我们能做的就只有复盘、对缺陷根因进行分析，争取在下个统计周期内能让质量提升。在日程管理中，我们是通过管理原因来控制结果的。阶段性跟踪目标的达成，实时性管理目标的影响因子。

（4）持续改进胜过业绩考核。

考核几乎是准确度量的天敌，可是我们却始终无法回避这个话题，大多数管理者都希望通过量化数据提高考核的客观性。当度量结果威胁到提供数据者的业绩时，数据往往会被美化，无法获得真实的数据。支持业绩考核的数据应该是客观的，无法作假的。我们不能用被考核人提供的数据考核他自己。对团队而言，应该侧重于本团队的趋势分析，查看本团队是否在持续提升，纵向对比胜过横向对比，如果做横向对比，不是为了考核，而是为了持续改进。个人级的度量可以开发人员自己做，自己分析，自己改进，不对外公开，不横向对比，不惩罚个人。我们不应该把度量数据和业绩考核对立起来，而是应该把度量数据当作现象与原因诊断的工具，用来提升业绩。

（5）结论数量胜过指标数量。

度量指标贵精不贵多。精指采集的数据少，分析的结论多，发挥的作用大。不要追求度量数据的全面完备，而是要追求度量数据的实用性。在设计度量体系时，就要想好每个度量元如何分析、如何发挥作用，目的性要很明确。而不是在采集数据后，才思考如何分析数据。纵向对比、横向对比、分布规律分析、因果规律分析是每个度量元都可能使用的分析方法。对一个精致的度量体系来说，采集的度量数据不多，但是展示的图表、分析的结论比较多。

（6）轻量级分析胜过重量级分析。

本书将数据分析划分为了三个层次：简单对比分析、过程稳定性分析、相关性与回归分析。过程稳定性分析和相关性与回归分析都是以统计学为基础的，而简单对比分析不需要严格的统计学知识，不需要大数据量，只要熟练掌握了其方法，仍然可以充分发挥数据的作用。软件研发是否适合进行统计管理，在业内是有争议的。反对的人认为是软件研发过程不是可重复的过程，过程不稳定且数据量少。

我在给各类客户提供咨询时也一直探索如何在简单对比分析这个层面，运用基本的量化知识和分析技术，不借助专业的工具，就能提升数据分析指导决策的实际价值。

【案例】表 10-1 是某客户同时进行的 A、B 两个项目的度量数据，项目 A 开发的是算法类软件，项目 B 开发的是业务管理软件。下面看看如何通过简单对比分析找到有价值的结论。

表 10-1 两个项目的数据

度量数据	项目A	项目B
规模（行）	3200	10700
同行评审发现的缺陷（个）	139	127
同行评审工作量（人时）	181.7	119.5
同行评审的效率（个/时）	0.76	1.06
测试发现的缺陷（个）	9	27
测试的工作量（人时）	185	115.5
测试效率（个/时）	0.05	0.23
效率差异（评审/测试）	15.72	4.55

现象1：B项目测试与评审投入不足。

首先我们观察到：两个项目规模对比大概是1∶3，但是通过评审与测试发现的缺陷总数却接近1∶1（为148∶154）。是A项目的质量差，还是B项目测试与评审投入不足呢？

两个项目的测试与评审总投入为366.7∶235.0，大约为3∶2，总量上是A超过B，单位规模的质量投入比例大概为5∶1，所以可以下结论认为B项目测试与评审投入不足。此时还要注意A项目测试与评审的投入大概接近1∶1，B项目也是接近1∶1，也就是说两个项目的质量投入的成本分配比例是一致的。

现象2：算法类软件做同行评审比做测试检错效率更高？

我们看表10-1的最后一行数据，这是用同行评审的效率除以测试效率得到的，A项目两种质量检测手段的效率差异远远超过B项目，A项目是一个算法类软件，B项目是一个一般业务管理软件。是否算法类软件做同行评审比做测试检错效率更高呢？从这两个项目的数据对比，我们可以看到有这样一个现象，该现象我们以前没有注意到，需要继续采集数据进行求证。这两个项目的对比分析，给我们指引了一个研究方向。

在采用统计技术进行分析时，箱线图与散点图是最常用的两种手段，本书中给出了大量的实例，希望各位读者可以仔细琢磨那些实例，能够学会在最短的时间内找到有价值的结论。

10.3　量化管理的流程

前面9章中描述的量化管理活动，可以划分到以下3类流程中。

（1）组织级度量体系维护流程。包括设定组织级目标、识别度量元、定义度量元、设计指示器、采集与分析数据、建立性能基线与性能模型等活动。

（2）量化目标管理流程。包括定义目标、设计过程实现目标、采集数据、分析数据、基于数据的分析结论实施控制活动、监督过程的稳定性与目标达成情况等活动。目标管理可以是组织级的行为也可以是项目级的行为，该流程可以应用在项目级，也可以应用于组织级的各管理部门。

（3）量化改进流程。包括通过定量数据识别改进的现象、识别改进措施、评价改进效果、确定改进范围等。

这3类流程分别如图10-1、图10-2和图10-3所示。

10.3 量化管理的流程

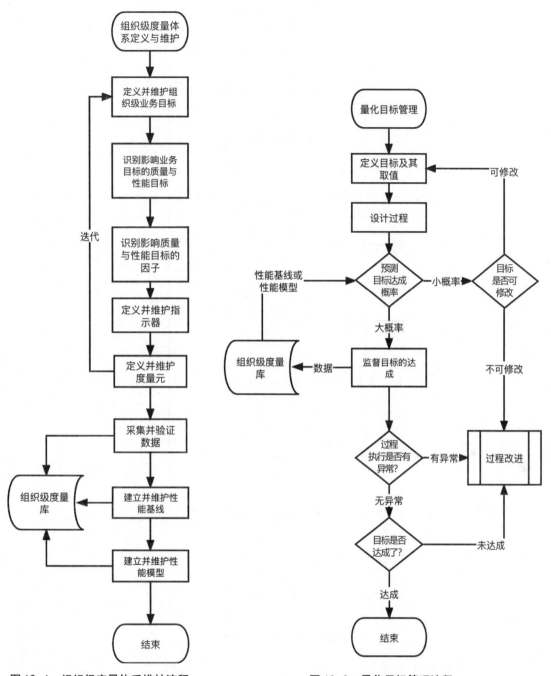

图 10-1 组织级度量体系维护流程   图 10-2 量化目标管理流程

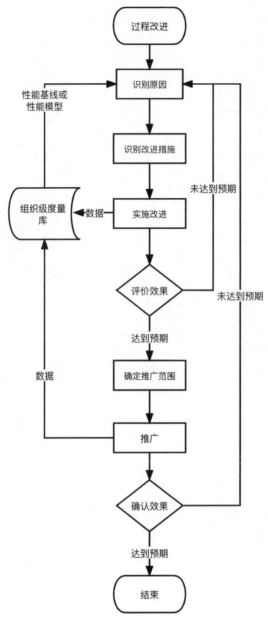

图 10-3　量化改进流程

10.4　管理活动与可用量化技术的对应关系

量化管理流程中的管理活动可以采用多种量化技术，两者的对应关系如表 10-2 所示。

表 10-2　管理活动与量化技术的对应关系

序号	管理活动	量化技术
1	识别管理目标，确定度量需求	因果图、二维矩阵
2	设计满足度量需求的数据展示方法、分析方法	饼图、折线图、柱状图、横条图、雷达图、箱线图、控制图、散点图、指示器定义模板
3	定义度量元的具体含义、采集、校验与存储方法	度量元定义模板
4	采集数据	度量数据表、度量数据库
5	校验数据正确性	度量数据检查单、纵向对比分析、横向对比分析
6	分析历史数据的分布规律	控制图、箱线图、置信区间、百分位法
7	分析历史数据的因果规律	相关性分析、回归分析、方差分析、蒙特卡洛模拟、贝叶斯概率网络
8	定义目标取值范围，预测目标达成概率	性能基线、性能模型、蒙特卡洛模拟、过程能力指数、可靠性增长模型
9	设计过程，提升目标达成概率	what-if 分析、蒙特卡洛模拟、最优化决策
10	监督过程的稳定性与能力	统计过程控制、过程能力指数
11	识别改进的领域与措施	相关性分析、方差分析、假设检验、箱线图、敏感性分析、帕累托分析
12	评价改进措施的有效性	假设检验、箱线图、与目标的直接对比
13	确定推广的范围	假设检验、箱线图、相关性分析、回归分析
14	确认改进的效果	假设检验、箱线图、与目标的直接对比

10.5　量化管理技术在项目中的应用场景

本书给出了很多量化管理技术在项目组中应用的案例，我试图做了归纳整理，形成表 10-3 所示的示例供大家在实践中参考。

表 10-3　量化管理技术在项目组中的应用时机示例

分类	时机	量化管理技术
工作量	项目策划时	利用工作量与规模的回归方程预测总工作量、迭代工作量
工作量	项目策划时	利用工作量分布的性能基线预测每个工种或每个阶段的工作量
工期	项目策划时	对工期进行三点估算后，进行蒙特卡洛模拟，得到总工期的分布，预测工期目标是否能达成
总体	项目策划时	利用组织级的性能模型或性能基线预测项目定量目标达成的概率，调整影响因子或目标的取值范围
总体	项目策划时	利用蒙特卡洛模拟，设计过程、裁剪活动及其投入

续表

分类	时机	量化管理技术
进展	每天/每周/迭代	通过燃尽图、燃起图、TEP/TCP图跟踪项目进展
进展	每天/每周/迭代	通过折线图或控制图对产出规模进行跟踪，以识别异常点
进展	每天/每周/迭代	对计划外任务画折线图或控制图，以识别异常点
工作量	每天/每周/迭代	对工作量投入偏差画折线图或控制图，以识别异常点
工期	每周/迭代/阶段	对工期偏差率采用折线图进行展示，根据偏差趋势判断是否要采取措施
工期	每周/迭代/阶段	根据已完成任务的工期延误情况，采用蒙特卡洛模拟或回归方程，预测项目的总工期达成概率
工期	每周/迭代/阶段	对缺陷修复时长画控制图或箱线图跟踪异常点
质量	在各种评审之前	通过性能模型预测评审的缺陷个数或缺陷密度，选择合适的评审方法与评审投入
质量	在各种评审之后	判断实际的缺陷个数或缺陷密度是否超出了性能模型的预测区间
质量	静态扫描、代码走查、单元测试后	对找到的缺陷密度画控制图或箱线图，识别异常点
质量	静态扫描、代码走查、单元测试后	对缺陷类型画饼图或柱状图进行分析，以识别最常见的缺陷类型
质量	在各种测试之前	将各模块的测试用例密度排序后画柱状图，识别最小值，并分析是否需要加大投入
质量	在各种测试之前	通过性能模型预测测试的缺陷个数或缺陷密度，选择合适的测试方法与测试投入
质量	在各种测试之后	判断实际的缺陷个数或缺陷密度是否超出了性能模型的预测区间
质量	回归测试时	如果执行了多次回归测试，通过GOMPERTZ模型预测还隐藏了多少个缺陷
质量	测试完成后	对缺陷按类型、模块等执行80-20分析，以识别关键的少数
质量	测试完成后	根据测试发现的缺陷密度或缺陷个数，预测遗漏的缺陷密度或缺陷个数
质量	系统上线之前	根据质量数据、工期数据预测上线后的客户满意度
工期	迭代结束后	对需求、缺陷按作业环节分析处理时间的分布以识别改进点
总体	迭代结束后	对迭代人均产能、需求开发周期、计划完成率、迭代缺陷密度画控制图，以识别异常点
总体	项目结束后	与组织级性能基线对比，判断本项目的生产率、缺陷密度、人均产能等是否异常

总之，我们应该紧紧围绕管理目标设计度量体系。管理目标有宏观的业务目标，有微观的质量与性能目标。将目标进行整体部分与因果关系拆分，识别所有重要的影响因子，并基于这些目标和影响因子定义度量元，设计分析方法与指示器，搭建度量体系。采集并校对度量数据、进行横向和纵向的对比分析，建立性能基线刻画分布规律，建立性能模型刻画因果规律，基于性能基线与性能模型预测目标的达成概率，选择提升目标达成概率的过程、方法与投入水平，实时监督目标的达成情况与过程的稳定性，识别能力欠缺与过程性能的异常点，定量分析现象背后的原因，从而找到改进措施，实施、评价、推广改进措施，持续提升过程能力！

第五部分

附录：应用统计学的基本概念及工具

附录 A 统计学基本概念

A.1 总体与样本

图 A-1 所示为统计和基本名词含义之间的关系图,其中各名词的含义如下。

- 总体:研究对象的全体,是所有个体数据的集合。
- 个体:构成总体的基本单位。
- 样本:从总体中抽取的一部分个体的集合,样本中个体的个数称为样本容量或样本大小。
- 样品:样本中的每个个体称为样品。
- 样本值:每个样本的个体的数值。
- 统计量:由样本值构成的函数。例如,一组数据中的最大值、最小值、平均数、标准差、方差、中位数、众数等。

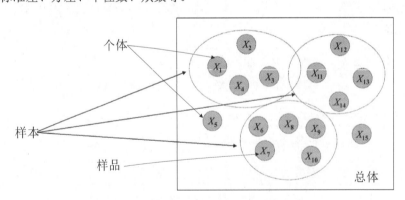

图 A-1 统计和基本名词含义之间的关系图

在现实中我们要穷举出总体(所有的个体)往往是不可能的,所以要通过样本的特征来刻画总体的体征。例如,我们要计算国人的平均收入,此时我们可能无法穷举所有国人的收入,只能进行抽样。在抽样时可以对个体从不同的维度进行分类,每类个体中都要有样品,这样才具备代表性。我们可以按地区、职业、年龄、性别等划分个体的类别,并抽取一定数量的样本来研究国人的平均收入。

在软件研发中,为了节约数据采集成本,我们也需要进行抽样。例如,采集关于生产率的数据时,如果我们要求开发人员全年每天都记录自己编码的工作量,如记录自己产出的代码行数,往往开发人员会认为花费的工作量太大,管理投入太高,不愿意采集这些度量数据。此时我们可以采用抽样的方法,如要求每个月的第2周采集这些数据,其他时间不必采集这些数据,这样每年采集的样本量就会减少为原来的1/4,采集成本大大降低。

为了确保研究结论的可靠性,一般要求样本个数大于30。

A.2 随机现象与随机变量

(1)随机现象

在一定条件下,并不总是出现相同结果的现象称为随机现象。例如,掷骰子,可以有1、2、3、4、5、6点数结果,每次掷出的点数是随机的,不是固定的。

(2)随机变量

随机变量即表示随机现象各种结果的变量。例如,掷骰子的点数、某项目的持续时间等。

(3)离散型随机变量

离散型随机变量即在一定区间内变量取值为有限个或可数个的变量。例如,测试发现的缺陷个数、参与评审的专家人数。

(4)连续型随机变量

连续型随机变量即在一定区间内变量取值有无限个,或数值无法一一列举出来的变量。例如,项目花费的工作量、评审持续的时间。

A.3 数据分布特征

对统计数据分布的特征,可以从三个方面进行度量和描述:集中趋势、离散程度、偏态和峰度。这三个方面分别反映了数据分布特征的不同侧面。

▶ 分布的集中趋势:反映各数据向其中心值靠拢或聚集的程度,或关注度量数据集中的位置。其中位置一般指关注数据的中心位置或数据分布的中心。

如图A-2所示,两组数据形成的图形中心位置不在同一个横坐标位置上,或者说两个图形的中心位置产生了偏差。

例如:图A-3所示的三组数据的位置分别在横坐标的不同点上,即中心数值不等。

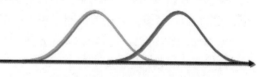

图A-2 数据分布的特征图

▶ 分布的离散程度:反映各数据远离其中心值的趋势,或关注度量数据聚集变化的程度。通俗地说,就是关注两组数据的"胖瘦"是否一样。

离散程度是反映现象总体中各个体的度量值之间差异程度的指标。如图A-4所示,两组数据形成的图形虽然中心位置相同,但图形聚集的程度却不同。因此,离散程度关注的不是两组数据的位置,而是它们的聚集程度。

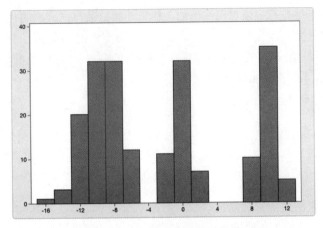

图A-3 数据分布的特征示例

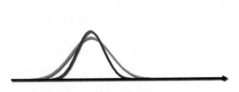

图A-4 数据分布的离散程度图

例如：图A-5中的两组数据的"胖瘦"不同，就是说它们的离散程度各不相同。

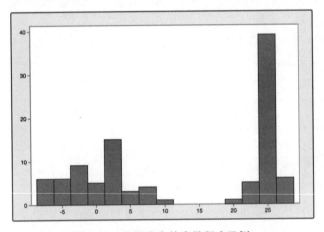

图A-5 数据分布的离散程度示例

▶ **分布的偏态和峰度**：反映数据分布的形状是否对称、偏斜的程度，以及分布的扁平程度。

偏度指数据分布偏斜的方向和程度。如图A-6所示，两组数据形成的图形的形状不同，虽然离散程度相似，且数据分布的范围也相等，但图形的中心位置不等，发生了偏离。

偏态通常分为右偏（或正偏）与左偏（或负偏）两种。判断偏态的方向并不困难，但要度量其偏斜程度就需要计算偏态系数了。

峰度指数据分布的尖峭程度和峰凸程度。如图A-7所示，两组数据形成的图形的形状不同，虽然图形的中心位置相同，但中心位置的峰值却不等，其中一个产生了尖峰。

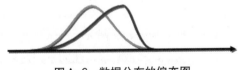

图A-6 数据分布的偏态图

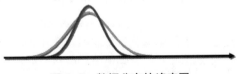

图A-7 数据分布的峰度图

峰度通常是与正态分布相比较而言的。若分布的形状比正态分布"更瘦更高",则称为尖峰分布;若分布的形状比正态分布"更矮更胖",则称为平峰分布。

数据分布的特征和度量:对于数据分布的特征,可以采用不同的度量数来表示,图 A-8 给出了不同数据分布特征的度量方法。

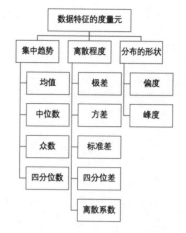

图 A-8 不同数据分布特征的度量方法

A.4 集中趋势的度量

集中趋势反映的是一组数据向某一中心值靠拢的情况,反映了度量数据中各种数据所集聚的位置。因此,对集中趋势进行描述就是寻找数据一般水平的中心值或代表值。

集中趋势是对变量数列进行分析的首要指标,往往作为总体的代表水平同其他与之同质的总体进行比较。集中趋势常用的度量包括:众数、中位数、四分位数、均值。

(1)众数。

众数指一组数据中出现次数最多的那个数值,或者说一组数据中占比例最多的那个数值。

由于一组数列所包含的数值不同,可能会出现没有众数,或者有几个众数的情况。例如,下面所示的 3 组数列。

原始数据 1:10,5,9,12,6,8——无众数。

原始数据 2:10,10,9,12,6,8——一个众数,值为 10。

原始数据 3:10,10,12,12,6,8——多个众数,一个值为 10,另一个值为 12。

众数不受极端值的影响,通常可以通过观察法直接得到。对单项数列求众数,不需要任何计算,可以直接从该数列中找出出现次数最多或频次最高的一组标志值,这就是所求的众数。

众数是总体中出现次数最多的变量值,因此在实际工作中有时具备特殊的用途,例如,要说明一个组织中开发人员占比例最多的技术等级,说明产品销售中某种产品最普遍的成交价格等。但是必须注意的是,从分布的角度看,由于众数体现在具有明显集中趋势点的一组数值中,所以只有在一组数据的比较中有集中于某一数值的明显趋势,计算众数才有意义。

使用 Excel 工具计算众数时可使用函数 MODE($number_1$,$number_2$,…,$number_n$),其中 $number_n$ 是用于众数计算的参数或单一数组。

(2)中位数。

中位数指将一组数据排列后,处于中间位置的那个数值。

计算一组数据的中位数,先要先进行数据的排序(从小到大,或从大到小),然后再按所包含的数据个数是奇数还是偶数两种情况来计算。中位数计算公式如下:

$$M_e = \begin{cases} x_{\left(\frac{n+1}{2}\right)} & \text{当}n\text{为奇数时} \\ \frac{1}{2}\left(x_{\frac{n}{2}} + x_{\frac{n}{2}+1}\right) & \text{当}n\text{为偶数时} \end{cases}$$

各变量值与中位数的离差绝对值之和最小,即

$$\sum_{i=1}^{n}|x_i - M_e| = \min$$

【例一】

原始数据:24,22,21,26,20。

排序后: 20,21,22,24,26。

位置: 1 2 3 4 5($n=5$ 为奇数)。

则中位数 =22,位置 =(5+1)/2=3。

【例二】

原始数据:10,5,9,12,6,8。

排序后: 5,6,8,9,10,12。

位置: 1 2 3 4 5 6($n=6$ 为偶数)。

则中位数 =(8+9)/2=8.5,位置 =(6+1)/2=3.5。

中位数是样本数据所占频率的等分线,它不受少数几个极端值的影响。而且从中位数计算公式可以看出,中位数不一定在这组数据中,即当数据个数为偶数时,中位数是排序后处于中间位置上两个数值的平均值。

在实际工作中,中位数一般用来表示某一组度量数据的集中趋势水平。例如,计算测试组中每人每日测试发现缺陷数的中位数,计算开发组中每人每日编码完成功能点数的中位数。

使用 Excel 工具计算中位数时称中值,可使用函数 MEDIAN(number$_1$,number$_2$,…,number$_n$),其中 number$_n$ 是用于中值计算的参数或单一数组。

(3)百分位数与四分位数。

所谓百分位数,即将一组数据按数值从小到大排序,并计算相应的累计百分位,处于 $p\%$ 位置的值称为第 p 百分位数。例如,$p=10$,则称为第 10 百分位数,$p=25$ 则称为四分之一位数等。

四分位数指将一组数据排序后分成四等份,处于 25%、50% 和 75% 位置上的数值(见图 A-9)。

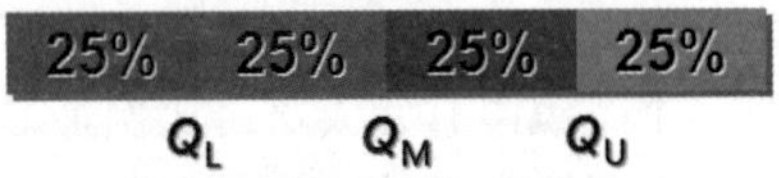

其中:

- Q_L 又称"下四分位数""四分之一位数",也可以记为 $Q1$,等于一组数据中所有数值排列后 25% 位置上的数值;
- Q_M 又称"中位数",也可以记为 $Q2$,等于一组数据中所有数值由小到大排列后 50% 位置上的数值;
- Q_U 又称"上四分位数""四分之三位数",也可以记为 $Q3$,等于一组数据中所有数值排列后 75% 位置上的数值。

图 A-9 四分位数图

百分位数位置的计算有以下两种处理方式。

方式 1:pos=$(n+1) \times p$。

在 Excel 中,PERCENTILE.EXC()、QUARTILE.EXC() 均采用这种算法;在 Minitab 中,计算四分位数同样采用此种算法。

方式 2：pos=1+(n−1)×p。

在 Excel 中，PERCENTILE()、QUARTILE() 这两个函数均采用这种算法。

以上方式中，n 为一组数字的个数，p 为百分比，pos 为分位数的位置。

例如：有 10 个数（3，5，8，13，31，34，55，60，120，130），要计算四分之一位数可以采用以下方式。

方式 1：pos=(10+1)×1/4=2.75，于是四分之一位数 =5+(8−5)×0.75=7.25。

方式 2：pos=1+(10−1)×1/4=3.25，于是四分之一位数 =8+(13−8)×0.25=9.25。

（4）算术平均数。

算术平均数指一组度量数据的算术平均，即将所有数据相加后除以个数，也就是日常生活中说的平均值，又称均值。其计算公式为

$$\bar{x} = \frac{x_1 + x_2 + \cdots + x_n}{n} = \frac{\sum_{i=1}^{n} x_i}{n}$$

例如：原始数据为（10，5，9，13，6，8），则

$$\bar{x} = \frac{\sum_{i=1}^{n} x_i}{n} = \frac{x_1 + x_2 + x_3 + x_4 + x_5 + x_6}{6}$$

$$= \frac{10+5+9+13+6+8}{6}$$

$$= 8.5$$

根据表现形式的不同，算术平均数有不同的计算公式，其数学性质如下。

▶ 各变量值与均值的离差之和等于零。

$$\sum_{i=1}^{n} (x_i - \bar{x}) = 0$$

▶ 各变量值与均值的离差平方和最小。

$$\sum_{i=1}^{n} (x_i - \bar{x})^2 = \min$$

平均数是一组数据的均衡点所在，因此易受极端值的影响，也就是通常所说的被平均现象。例如，有一组数据（5，7，5，4，6，7，8，5，4，7，8，6，20），全部 13 个数的平均数为 7.1，而实际上这组数据中的大部分数据（有 10 个）不超过 7，如果将其中一个最大的值 20 去掉，则剩下的 12 个数的平均数为 6。因此极端值的出现，使平均数的真实性受到了干扰。

使用 Excel 工具计算平均数时，可使用函数 AVERAGE（$number_1$，$number_2$，$\cdots$，$number_n$），其中 $number_n$ 是用于平均数计算的参数或单一数组。

（5）众数、中位数和平均数的关系。

众数、中位数和平均数都是描述一组数据集中趋势的特征数，但描述的角度和适用范围有所不同。其中：

▶ 平均数的大小与一组数据里的每个数据均有关，其中任何一个数据的变动都会引起平均

数的相应变动，且是唯一存在的；
- 众数则关注各数据出现的频数，众数的大小只与这组数据中的部分数据有关，但不是唯一存在的；
- 中位数仅与数据的排列位置有关，某些数据的变动对中位数没有影响，当一组数据中的个别数据变动较大时，可用它来描述其集中趋势，且是唯一存在的。

众数、中位数和平均数都是一组数据的代表，分别代表这组数据的"多数水平"（众数）"中等水平"（中位数）和"一般水平"（平均数）。平均数涉及所有的数据，中位数和众数只涉及部分数据，它们互相之间可以相等也可以不相等，没有固定的大小关系。

利用众数、中位数和平均数之间的关系就可以判断分布是否对称，左偏还是右偏，如图 A-10 所示。

从在统计分析中的作用看，众数、中位数和平均数关注的重点各不相同。表 A-1 概要地描述了众数、中位数和平均数的相对优劣势。

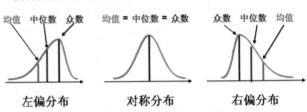

图 A-10 众数、中位数和平均数的关系图

表 A-1 众数、中位数、平均数的优势、劣势表

度量项	优势	劣势
众数	不受到极值的影响 表示分类变量的唯一途径	可能不存在单个的定义良好的类型 很难对其做出精确的判断 忽略了极度偏离的项 可能会由少数项决定
中位数	不受极度偏离正常值的项的影响 不会过度受到少数项的影响	不像平均值那样容易手工计算 当给予变动极大的项权重时没什么意义 对最大值和最小值的变动不敏感 计算的值可能实际上并不存在
平均数	通过简单的计算就能得到 受群体中每一项的影响	受非常项和异常项影响 计算的值可能实际不存在

A.5 离散程度的度量

离散程度反映各数据远离其中心值的趋势，或关注度量数据聚集变化的程度。通俗地说，就是关注两组数据的"胖瘦"是否一样。

离散程度常用的度量包括：四分位差、极差、方差、标准差、变异系数。

（1）四分位差。

四分位差是对顺序数据离散程度的测度，也称内距或四分间距，是上四分位数与下四分位数之差：

$$Q_D = Q_U - Q_L$$

四分位差反映了中间 50% 数据的离散程度。四分位差越小，说明中间部分的数据越集中；四分位数越大，说明中间部分的数据越分散。

计算四分位差首先要求得四分位数，计算方法如下：
- 将这组数据由小到大（或由大到小）排序；
- 用 3 个点将这组数据分为 4 等份，与这 3 个点位置上相对应的数值称为四分位数，分别记为 Q_L（四分之一位数）、Q_M（中位数）、Q_U（四分之三位数）；
- 计算四分位差 $Q_D=Q_U-Q_L$。

四分位差不受极值的影响，因此在某种程度上弥补了极差的缺陷。四分位差主要用于度量一组数据的离散程度。对于数值型数据也可以计算四分位差，但不适合分类数据。

（2）极差。

极差指一组数据中的最大数据与最小数据的差，又称全距或范围误差。在企业的质量控制中，极差又称为"公差"，是对产品质量制订的一个容许变化的界限。其计算公式为

$$R = \max(x_i) - \min(x_i)$$

其中：R 为极差；$\max(x_i)$ 为一组数据的最大值；$\min(x_i)$ 为一组数据的最小值。

例如：有一组数据为（12，12，13，14，16，21），则其极差 R=21-12=9。

极差是描述数据离散程度的最简单测度值，计算简单，含义直观，易于理解，运用方便，因此在统计分析中有着相当广泛的应用。但极差只说明两个极端数值的差异范围，极差越大，离散程度越大，反之离散程度越小，因而不能反映各个数值的偏差程度，且易受极端数值的影响。

使用 Excel 工具计算极差时分别使用函数 MAX（number$_1$，number$_2$，…，number$_n$）和 MIN（number$_1$，number$_2$，…，number$_n$）求得两数的差即可，其中 number$_n$ 是用于最大值和最小值计算的参数或单一数组。

（3）方差。

方差指一组数据中各个数据与平均数之差的平方的平均数。其计算公式为

$$\sigma^2 = \frac{\sum_{i=1}^{n}(x_i - \overline{x})^2}{n}$$

其中：$\overline{x}$ 是一组数据的平均值，可用函数 AVERAGE() 计算得到；n 为一组数据的个数。

方差能表现一组数据的波动大小，方差越大，这组数据的波动就越大。因此，方差是度量数值型数据离散趋势最重要、最常用的指标之一。

使用 Excel 工具计算方差时有两个函数：

计算总体方差时，可以使用函数 VARP（number$_1$，number$_2$，…，number$_n$）；

计算样本方差时，可以使用函数 VAR（number$_1$，number$_2$，…，number$_n$）。

其中 number$_n$ 是用于方差计算的参数或单一数组。

（4）标准差。

标准差是方差的算术平方根，是度量数据离散程度的最主要方法，也称均方差。其计算公式为

$$\sigma = \sqrt{\frac{\sum_{i=1}^{n}(x_i - \overline{x})^2}{n}}$$

其中：$\bar{x}$ 是一组数据的平均值，可用函数 AVERAGE() 计算得到；n 为一组数据的个数。

简单说，标准差是一组数据平均值分散程度的一种度量。一个较大的标准差，代表大部分数值和其平均值之间差异较大；一个较小的标准差，代表这些数值较接近平均值。

标准差能反映一个数据分布的离散程度，以及各变量值与均值的平均差异，是最常用的度量值之一。平均数相同的，标准差未必相同。

使用 Excel 工具计算标准差时有两个函数：

计算总体标准差时，可以使用函数 STDEVP($number_1$，$number_2$，…，$number_n$)；

计算样本标准差时，可以使用函数 STDEV($number_1$，$number_2$，…，$number_n$)。

其中 $number_n$ 是用于标准差计算的参数或单一数组。

（5）样本方差和标准差。

标准差有总体标准差与样本标准差之分。前面我们讲的都是总体的方差和标准差，计算样本方差和样本标准差的公式如下：

$$S_{n-1}^2 = \frac{\sum_{i=1}^{n}(x_i - \bar{x})^2}{n-1}, \quad S_{n-1} = \sqrt{\frac{\sum_{i=1}^{n}(x_i - \bar{x})^2}{n-1}}$$

在统计学中样本的均差多是除以自由度（$n-1$），意思是样本能自由选择的程度。当选到只剩一个时，它不可能再自由选择了，所以自由度是 $n-1$。

例如，对于原始数据（10，5，9，13，6，8），计算

样本方差：

$$\begin{aligned} S_{n-1}^2 &= \frac{\sum_{i=1}^{n}(x_i - \bar{x})^2}{n-1} \\ &= \frac{(10-8.5)^2 + (5-8.5)^2 + \cdots + (8-8.5)^2}{6-1} \\ &= 8.3 \end{aligned}$$

样本标准差：

$$S_{n-1} = \sqrt{\frac{\sum_{i=1}^{n}(x_i - \bar{x})^2}{n-1}} = \sqrt{8.3} = 2.88$$

图 A-11 所示示例中，两个样本均值相同，但右侧样本要"胖"些，其标准差为左侧样本的 2 倍。

（6）自由度。

自由度指一组数据中可以自由取值的数据的个数。其计算公式为

$$df = n-k$$

其中：n 为样本含量；k 为被限制的条件数或变量个数，或计算某一统计量时用到其他独立统计量的个数。

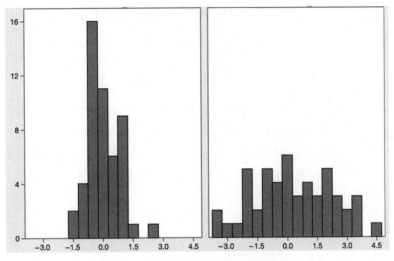

图 A-11　样本方差和标准差示例

当样本数据的个数为 n 时，若样本均值 $\bar{x}$ 确定后，只有（n-1）个数据可以自由取值，其中必有一个数据不能自由取值。

例如：样本有 3 个数值，即 $x_1=2$，$x_2=4$，$x_3=9$，则 $\bar{x}=5$。当 $\bar{x}=5$ 确定后，x_1、x_2、x_3 中只有两个数据可以自由取值，另一个则不能自由取值，如 $x_1=6$，$x_2=7$，那么 x_3 则必然取 2，而不能取其他值。

自由度通常用于抽样分布中。样本方差用自由度去除，其原因可从多方面来解释。从实际应用角度看，在抽样估计中，当用样本方差去估计总体方差 σ^2 时，它是 σ^2 的无偏估计量。

（7）变异系数。

变异系数指标准差与其相应的均值之比，又称离散系数，或标准差率，是衡量数据中各观测值变异程度的一个统计量。其计算公式为

$$V_\sigma = \frac{\sigma}{\bar{x}} \text{或} V_s = \frac{S}{\bar{x}}$$

当进行两个或多个数据变异程度的比较时，如果计量单位与平均数相同，则可以直接利用标准差来比较；如果计量单位和（或）平均数不同，比较其变异程度就不能采用标准差，而需要采用标准差与平均数的比值（相对值）。

标准变异系数是一组数据的变异指标与其平均指标之比，是一个相对变异指标。变异系数有全距系数、平均差系数和标准差系数等。常用的是标准差系数，用 CV（Coefficient of Variance）表示，计算公式为

$$CV = \sigma/\mu$$

变异系数可以反映单位均值上的离散程度，消除了数据水平高低和计量单位的影响，测度了数据的相对离散程度。因此，变异系数常用在对不同组别数据离散程度的比较上。若两个总体的均值相等，则比较标准差系数与比较标准差是等价的。

例如：甲乙两个部门的平均生产率分别为 20 功能点 / 人月和 15 功能点 / 人月，标准差分别

为 5 功能点/人月和 4 功能点/人月。两个部门生产率的变异系数计算如下：

$$V_{\sigma甲} = \frac{5}{20} \times 100\% = 25\%$$

$$V_{\sigma乙} = \frac{4}{15} \times 100\% = 26.6\%$$

从标准差来看，甲部门的生产率的标准差比乙部门大，但不能就此断言甲部门的生产率比乙部门的生产率代表性要小。这是因为两个部门的生产率处在不同的水平上，所以不能直接根据标准差的大小得出结论，正确方法是比较变异系数。从两个部门的变异系数可以看出，甲部门相对的变异程度小于乙部门，因而两者之间甲部门平均生产率的代表性要大。

A.6 数据分布形状

（1）偏态。

偏态指数据分布偏斜的方向和程度，通常分为右偏（或正偏）与左偏（或负偏）两种。判断偏态的方向并不困难，但要度量其偏斜程度就需要计算偏态系数。其计算公式如下：

$$\alpha_3 = \frac{\sum_{i=1}^{k}(x_i - \overline{x})^2 F_i}{n\sigma^3}$$

其中：α_3 为偏态系数，当其为正值时表示正偏差（或右偏差），当其为负值时表示负偏差（或左偏差），因此该值的绝对值越大，表示偏斜的程度越大；σ^3 为标准差的三次方。

通过众数、中位数和平均数之间的关系就可以判断分布是否对称，左偏还是右偏。

使用 Excel 工具计算偏态度可使用函数 SKEW（$number_1$，$number_2$，…，$number_n$），其中 $number_n$ 是用于偏态（不对称度）计算的参数或单一数组。

（2）峰度。

峰度指数据分布的尖峭程度和峰凸程度，通常与正态分布相比较，若分布的形状比正态分布"更瘦更高"，则称为尖峰分布；若分布的形状比正态分布"更矮更胖"，则称为平峰分布，如图 A-12 所示。

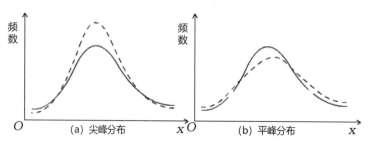

图 A-12 尖峰分布图，平峰分布图

使用 Excel 工具计算峰度时可使用函数 KURT（$number_1$，$number_2$，…，$number_n$），其中 $number_n$ 是用于峰度（峰值）计算的参数或单一数组。

A.7 正态分布

正态分布是一种概率分布,也称高斯分布,人们也常称其为钟形曲线。正态分布在统计学的许多方面有着重大的影响力。

正态分布存在两个参数 μ 和 σ,其中 μ 是总体均数;σ 是总体标准差(永远大于零)。这两个参数可完全决定一个正态分布,故常简记为 $N(\mu, \sigma^2)$。根据这两个参数值的不同,正态分布又分为不同的情况。

标准正态分布的参数 $\mu=0$,$\sigma=1$。实践中许多连续型随机变量的频率密度直方图形状是中间高、两边低、左右对称的,我们称这样的变量服从正态分布,如图 A-13 所示。

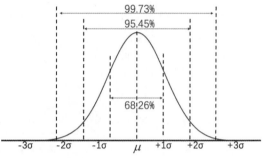

图 A-13 标准正态分布图

会随着一组数据的方差和平均数的不同正态分布会产生不同的图形状态。

- 方差相等、平均数不等的正态分布图如图 A-14 所示。
- 平均数相等、方差不等的正态分布图如图 A-15 所示。

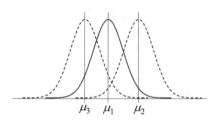 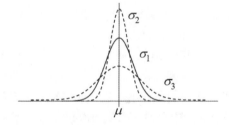

图 A-14 方差相等、平均数不等的正态分布图　　图 A-15 平均数相等、方差不等的正态分布图

当判断一组数据是否服从正态分布时,可以采用以下两种方法。

(1)直方图。找出最大值和最小值,计算极差,确定组数 =SQRT(n);确定组距 = 极差 / 组数,确定各组的边界。

其中:

- 第一组的组下限 = 最小值 - 最小测量单位的一半;
- 第一组的组上限 = 第一组的组下限+组距 = 第二组的组下限;
- 第二组的组上限 =……

确定各组的频数,画直方图。

观察直方图的特性:中间大、两头小、左右对称。

(2)正态性检验。在 Minitab 中使用"统计→基本统计量→正态性检验"功能即可实现(见图 A-16)。

图 A-16 中的 P 值小于 0.05,工作量不服从正态分布。

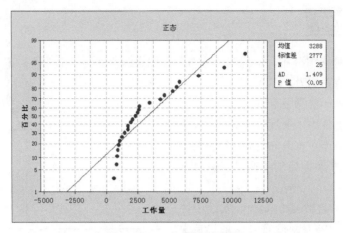

图 A-16 工作量的概率图

A.8 二项分布

二项分布是 n 个独立的成功及失败试验中成功的次数的离散概率分布,其中每次试验的成功概率为 p。这样的单次成功/失败试验又称为伯努利试验。

在任意一次试验中,只有事件 A 发生和不发生两种结果,概率分别是 p 和 $1-p$,如以下示例。

  毒性试验:白鼠 死亡——生存
  临床试验:病人 治愈——未愈
  临床化验:血清 阳性——阴性

若在相同的条件下,进行 n 次独立重复试验,用 X 表示这 n 次试验中事件 A 发生的次数,那么 X 服从二项分布,记做 $X \sim B(n, p)$。

A.9 泊松分布

泊松分布是一种均值等于方差的概率分布。

当二项分布中 n 很大、p 很小时,二项分布就变成泊松分布,所以泊松分布实际上是二项分布的极限分布。

泊松分布主要用于描述在单位时间(空间)中随机事件发生的次数。例如,某呼叫中心接到呼叫的次数,主机系统故障出现的次数,一个软件产品的缺陷数等。

使用 Minitab 工具检验泊松分布

使用工具中的"统计→基本统计量→Poisson 分布的拟和优度检验"功能,可实现对泊松分布的检验(见图 A-17)。

描述性统计量

N	均值
50	19.4

缺陷数的观测和期望计数

缺陷数	Poisson 概率	观测计数	期望计数	对卡方的贡献
<=13	0.084194	4	4.20969	0.010445
14	0.046079	1	2.30395	0.737987
15 – 16	0.131855	9	6.59275	0.878973
17 – 18	0.171335	9	8.56677	0.021909
19 – 20	0.178769	7	8.93844	0.420379
21 – 22	0.153023	8	7.65116	0.015905
23 – 24	0.109373	5	5.46866	0.040164
25 – 26	0.066247	4	3.31236	0.142754
>=27	0.059125	3	2.95623	0.000648

4 (44.44%) 个期望计数小于 5。

卡方检验
原假设 H₀: 数据遵循 Poisson 分布
备择假设 H₁: 数据不遵循 Poisson 分布

自由度	卡方	P 值
7	2.26916	0.943

图 A-17 泊松分布检验

A.10 概率质量函数

对离散型随机变量取某个值的概率函数（见图A-18）。假设 X 是抛硬币的结果，反面取值为0，正面取值为1，则在状态空间 $\{0,1\}$ 中，$X=x$ 的概率是0.5，所以概率质量函数为

$$f_X(x) = \begin{cases} \dfrac{1}{2} & x \in \{0,1\} \\ 0 & x \in \{0,1\} \end{cases}$$

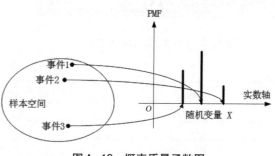

图A-18 概率质量函数图

A.11 概率密度函数

概率密度函数用来描述连续型随机变量的取值落在某个区间的概率，该区间可以无限小（见图A-19）。

连续型随机变量落在任意一点的概率都是0（但并不是不可能的事情）。例如，我们几乎不可能准确地测量出一个人的身高具体是多少。因为除了测量误差，标尺本身也不可能100%精准。

连续型随机变量的概率密度函数是连续型随机变量的概率分布函数的导数，即 $[F(x+\Delta x)-F(x)]/\Delta x$，当 Δx 趋近0时，能代表连续型随机变量取值趋近 x 的概率。连续型随机变量的取值落在某个区间的概率为该区间对应的概率密度函数的定积分（即概率密度函数曲线与区间围成的面积；整个曲线和横坐标围成的面积为1）。

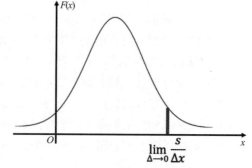

图A-19 概率密度函数图

A.12 概率分布函数

概率分布函数也称为累积分布函数（Cumulative Distribution Function，CDF）。

累积分布函数用来描述随机变量取值不大于某值的概率，是概率密度函数的定积分。如图A-20所示，a 点对应的函数值 $F(a)$ 代表随机变量取值不大于 a 的概率。

概率密度函数的横坐标可以类比为时间，纵坐标为在该时间的速率。概率分布函数的横坐标可以类比为时间，纵坐标为在该时间内的路程，总路程长度为1。

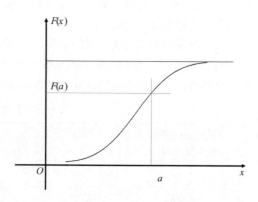

图A-20 概率分布函数图

A.13 正态分布的概率参数

正态分布概率参数如表 A-2 所示。

表 A-2 正态分布概率表

区间	区间内的概率（%）	区间外的概率（%）
$\mu\pm0.67\sigma$	50.00	50.00
$\mu\pm1\sigma$	68.26	31.74
$\mu\pm1.96\sigma$	95.00	5.00
$\mu\pm2\sigma$	95.45	4.55
$\mu\pm2.58\sigma$	99.00	1.00
$\mu\pm3\sigma$	99.73	0.27

A.14 切比雪夫不等式

如果一组数据不是对称分布的，这时可使用切比雪夫不等式，它对任何分布形态的数据都适用。切比雪夫不等式提供的是"下界"，也就是"所占比例至少是多少"。对于任意分布形态的数据，根据切比雪夫不等式，至少有 $(1-1/k^2)$ 的数据落在 k 个标准差之内。其中 k 是大于 1 的任意值，但不一定是整数。对于 $k=2$，3，4 时，切比雪夫不等式的含义是：

- 至少有 75% 的数据落在平均数 $\pm2\sigma$ 的范围之内；
- 至少有 89% 的数据落在平均数 $\pm3\sigma$ 的范围之内；
- 至少有 94% 的数据落在平均数 $\pm4\sigma$ 的范围之内。

A.15 小概率事件实际不可能原理

小概率事件实际不可能原理，即

（1）小概率事件在理论上有发生的可能，但是在某次实际的试验中是不可能发生的，一旦真发生了，一定有其特殊的原因；

（2）如果我们重复无限次的试验，则小概率事件一定会发生。

在概率论中，我们将发生概率很小（通常不超过 5%）的事件称作小概率事件。人们对待小概率事件有两种截然相反的态度（见表 A-3）。

表 A-3 小概率事件实际不可能原理

小概率事件实际不可能原理	好事	坏事
单次试验发生小概率事件是不可能的	期待小概率事件的发生： 买彩票中大奖！快点落到我头上吧； 守株待兔！苍天啊，大地啊，每天给我一只兔子吧	不承认小概率事件的发生： 坐飞机会失联！没事，我不会那么倒霉的； 酒后驾车会被吊销驾照！没事，没那么巧抓到我

续表

小概率事件实际 不可能原理	好事	坏事
无限次试验下去，小概率事件总会发生的	善有善报，恶有恶报，不是不报，时候未到	常在河边走，哪能不湿鞋

本书中提到的识别小概率事件的方法有以下几种。

（1）箱线图法：落在内限之外的点即为异常点。

（2）控制图法：落在控制限之外的点即为异常点。

（3）置信区间法：落在置信区间之外的点即为异常点。

（4）百分位法：将一组数据从小到大排序后，落在第2.5百分位数与第97.5百分位数之外的点即为异常点。

（5）预测区间法：在采用回归方程预测时，落在预测区间之外的点即为异常点。

（6）蒙特卡洛模拟法：模拟结果中落在概率分布两端小概率区域的点即为异常点。

A.16 假设检验

假设就是对总体参数的一种判断。总体参数包括总体均值、方差等。例如，我们公司的平均生产率为1个功能点/人天。假设检验就是事先对总体参数或分布形式作出某种假设，然后利用样本数据来判断原假设是否成立。因此，假设检验基于样本数据来推断总体特征，这种推断是在一定概率（置信度）下进行的，而非严格的确定性推理证明。

通俗地讲，假设检验就是，是否有足够多的样本在一定置信度下判断某个假设是否成立。如果我们比较两种生命周期模型的生产率差异：

- 我们随机从迭代项目中抽取10个项目，平均生产率是1.1功能点/人天，从瀑布项目中抽取10个项目，平均生产率是1功能点/人天，我们是否可以有90%的把握下结论说迭代项目的生产率就比瀑布项目高呢？
- 如果我们各自抽取1万个项目，平均生产率分别还是1.1功能点/人天和1功能点/人天，此时我们是否可以有90%的把握下结论呢？

基于上边的例子，判断假设是否成立主要由以下3个因素决定。

（1）样本容量的大小（如10个项目，100个项目，1000个项目，1万个项目……）；

（2）置信度的大小（如90%置信度，95%置信度，99%置信度……）；

（3）假设中数值差异的大小（如1.1功能点/人天，1功能点/人天……）。

假设检验时需要定义两个假设：一个称为原假设，记为H_0；一个称为备择假设，记为H_1。二者是对立的（见图A-21）。原假设是研究者想收集证据予以反对、证明其错误的假设，称为0假设、虚无假设、无效假设。0假设的意思就是说，两个事件之间没有关系。备择假设是研究者想收集证据予以支持的假设，备择假设也称为1假设、对立假设、研究假设。

在假设检验时，使用单侧检验还是双侧检验，使用左侧检验还是右侧检验，取决于备择假设中的不等式形式与方向。单侧检验与双侧检验如图 A-22 所示。

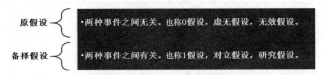

图 A-21　原假设与备择假设

下面给出了几个假设检验的原假设与备择假设的示例。

【例一】

原假设：男女程序员的编码生产率相同。

备择假设：男女程序员的编码生产率不同。

【例二】

原假设：平均生产率等于 100LOC/MM。

备择假设：平均生产率低于 100LOC/MM。

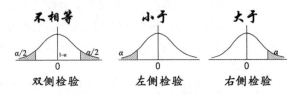

图 A-22　单侧检验与双侧检验

【例三】

原假设：ML2 级的平均生产率等于 ML3 级的平均生产率。

备择假设：ML3 级的平均生产率大于 ML2 级的平均生产率。

【例四】

原假设：今年的平均生产率与去年的平均生产率相等。

备择假设：今年的平均生产率高于去年的平均生产率。

假设检验的基本思想是概率性质的反证法。为了检验原假设是否成立，先假定这个假设是成立的，看由此能推出什么结果。

- 如果样本数据导致原假设成立的概率 p 很小（即发生了小概率事件），则表明原假设"H_0 为成立"是错误的，即假设 H_0 不成立，因此要拒绝原假设 H_0；
- 如果样本数据导致原假设成立的概率 p 不是很小，即不足以证明原假设不成立，因此不能拒绝原假设 H_0，就姑且认可原假设。

上文提到的"小概率事件"判断为小概率的概率值临界点称为显著性水平，用 α 表示，通常取 $\alpha = 0.05$ 或 0.01。当概率不是落在 α 以内时都认可原假设，所以 $1-\alpha$ 称为置信度。

原假设要么成立，要么不成立，不存在中间状态，不存在原假设成立的概率多大的问题。

P 值是显著性概率，是在原假设为真的情况下，出现检验统计量等于样本数据或比样本数据更极端结果的情况的概率。

P 值检验就是通过计算 P 值，再将它与显著性水平 α 作比较，决定拒绝还是接受原假设。当 P 值 ≤ 0.05 时表示差异有统计学意义，说明有足够多的样本说明这种差异确实存在，此时拒绝原假设，接受备择假设。

特别提醒

统计显著只是意味着有足够多的样本说明二者之间存在差异，并不代表二者之间的差异特别大。

常见假设检验的 P 值判定如表 A-4 所示。

表 A-4 常见假设检验的 P 值判定

方法	原假设	备择假设	P值≤0.05	P值>0.05
假设检验	不存在不同 没有关联	二者是不同的 存在关联	接受备择假设	接受原假设
正态性检验	符合正态分布	数据不符合正态分布		
方差检验（ANOVA）	Y 对 X 的不同水平没有区别	Y 对 X 的不同水平是有区别的		
回归检验	X 因子对模型没有贡献	X 因子对模型有贡献		
卡方检验	两个离散变量不相关	两个离散变量相关		
逻辑回归检验	X 因子没有贡献，模型中没有显著的 $X's$	X 因子对模型有贡献，模型中有 1 个以上的显著 $X's$		

假设检验方法又分为参数检验和非参数检验两种方法。实际上，具体使用哪种方法要根据所获得的样本量与分布类型来决定（见图 A-23）。其中，参数检验在总体分布已知时，可以检验数据分布的位置和离散程度；非参数检验在总体分布未知时，可以检验数据的分布位置（如中位数），这种方法的优点是方法简便、易学易用，可用于处理参数检验难以处理的资料。

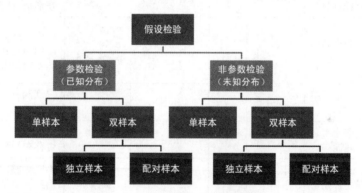

图 A-23 假设检验方法间的关系

在实践中进行参数检验时，可以参照表 A-5 给出的指南选择具体的方法。

表 A-5 参数检验方法的选择指南

检验类型	想解决的问题	总体分布类型	样本个数	检验方法	样本容量	案例
均值检验	样本的平均值与假设值是否相同	正态分布	1	单样本 Z 检验	>30	开发人员的生产率与目标值的差别是否统计显著
		正态分布	1	单样本 t 检验	≤30	
	两个平均值是否相同	正态分布	2	双样本 Z 检验	>30	两个项目组开发人员的生产率差别是否统计显著
		正态分布	2	双样本 t 检验	≤30	Java 语言与 .NET 的生产率差别是否统计显著

续表

检验类型	想解决的问题	总体分布类型	样本个数	检验方法	样本容量	案例
均值检验	成对数据的均值是否相同	正态分布	2	成对t检验	两个样本容量相同	对同一组代码进行代码走查和单元测试，两种方式的缺陷密度差别是否统计显著
	多个样本平均值是否相同	正态分布	N	单变量方差分析	≥3	公司内多个项目组的生产率差别是否统计显著
方差检验	单样本方差与假设值是否相同	正态分布	1	卡方检验	≥3	模块缺陷密度的方差与目标值的差别是否统计显著
	双样本方差齐性检验	正态分布	2	F检验	样本容量可以不同，≥3	两个小组的生产效率的过程变异程度的差别是否统计显著
	多样本方差齐性检验	正态分布	N	Bartlett's 检验		公司的生产率的过程变异程度在多个小组之间的差别是否统计显著
	多样本方差齐性检验	非正态分布	N	Levene's 检验		
比例检验	不合格品率是否与假设值相同	二项分布	1	单比例检验	$n \times p \geq 5$ $n \times q \geq 5$	项目的按时结项率与目标的差别是否统计显著
	两个不合格品率是否相同	二项分布	2	双比例检验	$n \times p_1 \geq 5$, $n \times q_1 \geq 5$, $n \times p_2 \geq 5$, $n \times q_2 \geq 5$	1年前公司的项目按时结项比例与现在的按时结项比例的差别是否统计显著
	多个不合格品率是否相同	二项分布	N	p 图		冒烟测试的通过率是否存在异常点
缺陷比率检验	多个缺陷比率是否相同	泊松分布	N	u 图		不同迭代发现的缺陷个数是否存在异常点
独立性检验	具有多个水平的两个变量是否独立	不限制分布类型		卡方检验	期望频数大于5	不同规模的项目采用的生命周期模型是否不同

常用的非参数检验方法如表 A-6 所示。

表 A-6 非参数检验方法选择指南

样本个数	想验证的假设	案例	检验方法	Minitab 中的菜单项
单样本	样本中的观测值是否是随机的	每周的人员离职序列是否有规律性	单样本游程检验	统计→非参数→游程检验
	中位数是否等于某个值	评审发现的缺陷密度与目标值的差别是否统计显著	符号检验	统计→非参数→单样本符号
	符合对称分布的总体中，中位数是否等于某个值		Wilcoxon 符号秩检验	统计→非参数→单样本 Wilcoxon

续表

样本个数	想验证的假设	案例	检验方法	Minitab中的菜单项
双样本	不满足假设或数据为定序刻度时，判断成对数据的中位数是否相同	对同一组代码进行代码走查和单元测试，两种方式的缺陷检出密度的差别是否统计显著	Wilcoxon 配对符号秩检验	两列相减后，采用统计→非参数→单样本 Wilcoxon
双样本	Friedman 检验是随机化区组试验的非参数分析，并因此为双因子方差分析提供了备择	对于不同类型的项目单元测试与代码走查的效率的差别是否统计显著	Friedman 检验	统计→非参数→Friedman
双样本	不服从正态分布或者是定序刻度的数据的两个总体中位数是否相等	两个项目组开发人员的生产率差别是否统计显著？Java语言与.NET的生产率差别是否统计显著	Mann-Whitney U检验	统计→非参数→Mann-Whitney
多样本（≥2）	不服从正态分布或者定序刻度的数据，比较多个分组的中位数是否相同	公司生产率的过程变异程度在多个小组之间的差别是否统计显著	Kruskal-Wallis 检验	统计→非参数→Kruskal-Wallis
多样本（≥2）	检验两个或更多总体中位数的相等性	多个项目组开发人员的生产率的差别是否统计显著	Mood 中位数检验	统计→非参数→Mood 中位数检验

【案例1】生产率基线是否发生了明显变化。

某公司2017年积累了10个项目的生产率数据，2018年积累了20个项目的生产率数据（见表A-7和表A-8）。请判断2018年与2017年相比生产率的变化是否统计显著。

表A-7 某公司2017年项目生产率数据

序号	生产率（2017年）
1	1.6129
2	2.94118
3	2.27273
4	1.78571
5	1.42857
6	4.34783
7	4.16667
8	1.11111
9	1.28205
10	2.5641

表A-8 某公司2018年项目生产率数据

序号	生产率（2018年）	序号	生产率（2018年）
1	1.87782	11	0.87819
2	1.7256	12	2.39528
3	2.30313	13	3.07159
4	1.3651	14	2.24576
5	2.36394	15	2.20694
6	1.17905	16	2.40432
7	0.58075	17	1.13666
8	0.85959	18	0.48583
9	0.59007	19	0.88409
10	2.17077	20	0.97706

对上述数据进行 t 检验，结果如图 A-24 所示。

```
                    N      平均值    标准差   平均值标准误
2017年生产率        10     2.35     1.16      0.37
2018年生产率        20     1.585    0.776     0.17
差值=mu(2017年生产率)-mu(2018年生产率)
差值估计： 0.766
差值的 95% 置信区间：（-0.110, 1.642）
差值=0(与≠) 的t检验：t值=1.89    P值=0.081    自由度=13
```

图 A-24 双样本 t 检验和置信区间：2017 年生产率，2018 年生产率

从结果看，P 值大于 0.05，说明基于当前的样本数据与样本容量判断 2017 年与 2018 年的生产率变化统计不显著。

【案例 2】单元测试效率与代码走查效率的比较。

某公司对 15 个程序模块分别进行了代码走查效率（个/人时）与单元测试效率（个/人时）的数据采集（见表 A-9）。在该公司内代码走查与单元测试的效率差别是否统计显著呢？

表 A-9 某公司软件模块代码走查和单元测试数据　　　（单位：个/人时）

模块	代码走查的效率	单元测试的效率
1	3.65	2.08
2	4.23	3.18
3	4.16	0.91
4	3.31	4.33
5	4.65	2.63
6	3.36	1.85
7	3.65	2.22
8	5	3.09
9	3.04	3.29
10	3.19	3.42
11	5.19	3.82
12	4.29	2.98
13	4.13	1.81
14	4.26	2.69
15	2.88	1.2

对上述数据进行 t 检验，结果如图 A-25 所示。

P 值小于 0.05，说明代码走查和单元测试两种方法的效率差别是统计显著的。

```
                        N      平均值    标准差    平均值标准误
代码走查的效率          15     3.933    0.706    0.182
单元测试的效率          15     2.633    0.955    0.247
差分                    15     1.299    1.078    0.278
平均差的 95% 置信区间：（0.702, 1.896）
平均差=0(与≠0)的t检验：t值=4.67    P值=0.000
```

图 A-25　配对 t 检验和置信区间：代码走查的效率，单元测试的效率

【案例3】进度偏差率是否有所改善？

某公司在公司内尝试推行燃尽图的进度控制方法，并在 7 个项目组中进行了试点和推广，积累的度量数据如表 A-10 所示。请判断进度偏差率是否有所改善。

表 A-10　项目试点和推广进度偏差率数据　　　　　　　　　　（单位：%）

未采用燃尽图的进度偏差率	采用燃尽图的进度偏差率
2.85	1.65
21.10	−19.60
−3.42	−0.68
34.98	2.07
7.71	7.54
11.71	−11.49
16.60	2.91
12.14	
19.10	
28.54	

对上述数据进行 t 检验，结果如图 A-26 所示。

```
                            N     平均值    标准差    平均值标准误
未采用燃尽图的进度偏差率    10    0.151     0.115    0.036
采用燃尽图的进度偏差率       7   -0.0251    0.0953   0.036

差值 = mu（未采用燃尽图的进度偏差率）- mu（采用燃尽图的进度偏差率）

差值估计： 0.1765

差值的 95% 置信区间：（0.0665, 0.2864）

差值=0（与≠）的t检验：t值=3.44    P值=0.004    自由度=14
```

图 A-26　双样本 t 检验和置信区间：未采用燃尽图的进度偏差率，采用燃尽图的进度偏差率

P 值小于 0.05，说明是否采用燃尽图的进度偏差率差别是统计显著的。

【案例 4】比较 3 个项目组的单元测试缺陷检出率的离散程度。

某公司有 3 个项目对自己的模块执行了单元测试，检出的缺陷密度数据如表 A-11 所示。请判断在这个 3 个项目组中，缺陷密度的离散程度的差别是否统计显著。

表 A-11 项目模块单元测试缺陷密度数据

项目	模块编号	单元测试缺陷密度（个/KLOC）
1	M1	7.656378
1	M2	3.554759
1	M3	1.426141
1	M4	8.496526
1	M5	2.891844
1	M6	2.901136
1	M7	7.079683
2	M1	7.312246
2	M2	6.986887
2	M3	7.27416
2	M4	6.955786
2	M5	6.891036
2	M6	7.509935
2	M7	5.592313
2	M8	3.276352
2	M9	7.006439
2	M10	5.224021
2	M11	2.862878
2	M12	4.55535
2	M13	4.235336
2	M14	2.131749
2	M15	4.844435
2	M16	5.213869
3	M1	2.936821
3	M2	2.959654
3	M3	3.314391
3	M4	1.348861

续表

项目	模块编号	单元测试缺陷密度（个/KLOC）
3	M5	6.369398
3	M6	4.247773
3	M7	5.316632

在 Minitab 中，使用功能"统计→方差分析→等方差检验"，结果如图 A-27 所示。

```
项目   N    下限     标准差    上限
1      7    1.65269  2.80407  7.60847
2     16    1.20602  1.73853  2.99534
3      7    0.98612  1.67312  4.53980
Bartlett 检验（正态分布）
检验统计量 = 2.47, P值 = 0.291
Levene 检验（任何连续分布）
检验统计量 = 1.48, P值 = 0.246
```

图 A-27　等方差检验

P 值大于 0.05，说明三个项目组的单元测试缺陷检出密度的波动的差别是统计不显著的。

【案例 5】年度项目验收通过率的比较。

某公司 2017 年有 15 个项目结项，有两个项目未通过验收；2018 年有 28 个项目结项，有 3 个项目未通过验收。请判断这两年的项目按时结项率的差别是否统计显著。

在 Minitab 中，使得功能"统计→基本统计量→双比率"，结果如图 A-28 所示。

```
样本  X   N    样本p
1     2   15   0.133333
2     3   28   0.107143
差值=P(1)-P(2)
差值估计值：  0.0261905
差值的 95% 置信区间：（-0.180493, 0.232874）
差值=0(与≠0)的检验：Z=0.25    P值=0.804
注：小样本的正态近似可能不精确。
Fisher精确检验：P值=1.000
```

图 A-28　双比率

P 值大于 0.05，说明连续两年的项目验收通过率的差别并非统计显著。

附录 B

量化管理工具简介

B.1 ZenDAS

ZenDAS 是 ZenTao（禅道）的配套组合工具，是专门为国内研发管理企业打造的一款轻量级统计分析工具，运行在浏览器上，不需要在本地电脑安装任何客户端软件。它可以独立运行，也可以从禅道、JIRA、Excel 中读取数据进行统计分析，支持以下功能。

(1) 图形分析：箱线图、散点图、单值图、折线图、柱状图等。
(2) 回归分析：相关性分析、回归分析、方差分析、一般线性方程、逻辑回归分析等。
(3) 趋势拟合与 Gompertz 增长拟合。
(4) 统计过程控制：$I\text{-}MR$ 图、$\bar{X}\text{-}R$ 图、$\bar{X}\text{-}S$ 图、c 图、u 图、p 图、np 图等。
(5) 假设检验：t 检验、方差检验、正态分布检验、非参数检验等。
(6) 蒙特卡洛模拟与最优化决策。
(7) 贝叶斯概率网络推理与诊断。

该产品的设计目标是实现 Minitab、Crystal Ball、Netica 的常用功能，而不是所有功能，目的是提供一款经济实用的统计分析工具。

B.2 Minitab

Minitab 软件是现代质量管理统计分析工具的领先者，因其强大的功能和简易的可视化操作深受广大质量学者和统计专家的青睐。

Minitab 提供了描述统计、相关性分析、回归分析、一般线性方程、统计过程控制、过程能力分析、假设检验等丰富的功能。

B.3 Crystal Ball

水晶球（Crystal Ball，CB）风险管理软件面向各类商务、科学和技术工程领域，基于图表进行预测与风险分析。CB 在 Excel 应用软件上运行，使用蒙特卡洛模拟法对某个特定状况预测所有可能的结果，运用图表对分析进行总结，并显示每一个结果的概率。除了描述统计量、趋势图和相关变量分析，CB 还可进行敏感性分析，让用户决定真正导致结果的因素。如今 CB 已是全世界商业风险分析和决策评估软件中的佼佼者。

B.4 Netica

Netica 是一款功能强大且易于使用的贝叶斯网络预测完整解决方案。它通过直观的用户接口供用户绘制网络，用图形来显示网络结构，或是利用概率来描述变量间的强弱关系。

Netica 可以用网络系统快速推测各种模型、算法。即使给出的案例资料有限，Netica 还是能在未知的变量中找到适当的数值推测出需要的模型。这些数值或概率可能会以不同的形式（如柱状图或示意图）显示。该范例可以方便地保存在档案夹中，再从相同的网络结构（或是不同的网络结构）中进一步查询，使用者可以利用影响图（influence diagram）在最大化的指定变量的期望值中找出最佳的决策。

B.5 1stOpt

1stOpt（First Optimization）是一套国产数学优化分析综合工具软件包。它基于通用全局优化算法，在非线性回归、曲线拟合、非线性复杂工程模型参数估算求解方面功能强大，简单易用，且占用的系统资源很少。

参考资料

[1] PALL, GABRIEL A. Quality process management[M]. Englewood Cliffs, NJ:Prentice Hall, 1987: 15-30.

[2] 高洪深. 决策支持系统（DSS）：理论·方法·案例 [M]. 3 版. 北京：清华大学出版社，2005：5-10.

[3] MICHAEL R L. 软件可靠性工程手册 [M]. 刘喜成，钟婉懿，译. 北京：电子工业出版社，1997：33-40.

[4] PHAM H. Software Reliability and Testing[M]. Washington, DC：IEEE Computer Society Press, 1995：2-5.

[5] WALSTON C E, FELIX C P. A method of programming measurement and estimation [J]. IBM Systems Journal, 2010, 16(1)：54-73.

[6] PUTNAM, LAWRENCE H, MYERS W. Industrial strength software：Effective management using measurement[M]. Washington, DC：IEEE Computer Society Press, 1996：22-25.

[7] BOEHM, BARRY W. Software engineering economics, englewood cliffs[M]. NJ：Prentice Hall, 1981：35-50.

[8] BOEHM B, et al. Software cost estimation with cocomo II[M]. MA：Addison-Wesley, 2000.

[9] GRIFFITHS D. 深入浅出统计学 [M]. 李芳，译. 北京：电子工业出版社，2012：11-20.

[10] BLACK K. 商务统计学 [M]. 4 版. 李静萍，译. 北京：中国人民大学出版社，2008：11-20.

[11] 埃文斯，奥尔森. 模拟与风险分析 [M]. 洪锡熙，译. 上海：上海人民出版社，2001：22-35.

[12] 马林，何桢. 六西格玛管理 [M]. 2 版. 北京：中国人民大学出版社，2004：7-15.

[13] MCGARRY J, CARD D, JONES C, et al. 实用软件度量 [M]. 吴超英，廖彬山，译. 北京：机械工业出版社，2003.

[14] PUTNAM L H, MYERS W. Five Core Metrics：The intelligence behind successful software management [M]. New York：Dorset House, 2003.

[15] MAXWELL K D. 软件管理的应用统计学 [M]. 张丽萍，梁金昆，译. 北京：清华大学出版社，2006：7-19.

[16] 申光刚，董丽，叶东升. 贝叶斯网络技术在软件测试过程中的应用研究 [J]. 计算机工程与设计，2006，27(18)：9-22.

[17] 小岛宽之. 统计学关我什么事：生活中的极简统计学 [M]. 罗梦迪，译. 北京：北京时代华文书局，2018.

[18] 克莱因伯格. 别拿相关当因果：因果关系简易入门 [M]. 郑亚亚，译. 北京：人民邮电出版社，2018.

[19] HOAGLIN D C, MOSTELLER F, TUKEY J W. 探索性数据分析 [M]. 陈忠琏，郭德媛，译. 北京：中国统计出版社，1998：68.